JN206006

大洪水の前に——マルクスと惑星の物質代謝

大洪水の前に

――マルクスと惑星の物質代謝

斎藤幸平

堀之内出版

はじめに

「エコロジーは、マルクス主義の盲点」である（篠原 2016: 285)。「マルクスの思想は、ジェンダーやエコロジーや政治権力を資本主義社会における不平等の構成原理や中心軸として体系的に考慮していない」(Fraser 2014: 56)。これらの発言に端的にみられるように、いまでも、「マルクスの環境思想」は存在しえないものとして批判され続けている。資本主義が環境破壊を取り返しのつかないペースで推し進めているのは明らかであり、資本主義批判と環境思想を結びつける必要性がかつてないほどに感じられるようになっているにもかかわらず、マルクスの思想は――少なくとも大幅な修正なしには――エコロジーという領域において有効な理論的貢献を行うことができないというわけだ。

その根本的な原因の一つは、マルクスやエンゲルスが無制約的な経済・技術成長を盲目的に賛美しており、自然資源の枯渇や生態系の破壊といった環境問題について気にもとめていないと広く信じられていることにある。事実、エンゲルスの次のような発言はそうした考えを裏付けるように思われる。「人間の意のままになる生産力には際限がない。土地の収穫を生む力は、資本、労働、科学の適用によって、無限に増大させることが可能である」(MEGA I/3: 486)。このような発言は、環境危機が深刻化し、「成長の限界」どころか、「地球の限界《プラネタリーバウンダリー》」(Rockström et al. 2009) が論じられるようになっている二一世紀では、あまりにもナイーブに響く。

すでにローマクラブの報告書（一九七二年）が出る頃には、ドイツ人哲学者のホルスト・クルニツキーが、マルクスは「完全なる自然支配というブルジョア的企てを継承していた」ために、「自然科学と工業のうちにはじめから含まれている破壊的性格を見逃してしまった」と非難し始めていた（Kurnitzky 1970: 61）。そして、『自然に対する人間の責任』で有名な倫理学者ジョン・パスモアも同様の調子で、「ヘーゲル主義・マルクス主義の教えほどエコロジーという観点からみて有害なものはありえないだろう」（Passmore 1974: 185）とマルクスの世界観を拒絶したのだった。

その後数十年間にわたって、マルクスの思想は「プロメテウス主義」（Giddens 1981: 60）――極端な生産力至上主義であり、技術進歩によって、あらゆる自然的限界を突破して、世界全体を恣意的に操ることを目指す近代主義の思想――であると批判され続けてきた。その結果、「マルクス主義者」を自称する人々でさえ、マルクスの思想は環境思想という領域においては完全に時代遅れであるという解釈に同調するようになり、環境運動から向けられた厳しい批判にお墨付きを与えたのだった。例えば、フランス緑の党の設立者の一人で、経済学者のアラン・リピエッツはマルクスの社会運動への貢献を認めながらも、そのプロメテウス主義的欠陥をはっきりと認めている。そのうえで、ソ連崩壊後の左派の復権のためには、社会主義を諦めることが必要であり、弱体化した労働者運動を環境運動に併合しなくてはならないと唱えたのだった。

抑圧された者の闘いに真に忠実なのは、いまや、赤の再建というかなわぬ夢を追うことよりも、エコロジストたちと一緒に、緑のパラダイムの社会的・世界的な枝をできうるかぎり発展させていくことだ。（リピエッツ 1994: 15）

ここでは、マルクスの偉業についての多少のリップサービスにもかかわらず、環境危機の時代の社会主義プロジェクトにはなんら積極的な意義は認められていない。アンドレ・ゴルツの述べるように、「社会主義は死んだ」（Gorz 2012 [1994]: vii）というわけだ。

フレイザーの発言にもみられるように、リピエッツやゴルツの影響力は今日でも依然として大きい。例えば、近年でもドイツのトーマス・ペーターゼンとマルテ・ファーバーがマルクスの「楽観主義」を同じように批判している。マルクスは「あらゆる生産過程は環境に有害な物質が生じることなしに営まれうると想定したが、それはあまりにも楽観的であった。〔……〕この進歩楽観主義は、すでに『共産党宣言』にも記録されているように、マルクスが資本主義的ブルジョワジーに対する大きな尊敬の念を抱いていた結果であろう」（Petersen/Faber 2014: 139）。ロルフ・P・ジーファーレもマルクスは素朴にも、将来社会では「成長の限界が自然的要素から切り離され」うるという誤った想定を行ったと嘆いている（Sieferle 2011: 215）。

先にも述べたように、以上のような批判は無根拠とはいえない。『共産党宣言』の有名な箇所でも、次のように言われているからだ。

ブルジョアジーは、その一〇〇年たらずの階級支配のあいだに、過去の全世代を合わせたよりもいっそう大量的で、いっそう巨大な生産諸力を作りだした。自然力の征服、機械、工業や農業への化学の応用、汽船航海、鉄道、電信、数大陸全体の開墾、河川の運河化、地から湧いてでたような全住民群——これほどの生産諸力が社会的労働の胎内に眠っていようとは、これまでのどの世紀が予想したであろうか？（MEW 4: 467）

こうした極めて近代主義的な発言をしている二人の思想家から、二一世紀のエコロジーを展開するためのヒントを得ようなどというのは、マルクスを「神格化」する教条主義者による無謀な試みであるかのように思われるかもしれない。マルクスとエンゲルスが「自然の限界」(Benton 1989: 77) から目を背けているのはあまりにも自明のように見えるのであるから、そのように感じるのも仕方がないことだろう。しかも、マルクスに向けられている批判はこれにとどまらない。マルクス経済学が人間中心主義だという批判も非常に根強いのである。例えば、ポリティカル・エコロジーの先駆者として知られるハンス・イムラーによれば、マルクス経済学がエコロジー思想と相容れないのは、その価値論が人間的労働を唯一の価値の源泉として絶対化し、自然には価値生産の力能をいっさい認めないからである。マルクスの経済学批判は「価値と価値分析へ一面的に焦点を当てており、そして、物理的・自然的領域（使用価値・自然・感性）を原則的に無視することで〔……〕、生命が根本的に脅かされる一方で、環境政治にとどまらず、社会・経済的現実の変革にむけた決定的な衝動が出てくるような社会的実践の展開について一言も発することができず、分析することもできない」(Immler 2011 [1984]: 36)。だから、「もうマルクスは忘れろ」(Immler 2011: 12) ——このようにイムラーは挑発的に呼びかけている。

だがそれでいいのだろうか？　資本主義と環境危機を結びつけるための手がかりはマルクスの思想にまったく存在しないのだろうか？

ここまで読んで、近年のマルクス研究の動向に少しは馴染みのある読者であれば、フレイザーやイムラーの発言に違和感を覚えたに違いない。なぜなら、日本語圏やドイツ語圏とは異なり、英語圏を中心に「マルクスとエコロジー」というテーマは大きな進展を遂げているからである〔1〕。なかでも重要な著作が、ポール・バーケット『マルクスと自然』(Burkett 1999) とジョン・ベラミー・フォスター『マルクスのエコロジー』(Foster 2000) だろう〔2〕。『マンスリー・レビュー』誌を中心に活動するバーケットとフォスターはマルクスとエンゲルスの著作や草稿などを丁寧に調べ上げることで、これまで見逃されてきたマルクスとエンゲルスの深いエコロジーへの関心を浮かび上がらせ、「プロメテウス主義」というレッテル貼りが誤っていることを説得力ある形で示したのである。そして、バーケットはマルクスの資本主義批判と社会主義構想が、現代のグローバルな環境危機の批判的分析にとって、「もっとも役に立つ」可能性があるとまで主張した (Burkett 2005: 34)。その鍵となる概念が、本書でも中心的な役割を果たす「物質代謝の亀裂 (metabolic rift)」であり、マルクスの物質代謝論は資本主義的生産が人間と自然の関係性を惑星規模でどのように歪め、持続可能性の条件を破壊していくかを分析可能にしてくれるというのである。

その後十年以上経って振り返ってみると、バーケットの見立ては誇張でなかったと言える。世界的にみれば、マルクスのエコロジーをめぐる言説的状況は一変し、「物質代謝の亀裂」は左派環境運動において少なからぬ影響力を獲得するようになっているからである (Foster 2014: 56)。この「物質代謝の亀裂」という概念はもともと『資本論』から取られた概念であるが、いまや、マルクス主義者たちにとどまらない理論的参照軸になりつつある。例えば、著名なジャーナリストであるナオミ・クラインも『これがすべてを変える』においてフォスターの「物質代謝の亀裂」論を参照しながら、資本主義における気候変動の問題を分析し（Klein 2014: 177）、さらには「エコ社会主義」を人権生存のためのオルタナティヴとして掲げるようになっている（Klein 2018）。そして気候変動以外にも、様々な研究者たちが物質代謝の亀裂という枠組みを用いて、漁業（Longo et al. 2015）、窒素肥料問題（Mancus 2007）、エコフェミニズム（Salleh 2010）、酪農（Gunderson 2011）などの領域で、現代社会における環境破壊・環境正義の実証分析を行うようになっているのである。その結果、プロメテウス主義という理由でマルクスを端から退けるような解釈は、多くのマルクス研究者のあいだではもはやほとんど採用されなくなりつつある。

とはいえ、環境運動におけるマルクス主義の影響力が大きくなるにつれて、さらなる反論も提起されるようになっている。それによれば、マルクスの環境問題への関心はけっして中心的なものではなかっ

［1］ 近年の英語圏での論争については、島崎（2007）や長島（2010）が詳しい。ここで同時に強調しておくべきは、二〇〇〇年以前に日本語で数多くの重要な著作が刊行されていた事実である。代表的なものとしては、都留（1972）、椎名（1976）、吉田（1980）、福冨（1989）が挙げられる。さらに言えば、もちろん、海外のマルクス研究においても環境問題はマルクスの物質代謝論との関連で論じられてきたのであり、イムラーやリピエッツの批判はあまりにも一面的である。例えば、Kapp (1950)、Commoner (1971)、Mészáros (1995) を参照されたい。

［2］ バーケットとフォスターは密な関係のもとで共同研究を行っているが、そこには両者の知的分業も見受けられる。バーケットがマルクスの経済学批判に着目して議論を展開する一方で、フォスターは思想史的な領域でマルクスのエコロジーを分析しているためだ。とりわけ、バーケットの解釈は、本書の『資本論』解釈とも多くの点で親和的であり、極めて重要である。

たにもかかわらず、フォスターやバーケットが様々なマルクスやエンゲルスの発言を恣意的に寄せ集めることで、あたかもエコロジーが経済学批判の重要テーマであったかのような印象操作を行っているという（Kovel 2002; Engel-Di Mauro 2014: 136–142）。また、マルクスの見解は当時の自然科学の知識に制約されており、化石燃料の燃焼による地球温暖化のような現代の最重要問題についてなんら有効な指針を与えることはできないという批判もある（Tanuro 2013: 138 f.）。要するに、今日の人新世の状況はマルクスの生きていた時代とは大きく変わってしまっているため、その理論を使って気候変動や種の絶滅といったグローバルな環境危機を体系的に論じることはできないというわけだ。さらには、イマニュエル・ウォーラーステインの「世界システム論」の発展形としての「世界エコロジー」を提唱するジェイソン・W・ムーアによれば、フォスターの解釈はマルクスの価値論を欠いているために、資本主義における人間と自然を包括する歴史的な変容過程を把握することができず、むしろ「自然の限界についての静的で、非歴史的な理論」になっているという（Moore 2015: 80）。その結果として、フォスターらの理論は必然的に「終末論」に陥っているというのである（Moore 2014: 13）。こうして、物質代謝の亀裂論は「資本主義は環境に有害である」という自明な事実を指摘しているにすぎないとムーアは結論づける（斎藤 2017）。

本書の目的は物質代謝の亀裂論を以上のような近年の批判に対して改めて擁護することである。そのために、マルクスのテクストにいま一度立ち返り、より体系的で、より包括的な形でマルクスのエコロジカルな資本主義批判を再構成していく。なるほど、バーケットやフォスターは様々なテクストを隈なく調べることで、マルクスの環境思想を浮かび上がらせることに成功している。ところが、その結果として、彼らがマルクスとエンゲルスも区別せずに、両者のテクストを恣意的に切り取って寄せ集めているにすぎないかのような印象を与えてしまっている。こうした誤解を避けるために、まずマルクスのエコロジーを経済学批判との明確な連続性をもつものとしてより「体系的」に展開していく。さらに、本書のアプローチはフォスターらの先行研究よりもいっそう「包括的」なものである。なぜなら、新『マルクス・エンゲルス全集（*Marx-Engels-Gesamtausgabe* 以下、MEGA）』ではじめて刊行される新資料を検討することで、より正確にマルクスの環境思想の形成とその理論的射程を明らかにしていくからだ。そうすることで、マルクスが当時すでに盛んに行われていた持続可能性に関する議論に触発される形で、熱心に自然科学を研究するようになり、新たな知見を『資本論』に取り込んでいった過程が明らかとなる。その際の鍵となる概念が「物質代謝（Stoffwechsel）」という生理学概念であり、この概念に着目することで、マルクスのエコロジーがもつ体系的性格を論証できるようになるのである。

本書が体系的読解にこだわることとの意味は、フーベルト・ライトコーのような典型的なマルクス解釈と比較することではっきりとするかもしれない。ライトコーもマルクスの著作を読むことで今日の環境問題を考えるのに役立つアイデアが得られる可能性は否定していない。「とはいえ、こうしたやり方は体系性と厳密性を欠いており、理論的作業に刺激を与えることはあるかもしれないが、それ以上のことはできない」とライトコーは付け加える。だから、マルクスのテクストはせいぜいのところ、「引用の採掘場」としてしか役に立たないというのである（Laitko 2006: 65）。

当然のことながら、マルクスは全知全能の予言者ではなかったのだから、その発言を直接的に現代の環境問題へと当てはめようとする作業は失敗に終わるに違いない。だが、一見こうした自明な事実を指摘するライトコーの解釈が孕む極めて問題含みの帰結に注意を払わなくてはならない。というのも、もし『資本論』がいくつかの役に立ちそうな引用を掘り起こしてくるためだけにしか使えないのだとしたら、なぜそもそも今日マルクスの難解な著作や草稿を真剣に読む必要があるのかが、まったくわからなくなってしまうからだ。ここに一見するとマルクス主義にシンパシーを持っているかのように見えるリピエッツやライトコーが隠し持つ反マルクス主義的性格がある。リピエッツも「マルクス主義の遺産」を「価値ある道具」として称賛するように見えながらも、最終的には、「マルクス主義的パラダイムの一般的構造と知的骨組みは、それが提唱する中心的な解決策もろとも捨て去られなくてはならない」と断言する（Lipietz 2000: 74）。だが、そうだとするなら、なぜいまマルクスに取り組むべきなのかについて納得のいく理由付けをみいだすことは難しい。マルクスの価値論も階級論も社会主義論も捨て去られなくてはいけないのだとしたら、マルクス主義には、「資本主義は環境に有害である」という自明な指摘以外には何も残らなくなってしまうからだ。その限りで、先のムーアの診断は正しいことになり、究極的には、マルクスの理論に拘泥する人々は、二一世紀の緑のプロジェクトにとっての邪魔者として退けられることになる。

それに対して、本書では、マルクスの環境思想を経済学批判にとっての欠かすことのできない契機として体系的に展開することで、マルクスの経済学批判と環境批判の可能性を同時に擁護してみたい。その際に、本書が押し出すのは、フォスターやバーケットのような「マルクスの思想のうちにエコロジカルな要素が存在する」という主張よりも強いテーゼである。それは、「マルクスの経済学批判の真の狙いは、エコロジーという視点を入れることなしには、正しく理解することができない」というテーゼだ。つまり、マルクスの経済学批判の体系的意義はエコロジーという要素を十分に展開することによってはじめて明らかとなるのである。このことを証明するために、とりわけ、マルクスの価値論と物象化論に着目し、マルクスの形態規定論にとって「素材（Stoff）」の次元が決定的であり、資本の論理による素材的世界の変容とその矛盾をめぐる分析が『資本論』の中心的テーマであることを示していく[3]。都留重人（1972: 35 f.）が的確に述べているように、マルクスの経済学批判は、「経済現象を素材面と体制面との統一的矛盾としてとらえようとするもの」なのである[4]。別の言い方をすれば、物象化の矛盾はエコロジーの領域において顕在化するのであり、マルクスはそこに資本の論理に対する抵抗の可能性を見出そうとしていた。その限りで、エコロジーは単に経済学体系における不可欠の一契機であるにとどまらず、資本主義における惑星の普遍的物質代謝の亀裂を批判し、持続可能な未来社会──「エコ社会主義」（岩佐 1994: 191）──を構想するための方法論的基礎を与えてくれるものなのである。

第一章で論じるように、マルクスのエコ社会主義というモチーフはすでに『パリ・ノート』のうちに見出すことができる。マルクスはすでに一八四四年の段階で、人間と自然の関係の歪みと矯正を疎外論にとっての中心的テーマとして扱っていたからだ。具体的には、人間と自然の本源的統一の解体のうちに、近代的な疎外された生の成立を見定め、それに対して、「人間主義＝自然主義」という理念を対置す

［3］本書では、例外的ケースを除けば、Stoffwechselを「物質代謝」と訳しており、Stoffは「素材」と訳している。ただし、どちらにもStoffという用語が入っていることからもわかるように、両者には密接な連関があることに注意されたい。

［4］都留（1972: 37）はこの箇所で「体制」という用語を用いているが、それはマルクスの「形態」に対応するとはっきりと述べている。

ることで、人間と自然の統一性の再構築をポストキャピタリズムの実践的課題として掲げたのである（韓2001）。ところが、『ドイツ・イデオロギー』（以下、『ド・イデ』）において、マルクスは哲学的「理念」を疎外された現実に対置するという方法の不十分さを認識するようになる。その結果として、哲学に別れを告げることで、マルクスは人間と自然の関係を「物質代謝」という生理学概念を用いて分析するようになり、さらには、その「撹乱」・「亀裂」を資本主義の矛盾として扱うようになっていく。その意味で、物質代謝概念は、本書の分析にとっての「導きの糸」である。

そこで第二章においては、概念史的な側面を考慮しながら、いかにしてマルクスが自らの物質代謝論を深化させていったかを後追いしていく。マルクスは『ロンドン・ノート』のなかで、はじめてこの概念を用い、その後『経済学批判要綱』（以下、『要綱』）でその用法を精緻化していった。マルクスは物質代謝概念を歴史貫通的な人間と自然との関わり合いを描写するために用いているが、同時にそれが資本主義的生産の拡大と、それに伴う急激な生産力の発展によって被る歴史的変容に着目している。別の言い方をすれば、マルクスの分析対象は、資本蓄積を一義的な目的とする近代の社会システムが構成する人間と自然の特殊な関係性であり、その結果、いかにして素材的世界における不和や軋轢が生じてくるかという問題である。こうした人間と自然の関係における資本主義的特殊性の把握にこそ、マルクスの物質代謝概念の独自性が見出されるのである。

近代に特有の人間と自然の関係性をより具体的に把握するために、第三章ではマルクスのエコロジーを物象化論との関連で考察することで、体系的に再構成していく。ここでの焦点は、これまでのマルクス研究では十分に着目されてこなかった素材的次元を経済学批判の中心テーマとして解明することである。『資本論』は資本主義的生産の諸カテゴリーを体系的に叙述しており、経済学批判の核心は、「純社会的な形態」を明らかにする物神性批判にこそあると考えられがちである（Brentel 1989: 13; Elbe 2010: 228）。だが、マルクスのプロジェクトは資本主義社会の総体性の概念的再構成へ還元されてはならない。そのようなアプローチでは、なぜ晩年のマルクスが驚くほどの熱意をもって自然科学を研究したかがわからなくなってしまうからだ。

その意味で、本書のアプローチは近年ドイツで流行しているミヒャエル・ハインリッヒ（Heinrich 2005）に代表される「新しいマルクスの読み方（neue Marx-Lektüre）」とは大きく異なっている[5]。というのも、マルクスの実践的・批判的な唯物論的方法で問題となるのは、経済的形態規定と具体的素材的世界の連関とその矛盾についての分析だからだ。つまり、『資本論』の内容が十分体系的に展開されるためには、経済的形態規定がその担い手である自然の素材的次元との緊密な関係のもとで考察されなくてはならない。それゆえ、「素材（Stoff）」は「形態（Form）」と並んで、経済学批判において重要な役割を果たすのである。この点は、マルクスのエコロジカルな資本主義批判を理解する上で決定的である。なぜなら、マルクスの方法が十分に理解されない場合には、彼の自然についての発言は周辺的で、一貫性のないものという印象を与えてしまうからだ。それに対して、「素材」の体系的役割が経済的「形態」との関連で正しく理解されるなら、環境破壊とは両者の亀裂から生じる矛盾にほかならないことが直ちに

［5］「新しいマルクスの読み方」については、Hoff（2010）が英語で簡潔に紹介している。より包括的にはElbe（2012）を参照。

判明し、エコロジーを経済学体系のうちに容易に取り込めるようになるだけでなく、エコロジーをもってして、経済学批判の体系性をはじめて十全に展開できるという命題の意味が理解可能になるのである。

とはいえ、『資本論』の体系性を過剰に強調してはならないということも肝に銘じておくべきだろう。マルクスは存命中に『資本論』を完成させることができなかったのであり――『資本論』の第二巻、第三巻はマルクスの死後、エンゲルスによって編集され、それぞれ一八八五年、一八九四年に刊行された――、経済学批判体系は未完に終わっているからだ。しかし、このことは『資本論』が穴だらけで使い物にならないということとけっして同義ではない。というのも、マルクスの死後百年以上経ってからMEGAにおいて刊行された多くの新資料が、マルクスの『資本論』が完成した場合にどのような理論的射程を持っていたかを考えるためのヒントを与えてくれるからである（大谷・平子 2013）。

なかでも重要な資料が、MEGA第四部門で刊行されるマルクスの抜粋ノート、メモ書、自家用本への書込である[6]。マルクスは勉強の際に抜粋ノートを作成する習慣を若いころから身に付けていたが、特に晩年の十年間に大量の抜粋ノートを作成した。具体的には、生涯に作成した全抜粋ノートの三分の一がその時期に作成されており、しかも、そのおおよそ半分が自然科学――化学、鉱物学、地質学、植物学など――についてのものなのである（Sperl 2006: 15）。にもかかわらず、マルクスはこれらの研究成果を『資本論』のうちへと十分に取り込むことができなかったため、その意義は明らかにされないまま忘却されてしまった。そこで、本書はこれらの抜粋ノートを精査することで、そのなかに潜むマルクスのエコロジーへの強い関心を浮かび上がらせていくことにしたい。先行研究がマルクスのエコロジーを否定してしまった一因は、これらの抜粋ノートに刻まれているマルクスの苦闘をまったく考慮しなかったことにある。逆に、抜粋ノートを考慮すれば、「マルクスのエコロジー」という問題構成はすんなりと受け入れられるのみならず、『資本論』第三巻を完成させることがあったなら、――「物神崇拝」や「利潤率の傾向的低下法則」と並んで――「物質代謝の亀裂」を資本主義の中心的矛盾として扱うようになっていたのではないかという推測があながち的外れではないことがわかるはずである［7］。

不運なことに、抜粋ノートは優れた研究者たちによってさえ無視され続けてきた。旧MEGAを指揮していたモスクワのマルクス・エンゲルス研究所の所長、ダヴィト・リャザーノフは「約二五〇冊の残された抜粋ノートは［……］マルクス主義研究一般にとっても、マルクスの個別的作品についての批判的歴史研究にとっても極めて重要な資料をなしている」ことを認めていた（MEGA^1 I/2: XVII）。ところが、当時リャザーノフは、旧MEGAにおいて、ほんの一部の抜粋ノートしか刊行しようとしなかった。というのもリャザーノフでさえも、抜粋ノートの理論的重要性を十分には認識していなかったのであり、抜粋ノートは本や論文からの「単なる」書き写しであり、基本的には「マルクスの伝記を書こうとする人」にとって役に立つにすぎないと考えていたからである（Rjazanov 1925: 392, 399）。

マルクスの抜粋を部分的にしか刊行しないというリャザーノフの決定は、当時すでに、ベネディク

［6］日本語で読める『マルクス・エンゲルス全集』（大月書店）は『資本論』の草稿や抜粋ノートなどを含まないため、本当の意味で「全集」ということはできない。そのため、ドイツ語原著のタイトルも *Marx-Engels-Werke* という形で、「著作集」という扱いになっていることに注意されたい。

［7］バーケットとフォスターもマルクスの抜粋ノートに時折言及するものの、彼らは直接に抜粋ノートを検討しておらず、また抜粋ノートの作成時期についても十分な考慮を払っていないため、ノートの恣意的利用という印象を与える結果になってしまっている。

ト・カウツキー（カール・カウツキーの息子）によって、「抜粋の抜粋では何の意味もない」と批判されていた（Kautsky 1930: 261 f.）。そして、リャザーノフの同僚であったパウル・ヴェラー——彼は『要綱』の編集者であり、リャザーノフ同様、極めて優れたマルクス研究者であった——はマルクスとエンゲルスの研究ノートを刊行するために、追加のセクションを設けることを提案し、二五巻からなる第四部門の新設が検討された（Weller 1994 [1935]: 201 f.; Hecker 1997: 26 f.）。ところが、三〇年代にスターリンが大粛清を始めると旧MEGAのプロジェクトそのものが中断され、リャザーノフは逮捕後に処刑され、ヴェラーも独ソ戦で戦死したことで、その提案は実現されないままになってしまった。だが、その後数十年の時を経て、ヴェラーによる抜粋ノートの意義についての見解は正しかったことが広く認知されるようになり、現在刊行中の新MEGAにおいては、全ての抜粋ノートが第四部門（全三二巻）において刊行される運びとなったのである。抜粋ノートを検討することは、マルクスの未完のプロジェクトのみならず、ソ連の優れた研究者たちの果たされなかった遺志を継ぐことでもある〔8〕。

それでは抜粋ノートの重要性とは何であろうか？　マルクスのいわゆる『民族学ノート』を編集したハンス＝ペーター・ハーシュティック（Harstick 1977）は一九九二年に開催されたMEGAの編集会議で次のように述べている。「抜粋、文献目録、欄外書込みという資料群はマルクスとエンゲルスの精神的世界と作品の物質的基礎をなしており、マルクス・エンゲルス研究や〔全集〕編集にとって両者の精神的作業場への鍵であり、それゆえ、編集者が正確に二人の思想を後追いする際に必要とされる、歴史的人物としてのマルクスならびにエンゲルスの同時代的コンテクストへの不可欠な入口なのである」（MEGA IV/32: 21）。MEGAを重視する研究者であれば、誰もがハーシュティックの指摘に同意するであろう。

なかには、ＭＥＧＡ第四部門が「最も興味深い」部門だという研究者もいるほどである（Hundt 2011: 116）。それにもかかわらず、ハーシュティックの発言から二〇年以上経っても、この「鍵」を使って、マルクスの思想を解明し、未解決の問題に決着をつけるような先行研究はほとんど存在しない［9］。そこで、本書は抜粋ノートを検討することで、マルクスのエコロジカルな資本主義批判が有する真の射程を読者の前に提示したい。

第四章で詳しく見るように、自然科学についての抜粋ノートを精査することで、マルクスが若いころに抱いていた資本主義の文明化作用についての楽観的な見解を訂正するようになった過程を正確に追想できるようになる。たしかに、若きマルクスには、プロメテウス主義と批判されてもしかたがないような発言がしばしば見受けられる。だが、マルクスは生涯にわたって技術や生産力の発展を素朴に称賛し、無限な生産力の解放というビジョンに依拠して未来社会を夢想していたわけではない。むしろ、自然の限界を認めていたからこそ、資本と自然のあいだの緊張関係のうちに資本主義の矛盾を見定めるようになっていったのである。マルクスの転換をはっきりと記録しているのが、一八六五・六六年に作成されたユストゥス・フォン・リービッヒ『農芸化学』からの抜粋である。リービッヒの「掠奪農業

［8］ついでに述べておけば、現在のベルリンとアムステルダムを中心とするＭＥＧＡの刊行体制においては、ソ連時代からの断絶が強調され、中立的で、学問的な性格が前面に押し出される。だが、現在のＭＥＧＡ編集においても、ソ連の研究者たちが作成したマルクスのノートの解読文が極めて役立っており、その作業にかけられた熱量には、純粋に敬意を表すべきだろう。

［9］ここでは例外的な抜粋ノート研究として、Schrader (1980)、Anderson (2010)、Lindner (2011) を挙げておく。

(Raubbau)」論を受容することで、マルクスは、人間と自然の物質代謝の意識的で、持続可能な管理を社会主義実現のための実践的課題とみなすようになったのである。

その結果として、マルクスは『資本論』第一巻(一八六七年)でリービッヒの掠奪農業批判の意義を高く評価したが、リービッヒを絶対視したわけでもなかった。むしろ、第五章で検討するように、一八六八年以降、より熱心に自然科学についての著作を読み漁るなかで、リービッヒの土壌疲弊論に批判的な著作からも積極的に抜粋を行っているのだ。新たな研究を通じて、マルクスはリービッヒについての評価を一部訂正するとともに、より広い視野から持続可能な生産の必要性を説くようになっていく。この晩年に向けた理論的転換において重要な役割を果たしたのが、マルクスが「社会主義的傾向」を見出したドイツの農学者カール・フラースである。マルクスはフラースの理論を『資本論』へ十分に取り入れることはできなかったものの、フラースからの抜粋を吟味することで、なぜ自然科学研究が晩年のマルクスにとってますます重要性を増していったかが明らかになるだろう。

一八六八年以降のマルクスは自然科学を熱心に研究しながら、『資本論』第二部、第三部を完成させようとしていた。そのため、残された『資本論』草稿には、晩年のマルクスが自然科学研究の知見を経済学批判に取り込もうとしていた様々な痕跡が見つかる。例えば、第六章で論じるように、経済学と自然科学の内在的な連関は、利潤率の傾向的低下をめぐる晩年のマルクスの議論からもうかがうことができる。利潤率をめぐる論争は、これまで数学的な側面から論じられることが多かったが、MEGAの新資料が示すように、マルクスは利潤率を資本の素材的な担い手との関連で論じる必要性を説いていた。その際に鍵となる概念が「資本の弾力性」である。マルクスによれば、資本は利潤率を高めるために自然の弾力性を利用するが、素材的世界の弾力性を完全に恣意的に変化させることはできず、生産の自然的要素の素材的特質からの極端な乖離は生産の継続そのものを不可能にしてしまう。最終的には、資本は自然的世界の諸制約から自由になることはできないのであり、その矛盾が――経済危機ではなく――環境危機として現れてくるのである。

草稿やノートを少し調べてみれば、マルクスのエコロジーへの関心が様々な形で刻まれていることがわかる。だが、なぜこれほど長いあいだマルクスのエコロジーは無視され続けてきたのだろうか？　その理由は旧ＭＥＧＡを中断したスターリン主義だけではない。むしろ、スターリン主義を批判した西欧マルクス主義もその隠蔽に加担してきたのである。実は、この問題には、エンゲルスの存在が関係している。第七章でみるように、マルクスの一八六八年における理論的転換の結果、マルクスとエンゲルスの問題関心はずれをみせるようになっていく。先行研究においては、エンゲルスが自然科学の専門家として扱われることがほとんどであり、マルクスの自然科学研究が言及されたとしても、マルクスとエンゲルスのあいだにはエコロジーをめぐっての思想的な差異は存在しないと言われてきた（Foster 2000）。だが、マルクスはヘーゲルやシェリングのような自然哲学の伝統のもとで、宇宙におけるあらゆる現象を説明するような「世界観」の構築（Sandkühler 1991: 22）や「哲学的普遍化」（Kliem 1970: 482）を目指していたわけではない。それに対して、エンゲルスは自然科学による宇宙の唯物論的説明を目指していたのであり、この違いがエコロジーという領域においても両者の見解に重大な相違を生み出すことになる。しかも、まさにこの差異のために、マルクスのエコロジーはエンゲルスやその後のマルクス主義者たちによって軽視され、場合によっては抑圧されることとなったのである。

ところが、こうした不幸な歴史にもかかわらず、二一世紀に入ってからマルクスのエコロジーは深刻な環境危機を前にラディカルな左派環境運動によって再び注目されるようになっている。新自由主義的グローバル資本主義が「歴史の終焉」(フクヤマ 2005）を掲げて世界を包み込んだ結果、「文明の終焉」という不測の形で惑星規模の環境危機をもたらしたことで、マルクスの有名な警告がいま再び現実味を帯びるようになっているのだ。

自分をとり巻く労働者世代の苦悩を否認するためのあんなに「十分な理由」をもっている資本は、その実際の運動において、人類の将来の退廃や結局は食い止めることができない人口減少という予想によっては少しも左右されないのであって、それは地球が太陽に落下するかもしれないということによって少しも左右されないのと同じことである。どんな株式投機の場合でも、いつかは雷が落ちるにちがいないということは誰でも知っているのであるが、しかし、誰もが望んでいるのは、自分が黄金の雨を受けとめて安全な場所に運んでから雷が隣人の頭に落ちるということである。大洪水よ、我が亡き後に来たれ！　これが、すべての資本家、すべての資本家種族のスローガンである。(MEGA II/6: 273)

ここで直接論じられているのは、労働者の酷使によって彼らの健康や寿命が犠牲になることについて資本がまったく顧慮を払わないという問題である。だが、引用中に出てくる「人口減少」を「気温上昇」や「海面上昇」に置き換えたとしてもなんら違和感がないだろう。実際以下で詳しく見るように、マルクス自身も自然の「掠奪・濫用（Raub）」を労働力の掠奪と同じように問題視し、物質代謝の亀裂として批判していたのである。

残念なことに、「大洪水よ、我が亡き後に来たれ！」という態度は、グローバルな環境危機の時代において、ますます支配的になりつつある。将来のことなど気にかけずに浪費を続ける資本主義社会に生きるわれわれは大洪水がやってくることを知りながらも、一向にみずからの態度を改める気配がない。とりわけ、一％の富裕層は自分たちだけは生き残るための対策に向けて資金を蓄えているし、技術開発にも余念がない。

だが、これは単なる個人のモラルに還元できる問題ではなく、むしろ、社会構造的問題である。それゆえ、世界規模の物質代謝の亀裂を修復しようとするなら、その試みは資本の価値増殖の論理と抵触せずにはいない。いまや、「大洪水」という破局がすべてを変えてしまうのを防ごうとするあらゆる取り組みが資本主義との対峙なしに実現されないことは明らかである。つまり、大洪水がやってくる前に「私たちはすべてを変えなくてはならない」（Klein 2014）。だからこそ、資本主義批判と環境批判を融合し、持続可能なポストキャピタリズムを構想したマルクスは不可欠な理論的参照軸として二一世紀に復権しようとしているのだ。

目次

凡例

・マルクスとエンゲルスの著作からの引用は、基本的に、MEW（Marx-Engels-Werke）とMEGA（*Marx-Engels-Gesamtausgabe*=新メガ）からなされており、文中でその巻数と頁数を表記した。

・マルクスとエンゲルスの未刊行の一次資料については、アムステルダムにある社会史国際研究所（IISG）に保管されている現物に付与された整理番号（Signatur）とそのページ数を記載することとする。

・原文でイタリック体で強調された箇所には傍点を附した。

・訳者による訳語の補足・説明などは〔 〕とした。

・原語を（ ）でかこっている場合は訳語に対応する原文の表示である。

第一部

経済学批判とエコロジー

第一章　労働の疎外から自然の疎外へ

一八四三年六月にイェニー・フォン・ヴェストファーレンと結婚し、同年の秋にパリへ引っ越したマルクスは、スミスやリカードの著作を読み始め、はじめての本格的な経済学研究に取り掛かった。その過程で、翌年五〜八月にかけて作成された抜粋ノート群は『パリ・ノート』という名称で知られている。このノートはあくまでも私的な勉強目的で作成されたものであり、マルクスの存命中には刊行されることはなかった。ところが、『パリ・ノート』の一部が二〇世紀に入ってから、『経済学・哲学草稿』（以下、『経哲草稿』）として刊行され、大きな論争を呼ぶことになる。西欧マルクス主義者たちはソ連マルクス主義に抗して、このテクストのなかに若きマルクスの「ヒューマニズム」という新しい立場を見出し、スターリン独裁という最悪の帰結からマルクスを救おうとしたのである。ヒューマニスト的解釈は大きな影響力を持ったが、他方で、その言説が当時の政治状況に制約を受けていたことは疑いえず、マルクスのテクストが特殊な政治的利害関心に従属させられているという点では問題含みである。それゆえ、いわゆる「実在社会主義」が崩壊したいま、『パリ・ノート』の意義をＭＥＧＡに依拠して、より客観的に再構成する必要がある。

もちろん、こうした文脈において、『パリ・ノート』のうちにいきなりマルクスのエコロジーを見出そうとする試みは、ヒューマニストと同じように恣意的な解釈になってしまうだろう。とはいえ、人間と自然の「統一」の意識的な再構築を将来社会の中心的課題として定式化したマルクスのノートには、注目すべき洞察が含まれている。後のマルクスが環境破壊を資本主義的生産様式の内在的矛盾として把握することができたとするなら、それは人間と自然の関係に生じる分裂についての若き日の批判的洞察に――それが経済学・歴史・自然科学研究の結果として大きな理論的変容を被っているのは当然だとしても――依拠しているのだ。つまり、「人間主義＝自然主義」という一八四四年の理念のうちには、マルクスが生涯にわたって放棄することのなかった根本的問題構制が潜んでいる。さらに、「人間主義＝自然主義」というモチーフに着目することで、先行研究における「疎外論」をめぐる哲学的論争のパラダイムを乗り越えて、『パリ・ノート』の意義を経済学批判の見地から理解することが可能になるだろう。

とはいえ、当時のマルクスの理論的限界として、ルートヴィヒ・フォイエルバッハの哲学に大きな影響を受けていたという事実がある。そのため、『経哲草稿』にはあらゆる歴史的分析を抽象的で非歴史的な「本質」へ還元してしまう傾向があり、結果的に、マルクス独自の問題構制は見えにくくなってしまっている。それゆえ、『ド・イデ』において、フォイエルバッハの啓蒙主義から決別し、「唯物論的方法」を確立することが、エコロジカルな資本主義批判に向けたさらなる理論的発展のためには不可欠だったのである。

マルクス疎外論の再検討

『経哲草稿』における「疎外」・「外化」という概念が若きマルクスの天才的洞察を記録していることを否定するマルクス研究者はおそらくいないだろう。ところが、周知のとおり、このテクストの解釈をめぐって、国内外で無数の論争が繰り広げられてきた。ヒューマニストたちは、若きマルクスの「疎外された労働」という資本主義批判を高く評価し、人間的解放の構想を展開した（Fromm 1961; Marković 1974）。他方で、ルイ・アルチュセール（Althusser 1965）や廣松渉（2001［1983］）は、マルクスの理論的発展のうちには、「認識論的断絶」や「パラダイムチェンジ」が存在すると指摘し、とりわけ『ド・イデ』において、それ以前の人間学的なシェーマを放棄して、新たな科学的立場に移行したと唱えている。アルチュセールらによれば、一八四五年以降、疎外論はいかなる役割も果たさなくなったというのである。当然、ヒューマニストたちは強く反発し、その後どちらの解釈が正しいかをめぐって延々と議論が交わされた。ところが、こうした哲学的議論は本質的に問題含みであり、議論の前提そのものから疑ってかかる必要がある。

まず、両陣営は連続性・断絶のどちらを擁護するにせよ、該当するマルクスのテクストを一つの「作品」として扱っている。だが、ユルゲン・ローヤーン（Rojahn 1983）が示したように、『経哲草稿』として知られるテクストは実際には、「草稿」として執筆されたものではない［1］。つまり、「統一性のある、予め計画されて、体系的に執筆された作品」ではなく（Musto 2007: 185）、むしろ、同じ『パリ・ノート』

に含まれている抜粋を作成している流れのなかで思いついた発想が書き留められたものにすぎない。それゆえ、そこにはけっしてマルクスの資本主義批判の決定的な定式化を見出すことはできないのである。当然ながら、一八四五年以降、マルクスは『パリ・ノート』の見解に様々な変更を加えていったのであり、ヘーゲル左派や疎外論に対する態度変更もその一例である。ところが、ヒューマニスト的解釈は『経哲草稿』を絶対化してしまうことで、疎外概念が周辺的にしか登場しない後期マルクスの経済学についての作品を表面的にしか扱うことができなくなってしまう。つまり、「疎外された労働」の批判を過大評価し、規範論に固執することで、『ド・イデ』以降の哲学批判の立場を理解することができなくなるのである〔2〕。

それに対して、アルチュセールや廣松は「断絶」を強調しすぎるために、『パリ・ノート』がもつ批判能力を過小評価してしまう。一八四四年のマルクスが陥っていた哲学的限界の誇張が、その経済学批判のポテンシャルを隠蔽してしまうからだ。実は、以下で示すように、一八四四年の疎外論のうちには、『資本論』まで続く、人間と自然の「分離」というテーマがすでに見出される。その限りで、経済学的な疎外論解釈は、マルクスが自然概念を経済学批判のうちにどのようにして取り込んでいったかを分析するために不可欠な前提を提供してくれるのである。

さて、以上の点を検討するためにも、『パリ・ノート』で展開された「疎外」についての議論を概観しておこう。通常、そこには四種類の疎外があるとされる。まず、マルクスは、私的所有のシステムが支配する現実を指摘し、そのなかでは、労働の現実性が「労働者の現実性の剥奪」として、また「労働の対象化」が「対象の喪失」として現れているという（MEGA I/2: 236）。労働生産物は自らのものとして現れず、自分の欲求を充足することもなければ、生産を通じた自分の能力の確証も与えられない。むしろ、生産物は生産者に対立する自立した、疎遠な対象として現れてくる。「労働者が身をすりへらして働けば働くほど、彼が自らに対立したものとして作り出すところの疎遠な、対象的世界がますます強力なものになり、彼自身が、つまり彼の内的世界はますます貧しくなり、彼に属するものはますます少なくなる。〔……〕したがって、この活動が大きければ大きいほど、それだけ労働者は対象を失っていく」(ebd.)。感性的外界は労働を通じて取得されず、むしろ労働者を支配し、貧困化させる敵対的な力となる。労働者は労働を通じてみずからの世界を現実化するのではなく、世界は労働によって脱現実化されていく。これが「労働生産物の疎外」という第一の疎外である。

「労働生産物の疎外」という規定から、マルクスは疎外の第二規定として「労働の疎外」を導出してい

〔1〕この『パリ・ノート』の大部分は現在MEGA第四部門第二巻において刊行されているが、いわゆる『経済学・哲学草稿』として知られる部分は第一部門第二巻において刊行されている。こうした「人為的な」分離は、旧東ドイツのMEGA編集者たちが抱いていた、同一ノートに含まれる一部の文章を『経哲草稿』という一つの「作品」として扱いたいという願望を反映したものである (Rojahn 1985: 658 f.)。さらに、ローヤーン (2013: 90) は一八四四年の草稿を「そもそも「著作」とみなすことができるのか、疑わしい」とした上で、次のように述べる。「一八四四年諸草稿は、一つの世界観の体系的説明のようなものではなく、それが示しているのはむしろ、運動のなかにあるマルクスの思想であり、言い換えれば、もろもろの新たな見解の出現と発展であり、彼の読書によって、また彼が参加した論争によって駆られていった過程なのである。」

〔2〕例えば、Brudney (1998) は規範論を擁護しようとするあまり、一八四五年以降のマルクスが哲学を捨て去ろうとしたことを批判している。こうなると、もはや特定の理論を擁護するという目的が先にあって、そのうえで都合の良いものを褒め、都合の悪いものを批判していくというアプローチになってしまい、マルクスの理論がもつ可能性をトータルに再構成する可能性は閉ざされてしまう。

く。マルクスによれば、労働の結果が疎遠で、自立化した威力として現れるのは、労働者の活動そのものが、すでに自らに属してはおらず、他人に属するものとなっているからである。つまり、生産の行為は自由な主体性を対象化する行為ではなく、「強制労働」、「自己喪失」となっているという。

したがって彼はみずからを労働において肯定せずに、かえって否定し、幸福と感じないで、むしろ不幸に感じ、どのような自由な肉体的および精神的エネルギーも発展することがなく、かえって彼の肉体を消耗し、精神を破壊する。〔……〕それゆえ、彼の労働は自発的なものではなく、強いられたもの、強制労働である。したがって、労働は何らかの欲求を満たすことではなく、労働以外のところで欲求を満たすための一つの手段にすぎない。(MEGA I/2: 238)

労働が生存のための単なる「手段」へと矮小化されているため、労働における自由な自己確証は生じない。むしろ、自己目的的だった活動は飲み食いや生殖活動のような動物的機能のための手段に格下げられ、生活の糧を得ることが労働者にとっての主目的となる。ところが、そのような最低限の生存すらも疎外された労働は保証することができない。極度の窮乏状態に晒され続ける労働者たちにとって、労働は人間性剥奪によって特徴づけられた活動になっているのだ。

これら二種類の疎外から、マルクスは第三の疎外である「類的存在からの疎外」を導き出す。「疎外された労働が人間から(一)自然を疎外し、(二)彼自身を、つまり彼自身の能動的な働き、彼の生活活動を疎外することによって、人間から類を疎外する」(MEGA I/2: 240)。マルクスによれば、本来、人間の本質的活動は自由で、意識的な生産によって特徴づけられており、そのうちに、人間の類的存在としての普遍的性格が表れている。なぜなら動物は自らが所与のものとして見出す特殊的状況に囚われたままであるが、人間は自然に対して意識的に働きかけ、所与の労働対象や労働手段を能動的に大きく変えていくことができるからである。さらには、芸術作品の制作活動のように、直接的な身体的欲求を抑えて、生産活動を営むことができるという意味で、労働は自由な活動だという（ebd.: 241）。ところが、マルクスが嘆いているように、類的本質の顕現としての自由で普遍的な創造性は疎外によって失われてしまう。「疎外された労働は自己活動、自由な活動を手段に格下げすることによって、人間の類的生活を彼の肉体的生存の手段にしてしまう」のだ（ebd.）。労働の普遍的次元は、労働が肉体的生存のための手段としての不自由な強制労働へ歪められるにつれて、消失していく。

最後に、マルクスは第四の疎外として、「他者からの疎外」を挙げている。「人間が他の人間から疎外されており、各々も人間的な本質から疎外されている」というのだ（MEGA I/2: 242）。もし、人間が必死になって自分自身の生存だけを追求するなら、他者との社会的な協働は困難となっていくだろう。その結果、人間は類的存在としての生活を豊かにすることはできず、自由な他者との協働やコミュニケーションの代わりに、生き残りをかけての競争が支配的になっていくのである。

要するに、マルクスの疎外論が問題視しているのは、労働が自己実現や自己確証のための自由な活動ではなく、窮乏化、労苦、人間性剥奪、アトム化を引き起こす活動に貶められている近代の不自由な現実のあり方である。こうした状況に抗して、マルクスは「私的所有のシステム」の廃棄による労働疎外の克服を掲げ、人々が他者とのアソシエーションを通じて、自由に外界へ関わり、労働生産物を通じて自己確証を得ることのできる社会の実現を要求したのだった[3]。

「疎外」は哲学的カテゴリーなのか？

よく知られているように、疎外された労働の議論は、六〇年代に本質主義や経済決定論との関連で様々な論争を呼び起こした。とはいえ、マルクスの疎外論は『経哲草稿』が一九三二年に旧MEGAで初めて刊行された段階ですでに問題含みな哲学的方向性のもとで解釈されていた事実はあまり知られておらず、それが今日まで問題視されないままになっている。だが、この哲学的解釈から決別することによってこそ、疎外論の理論的ポテンシャルが初めて明らかとなるのである。

この文脈で重要なのが、ヘルベルト・マルクーゼが一九三二年に刊行した「史的唯物論の基礎付けのための新資料」という論文である。マルクーゼによると、『経哲草稿』「第一草稿」のうちには「伝統的国民経済学」的部分と「批判哲学」的部分のあいだにブレイクスルーが存在する。マルクスは「さしあたりはどうやら完全に伝統的国民経済学とその定理を基礎として」分析を開始し、「考察を伝統的国民経済学の「労賃」、「資本の利潤」、「地代」の三つの概念に」分けた。ところが、「作業中にこの三つの分類がすぐに突破され、放棄される」のであり、まさにそのことによってマルクスの「疎外」・「外化」についてのラディカルな批判が可能になったというのである。つまり、マルクーゼによれば、「労働の概念はその発展において、既存の問題構成の枠組みを突き破る」のであり、それによって疎外論が生まれたのだ

(Marcuse 1969 [1932]: 11)。それゆえ、マルクーゼにとって、マルクスの真の哲学的批判は「三つの伝統的国民経済学」的カテゴリーの彼岸にこそ存在する。

マルクーゼが強調しているように、マルクスが「疎外された労働」の議論を始めるのはノートのXXIIページ以降であり、ジャン＝バティスト・セイやアダム・スミスなどから抜粋し、詳細なコメントをつける作業を終えた箇所においてである。とはいえ、この事実は抜粋された国民経済学についての注釈部分がマルクスの疎外概念の形成にとって重要ではなかったということをまったく意味しない。だが、マルクーゼは「第一草稿」における「経済学的」な前半部分をほぼ完全に無視しており、言及するのはたった一度だけである。

そして、その後の先行研究もこの前半部分をことごとく無視し、「批判哲学」的な疎外論に拘泥してきた。たしかに、マルクスのブレイクスルーという印象は、後半部分の冒頭に編集者がつけた「疎外された労働」という、マルクスのノートには見当たらないタイトルによって強化されている。だが、ローヤーンの研究に従うなら、マルクスの「理論の形成」は『パリ・ノート』における経済学研究の一つの流れのなかで解釈されなくてはならない。なぜなら前半の経済学関連部分を無視する場合には理論的な困難に陥ってしまうからだ。つまり、哲学的解釈では労働疎外の原因をうまく説明することができないのである。

［3］　よく知られているように、当時のマルクスはフォイエルバッハの哲学を高く評価し、疎外論についても大きな影響を受けていた。マルクスのフォイエルバッハ受容とその決別について詳しくは佐々木（2011）を参照。

問題の箇所を詳しく検討していこう。マルクスは国民経済学によって前提された私的所有の「事実」を分析し、その隠れた歴史的条件を「本質」として解明しようとした。つまり、マルクスは私的所有が疎外された労働の「産物」であり、疎外された労働こそがその「必然的条件」であると述べたのだった。

したがって私的所有は外化された労働、労働者の自然と自分自身に対する外的な関係の産物であり、結果であり、必然的帰結である。それゆえ私的所有は外化された労働、すなわち外化された人間、疎外された労働、疎外された生活、疎外された人間の概念から分析を通じて生じるのである。たしかにわれわれは外化された労働（外化された生活）の概念を国民経済学から私的所有の運動から出てきた結果として手に入れた。しかしこの概念を分析することでわかることは、私的所有が外化された労働の根拠・原因のように現れるとしても、それはむしろ外化された労働の帰結であること〔……〕である。後になってから、この関係が相互作用に転じる。(MEGA I/2: 244)

ここでマルクスが指摘しているのは、私的所有と疎外された労働が「原因」と「結果」としても働き、強化し合う「相互作用」の関係である。しかし、こうした相互作用が生じるのは「後になってから」であることに注意しよう。マルクスの説明によれば、あくまでも疎外された労働が、私的所有の「根拠・原因」である。つまり、私的所有は「事実」ではなく、疎外された労働の歴史的・論理的「帰結」なのである。

だからこそ、マルクスは次のように問う。「いまわれわれが問うのは、どのようにして人間はその労働を外化し、疎外するようになるのかということである。どのような形でこの疎外は人間的発展の本質のうちに根拠を持っているのか？」(MEGA I/2: 245 f.)。ところが、続く箇所でのこの問いに対するマルクスの解答は曖昧であり、労働はその生産物が他者の私的所有として取得される場合に疎外されたものになるという相互規定の説明に留まっているかのような印象を与える。こうして、マルクスの説明は堂々巡りになってしまっているとたびたび批判されてきた。例えば、最近でもインゴ・エルベが次のように述べている。「マルクスは〔疎外された労働の原因をめぐる〕問いに結局答えることができていない。〔……〕ここでは、社会理論的カテゴリーの代わりに、ヘーゲル左派の著作を広く特徴的づけるようなまだ曖昧な〔歴史〕哲学的な美辞麗句が見出される」(Elbe 2014: 45)。同様に、日本でも疎外論の「アポリア」がたびたび指摘されてきたのだった(廣松 1971: 258; 畑 1975: 167)。そして、この理論的困難をもとにして、廣松はみずからの断絶説を正当化したのである。

　それに対して、ミヒャエル・クヴァンテはこの循環論法を解こうと試みている。とはいえ、クヴァンテの解釈もマルクーゼの哲学的解釈に完全に規定されてしまっている。マルクスの「哲学的に基礎づけられた国民経済学的現象の分析」ははじめて「第一草稿の後半部分において、疎外された労働の概念を用いて展開される」と述べているからだ(Quante 2009: 231)。その結果、クヴァンテも前半部分における「経済学的」批判を無視するために、疎外の原因を説明しようとしてもうまくいかず、「否定の否定」というヘーゲル哲学のシェーマを引き合いに出すことを強いられる。つまり、疎外の発生は、「類的存在の意識的取得」に至る道程における「必然的な中間段階」という形で説明されるのである(ebd.: 258)。だが、廣松(2001 [1983]: 63)がすでに批判しているように、こうした図式的で、歴史のテロスを前提とした決定論が魅力的なアポリアの解決策でないのは明らかだろう。これでは、廣松やアルチュセールのように疎外論そのものを退けるという決断もやむをえないものになってしまう。

だが、次節で示すように、エルベやクヴァンテのみならず、廣松もマルクスの意図を捉え損なっている。なぜならアポリアはそもそも存在しないからである。アポリアが存在するように見えるとすれば、それは先行研究がただ「第一草稿」後半部分だけしか考慮してこなかったせいである。このような一面的解釈に陥らなかった唯一の例外は、福冨正実（1989）であり、以下では福冨の議論も参照しながら、「人間の大地に対する和気あいあいとした関係」(MEGA I/2: 232）が持つエコロジカルな射程を解明していくことにしたい。

人間と自然の本源的統一の解体

先行研究において無視されてきた「第一草稿」前半部分において、マルクスは資本主義的所有を封建的占有と比較している。そこでは、土地の完全な商品化を資本主義的関係の完成として描いた後に、なぜ土地の商品化が疎外された労働の形成にとって決定的なのかが説明されているのである。しかも、この箇所ではじめて、近代に特殊な生産から生じる病理的現実をマルクスが「疎外」概念を用いて説明しているにもかかわらず、哲学的解釈はこの箇所を無視してきたのだ。

まず、マルクスは歴史的比較が、封建社会の理想化に陥って、前資本主義社会には疎外が存在しなかったかのような想定を行わないよう注意を促している。そのような過去の美化は資本主義の歴史的特殊性を解明することのできないロマン主義の理論的欠陥を示すものにすぎない。

ロマン主義がこのことを嘆いてこぼす感傷的な涙は、われわれの知ったことではない。ロマン主義は土地の掛売りのうちにある浅ましさを、土地に対する私的所有の掛売りのうちに含まれているところの、まったく理性的で、私的所有の枠内では必然的で、望ましくもある帰結と絶えず混同している。第一に封建的土地所有はすでにその本質上、掛売りされた土地であり、人間から疎外され、それゆえ、幾人かの数少ない大領主の形態をとって人間に相対している土地なのである。(MEGA I/2: 230)[4]

土地の商品化によって、土地所有者である貴族の気高い価値観や規範が失われ、ブルジョア的利己心が支配的になってしまったというロマン主義の嘆きに対して、「掛売りされた土地」は封建的土地所有においても存在しており、その限りで、労働と土地は人間に対してすでに一定程度対立するものとして現

[4] 原典を挙げてはいないものの、ここでマルクスはエンゲルスの『国民経済学批判大綱』(以下、『大綱』)を参照している。エンゲルスは「掛売り(Verschacherung)」について次のように述べている。「われわれにとって唯一無二のものであり、われわれの第一の生存条件である土地を掛売りすることは、自己の掛売りへの最後の一歩であった。〔……〕そして本源的領有、少数者が土地を独占してその他の人々をその生活条件から排除することは、不道徳の点では後世の土地の掛売りに少しもひけをとるものではない」(MEGA I/3: 480、強調引用者)。マルクスはエンゲルスの概念を用いて、土地の掛売りの結果として生じる「自己の掛売り」を疎外として展開したのだった。

れていた事実をマルクスは指摘している。

さらに、マルクスによれば、掛売りにおいてみられる「浅ましさ」は近代の堕落の象徴ではない。というのも、ロマン主義が拒絶する貨幣への際限なき欲求は、ブルジョア社会の合理性に照らし合わせれば、「必然的」で、「理性的」ですらあるからだ。別の言い方をすれば、近代的土地所有者の「浅ましい」振舞いは道徳的欠陥ではなく、近代社会の合理性を端的に体現するものなのである。ピエール・ド・ボアギルベールのようなロマン主義者はこのことを理解することができなかったために(MEGA II/2: 20)、近代市民社会の浅ましさをただ道徳的に嘆くだけになってしまう。ところが、実際には、封建的土地所有のもとでも支配・従属関係が存在しており、人間は土地から疎外されていたのであり、両者は対立していたことをまずはしっかりと認識しておかなければならない[5]。

そのうえで、マルクスは封建制支配のもとで農奴が置かれていた状態について次のように述べる。

> すでに封建的土地所有のうちに、人間に対する疎遠な力としての土地支配が存在している。農奴は土地の付属物である。同様に、長男である家督相続者は土地に付属している。土地が長男を相続する。そもそも土地占有とともに私的所有の支配が始まるのであり、土地占有はその土台である。しかし、封建的土地占有においては少なくとも主人は占有地の王のように見える。同様に、占有者と土地の関係は単なる物象的富の関係よりももっと緊密なものがあるかのような外見がいまだに存在している。地所はその主とともに個人化し、その身分をもち、主とともに男爵領であったり、伯爵領であったりし、その特権、裁判権、政治的関係などを持つ。それはその主人の非有機的身体とし

て現れる。(MEGA I/2: 230)

封建的支配のもとで農奴は土地に対して自らの所有物として関わることができない限りで、自由な活動のための能力を奪われている。つまり、土地の独占のもとで、自然と労働からの疎外がすでにそこでも一定程度存在していたといえる。ここでは、自然は生産物を取得する土地所有者の「非有機的身体」として機能し、農奴は、生産過程においてこの非有機的身体の一契機(「付属物」)として作用している。その際、土地は領主の身体として「個人化」されるのであるが、これが「私的所有の支配」の始まりだというのである。

ところが、マルクスはここから一気に疎外された労働の原因を断定する代わりに、資本主義的な土地所有と封建的土地所有の重大な質的相違を指摘している。マルクスによれば、封建的関係は「人格的」・「政治的」支配に依拠していたのであり、大地の生産物の取得は、領主が農奴に対して、直接的に生得的

〔5〕マーガレット・A・フェイはここでのマルクスの議論に着目して封建制と資本主義のもとでの土地所有を比較しているが、近代社会の成立にともなう「断絶」を否定し、両社会の「連続性」や「類似性」を強調する(Fay 1986: 166, 168)。「マルクスは封建制から資本主義への移行を私的所有の運動と発展として把握することで、同時に、この移行を歴史的発展における深い断絶として解釈すべきではないということを指摘している」(ebd.: 172)。フェイの理解によれば、封建制でも資本主義でも「私的所有」によって搾取されている限りで、どちらも共通しているというわけだ。こうして、フェイの把握は、搾取という問題を生産手段の私的所有という問題へ解消してしまう。だが、マルクスが問題としているのは、所有と搾取の問題ではなく、以下にみるように歴史的に特殊な取得様式なのである。

な特権をもった人格的権力として相対することで生じていた。農奴はこうした人格的支配によって服従を強制されており、その外見を直視していた。だからこそ、「一族の歴史、彼の家の歴史など」が支配の正当化のために不可欠の役割を果たしていたというのである。というのも「これらすべてが彼にとって占有地を個人化して、それを正式に彼の家、一つの人格にする」からである（MEGA I/2: 230）。こうして、土地と家族の歴史が土地の占有を「個人化」し、土地は領主の「非有機的身体」となるのである。

直接的な人格的支配と搾取は、慣習と伝統に基づいた土地の個人化に対応する形で、独自の生産者の土地への関係を生み出す。マルクスは農奴や借地人と賃労働者の決定的違いを次のように対比している。

> 同様に占有地の耕作者たちも日雇労働者のあり方をしているのではなくて、彼らは彼ら自身、農奴のように主人の所有物であると同時に、主人に対して敬意を払い、臣従し義務を負う立場にあるのである。それゆえに主人の彼らに対する立場は直接的に政治的であるとともに、また和気あいあいとした側面（gemüthliche Seite）を持っている。習俗、性格などは地所ごとに変わり、一定範囲の地所と一体のようにみえるのであるが、しかし後にはただもう人間の財布だけ——彼の性格、彼の個性ではなく——が彼を地所へ関係させるようになる。（MEGA I/2: 230）

封建制のもとでは、土地の耕作者は人格的自立性を承認されずに、むしろ、否定されている。農奴が、領主の所有する土地の付属物として扱われる所以である。この支配・従属関係は、近代市民社会における賃労働者の置かれている状況と決定的に異なっていることに注目してほしい。というのも、後者は直接的な政治的支配から解放され、自由で平等な法的主体である「人格」として承認されているからである。ただし、このことは賃労働者が農奴よりも自由で、快適な生活を享受していることを意味しない。むしろ、事態はその反対である。人格性の否定の結果、農奴は生産・再生産の客観的諸条件との統一を依然として維持していたのであり、そのために生存も保証されていたのである。

そして、福冨（1989: 23）が強調しているように、この点こそが疎外概念の理解にとって決定的である。封建制社会の人格的支配は、土地の疎遠な対立にもかかわらず、耕作者は依然として「和気あいあいとした側面」を有していることをマルクスが指摘しているのが重要なのだ。この関係の具体的規定性は様々であるが、しかし、その根本的な一般的規定性は、土地と耕作者の統一性である。法的人格としての自立性の否定にもかかわらず、農奴や借地人には生存保証が与えられ、生産過程における自由と自律性を実現していた。それゆえ、ここには資本の物象的支配の余地はない。直接的な人格的支配が資本の非人格的力が生産過程に貫徹することを妨げていたのであり、それゆえ、疎外も大きく抑制されていたのだ。

農奴や借地人は暴力的な従属と強制的な搾取のもとで、剰余労働を行うため、生産性はそれほど高くない。ここでの欲求の制限は領主の気高い性格に負うものではなく、むしろ生産関係によって規定されたものなのである。土地の耕作者が人格の否定を通じて自然の一部となることで、自由や自律性を享受するがために、領主はわずかな収穫物しか手に入れることができない。それゆえ、領主の側も「できるだけ多くの利益を引き出そうと努める」ことはせずに、「むしろそこにあるものを消費し、そして生み出すための配慮は安んじて農奴たちと借地人たちに任せるのである」(MEGA I/2: 230 f.)。こうして封建制社会での生産は具体的欲求の充足を目指した安定的な性格をもち、「ロマンティックな栄光を地主の上に投じる」ことになったのだ（MEGA I/2: 231）。

それに対して、近代社会においては、土地が完全に商品化され、「掛売り」の対象となる。そこからまったく異なった支配の形、つまり、資本の非人格的で、物象的な支配が生じ、疎外された労働が完全な形で成立する。

> 必要なのは、こうした〔人格的支配の〕外見がなくされること、私的所有の根である土地所有がすっかり私的所有の運動のなかへ引き入れられて商品となること、所有者の支配が私的所有、資本の純粋な支配として、あらゆる政治的色合いをはがされて現れること、所有者対労働者の関係が国民経済学的な搾取者対被搾取者の関係へ還元されること、所有者と彼の所有物のあらゆる人格的関係がなくなって、所有物がただの物象的な、物質的な富となること、土地との名誉結婚に利益の結婚がとってかわって、土地も人間と同様に、掛売りの価値にまで堕ちることである。（MEGA I/2: 231）

かつての人格的支配・従属関係が解体されることで、土地は商品として扱われるようになり、私的所有の掛売りのなかへ投げ込まれる一方、そうした支配の解体は形式的に自由で平等な「人格」という外見を生み出す。つまり、あらゆる個人が法的人格として承認されるのは、彼らが土地との直接的結合を喪失して、市場で自由で平等な商品所持者として相対することによってなのである。国民経済学においては、この関係はかつてのような政治的支配の存在しない、理想的状態として扱われる。だが、そのような外見の背後には、人格的な搾取関係の代わりに、非人格的な物象を媒介とした支配関係が入り込んでいるのであり、ここには歴史的に特殊な支配関係が依然として存在している。繰り返せば、それは、かつての農奴が土地と強固に結びついていたのに対し、近代の労働者が土地の商品化によって、大地との結合を喪失し、本源的な生産手段から分離されたことから生じる不自由な状態である。人間は賃労働者として、他人に自らの自由に処分できる唯一の商品である労働力を販売し、自らの活動とその生産物を外化しなくてはならなくなるのだ。その結果、賃労働者は生存保証を失い、その活動は労働力の外化によって、他人に支配される。無所有、生活の不安定さ、疎外、搾取はすべて密接に連関しているのだ。だからこそ、人間と大地の関係における歴史的転換が、資本主義的生産の特殊性を理解するために決定的なのである〔6〕。

もちろん、農奴も強制されて剰余労働と剰余生産物を提供していた。だがそれでも、客観的な生産条件との統一を通じて、生産過程における自立性に依拠した「和気あいあいとした側面」を保持していたのであり、ここにマルクスは封建制的生産様式における労働の肯定的な要素を見出していたのである。それに対して、近代の賃労働者はあらゆる直接的な大地とのつながりを喪失しており、自然から疎外さ

〔6〕 興味深いことに、マルクスはこの認識をエンゲルスから獲得したのだった。『大綱』においてエンゲルスは次のように述べている。「私的所有の最初の結果は、生産が自然的側面と人間的側面の二つの対立した側面に分裂したことであった。すなわち人間が実らせることなしには死んだ不毛のものである土地と、ほかならぬ土地が第一の条件である人間的活動とがそれである。さらにわれわれがみたように、人間的活動はまた労働と資本に分解し、これらの側面はふたたび相互に敵対した」(MEGA I/3: 482)。『大綱』を読んだ際に、マルクスはこの近代的「分裂」に注意を向け、『パリ・ノート』のうちに、「土地の人間の分裂。人間的労働は労働と資本に分離される」と書き留めている(MEGA IV/2: 486)。こうした見解がここで反映されて、さらに展開されているのである。

れている。その結果が、自然、活動、類的存在、他者からの疎外、つまりは、生産における「和気あいあいとした側面」の完全なる喪失にほかならない。社会的生産は特定の具体的な欲求の充足のために行われるのではなく、資本の価値増殖のために行われる。その際、個々の労働者は単なる価値増殖のための手段でしかない。生産の新しい合理性に対応する形で、資本家も生産過程を労働者にまかせっきりにはせずに、むしろ積極的に指揮・監督を通じて介入するようになる。こうして労働者の生活保障や生産過程における自律性はどんどん切り崩されていく。労働が疎外されていくのだ。

以上のように考えれば、疎外論のアポリアは存在しないことがわかる。マルクスはこれまで軽視されてきた「地代」に関する議論において、資本主義的生産様式の特殊性と疎外の原因を封建社会との対比によってはっきりと把握していたのである。マルクスの叙述はたしかに読み手にとってわかりやすいものではないかもしれないが、そのことは刊行を予定していない私的なノートであったことを考えれば不思議ではない。だからこそ、『パリ・ノート』のほかの部分やエンゲルスの『大綱』も含めたより包括的な読解を通じてのみ、私的所有が生産者とその客観的な生産条件の本源的統一の解体から生じるという論旨を理解することができるのである。

だが、それだけではない。「地代」についての議論を無視することはより大きな誤りにもつながっている。というのも、疎外の根本的な原因を把握できないことによって、当然のことながら当時のマルクスの疎外克服の構想も認識することができなくなってしまうからである。資本主義の疎外を人間と大地との本源的統一の解体として把握することではじめて、マルクスが共産主義のプロジェクトをこの統一の意識的な再生として整合的に捉えていたことを認識できるようになる。

アソシエーションは土地や地所に適用される場合には、国民経済学的見地から見た大土地所有と同じ長所を持っており、はじめて分割のもともとの傾向である平等が実現される。アソシエーションはまたそれによって、理性的な仕方で――つまり、もはや農奴制や支配やばかげた所有神秘主義などによって媒介されていない仕方で――土地に対する人間の和気あいあいとした関係（*gemüthliche Beziehung*）をつくりあげる。というのは、土地は掛売りの対象であることをやめ、そして自由な労働と自由な享受によって、再び人間の真なる、人格的な所有物になるからである。（MEGA I/2: 232, 強調引用者）

「アソシエーション」の実践的課題とは、先行する封建制についての議論との関連で、資本主義において解消されてしまった「土地に対する人間の和気あいあいとした関係」をより高次な段階として――意識的に――再構築することである。つまり、ここでの人間と自然の統一は、もはや人格的・政治的な支配に基づくものではなく、むしろ自由な社会的関係を、アソシエイトした諸個人による生産手段と生産物の社会的取得を通じて実現するものである。このまったくもって新しい生産様式は、資本主義における土地の掛売りとは正反対の、「理性的な」土地への関係を社会的に実現する。その関係性のおかげで、社会的生産活動とその生産物は疎遠なものとして、人間に対立的に現れることはなくなる。むしろ、「人間の真なる、人格的な所有物」としての大地との結合によって、万人による「自由な享受」が保証されるようになるのだ。マルクスの共産主義構想が疎外論の分析から一貫して導き出されていることがはっきりとわかるだろう。

この経済学的意味で、マルクスは「共産主義」が人間と自然の完全なる同一性をもたらすと唱えたのだった。

人間的自己疎外としての私的所有の積極的な廃棄、したがってまた人間による、また人間のための人間的本質の現実的取得としての共産主義。〔……〕この共産主義は完成した自然主義として人間主義に等しく〔Naturalismus=Humanismus〕、完成された人間主義として自然主義に等しく〔Humanismus=Naturalismus〕、人間と自然との、また人間と人間との間の対立の真の解消、存在と本質とのあいだの、対象化と自己確証とのあいだの、自由と必然とのあいだの、個と類のあいだの、抗争の真の解消である。(MEGA I/2: 263)

マルクスは私的所有システムのもとでの自己疎外と対象剥奪の克服に向けた歴史的運動を人間と自然の真の宥和にむけた過程として描いている。そのための条件は、生産様式のラディカルな変容と私的所有システムの止揚である。こうして打ち立てるべき共産主義「社会」は人間と自然の関係に対する意識的な組織と管理を現実化するものである。「こうして社会は人間と自然の本質的一体性の完成、自然の真の復活、貫徹した人間の自然主義と貫徹した自然の人間主義である」(MEGA I/2: 264 f.)。マルクスの疎外批判は人間と自然の関係の「理性的」再編を本質的な課題としてみなしており、共産主義の理念を貫徹された「人間主義=自然主義」として構想していた。これこそが、マルクスのエコロジカルな資本主義批判の始まり――もちろん始まりにすぎないとしても――なのである。

一つの理論の連続性

さらに注目すべきは、マルクスは人間と自然の統一という一八四四年の洞察を『資本論』にいたるまで堅持していたという事実である。例えば、一八四七年に刊行された『哲学の貧困』においても、マルクスは自然からの切り離しとしての土地の掛売りを批判している。「地代は、人間を自然に結びつけることをせずに、ただ土地の耕作を競争に結びつけただけである」(MEW 4: 170)。だが、より一層興味深いのは、一八五八年の『経済学批判　原初稿』における、近代社会の特徴づけである。ここでマルクスは再び「和気あいあい」という表現を用いて、次のように述べている。

> 農民はもはや、自分の土地生産物をもち、みずから農耕労働にたずさわる農民としてではなく、貨幣占有者として、地主に対峙している。〔……〕こうして他方では、地主が関係する農民はもはや、特殊的な生活諸条件のなかで生産を行っている未熟な個人ではなく――彼の生産物は自立化した交換価値、一般的等価物、つまり貨幣であるから――他のいかなる個人の生産物とも区別されないような生産物をもっている個人である。こうして〔地主と農民との関係の〕以前の形態において〔両者の〕取引をすっぽりと包み込んでいた和気あいあいとした外見（der gemüthliche Schein）は消えてなくな

る」。(MEGA II/2: 19、強調引用者)

一八四四年からの連続性は明らかだろう。ここでもマルクスは人格的支配の解体を「和気あいあいとした」関係の消失とし、「人格的な依存関係の棄却」の結果として支配関係が純粋に経済的な関係へ変容することを「市民社会の勝利」とみなしている(MEGA II/2: 20)。社会的関係は商品と貨幣によって媒介され、商品所持者たちは形式的に自由で平等な人格として市場で相対するが、現実にはこの関係は不自由と不平等の関係へ転化する。その結果、資本主義社会においては「和気あいあいとした外見」さえも消失してしまうというのである。

また、一八六〇年代に入ってからも、生産者の土地からの「分離」による土地所有の特殊な経済的形態が資本主義的生産様式の歴史的・論理的前提であることが繰り返し指摘されている。

賃労働者の一階級が形成されるためには、製造業においてであろうと農業自体においてであろうと——さしあたり、すべての製造業者は耕作をする土地所有者の被雇用者つまり賃労働者としてのみ現れる——、労働条件が労働能力から分離されなければならない。そして、この分離の基礎は、土地そのものが社会の一部分の私有財産として現れることであり、こうして社会の他の部分が、自分の労働を経済的に利用するためのこの対象的条件から締め出されているということである。(MEGA II/3: 350)

『資本論』でも同様の事柄が描かれている。少し長くなるが引用しよう。

本源的蓄積にかんする箇所で見たように、この〔資本主義的〕生産様式は、一方では、直接的生産者たちが土地の単なる付属物（隷農、農奴、奴隷などの形態での）の地位から解放されることを前提し、他方では、人民大衆から土地が収奪されることを前提とする。その限りでは、土地所有の独占は、資本主義的生産様式の、また、なんらかの形態の大衆の搾取にもとづいている従来のすべての生産様式の歴史的前提であり、また依然としてその恒常的基礎である。しかし、始まったばかりの資本主義的生産様式が見出す土地所有の形態は、資本主義的生産様式に照応しない。資本主義的生産様式に照応する土地所有形態は、資本主義的生産様式によって、農業を資本に従属させることで、はじめて作り出される。このようにして、封建的土地所有、氏族的所有、あるいは小農所有が、それらの法律的形態がどれほど相違しようと、資本主義的生産様式に照応する経済的形態に転化される。資本主義的生産様式の偉大な成果の一つは、次のことである。〔……〕資本主義的生産様式が土地所有を、一方では、支配・隷属関係からすっかり解き放し、他方では、労働条件としての土地を土地所有および土地所有者から完全に分離して、彼にとっては、土地はもはや彼がその独占を媒介として産業資本家である借地農業経営者から徴収する一定の貨幣税以外にはなにものも表さないようにすることである〔……〕。こうして土地所有は、その従来の政治的・社会的な縁飾りと混ざり物を振り捨てることによって〔……〕その純経済的形態を受け取る。（MEGA II/4.2: 669 f.）

マルクスが一貫して、資本主義的生産様式の特殊性を土地所有形態との関連で把握していたことがわかるだろう。たとえ独占的土地所有が「なんからの形態の大衆の搾取にもとづいている従来のすべての生産様式」に共通だとしても、資本主義における「純経済的形態」としての土地の独占は、前資本主義社会における政治的・人格的「支配・従属関係」に基づいた搾取から区別されなくてはならない。その際のメルクマールとなる土地に対する人間の関係における質的な変容は、「農業を資本に従属させること」から生じるという。つまり、生産者の客体的生産条件からの絶対的分離が賃労働・資本関係の成立にとっての本質的条件なのである。前資本主義社会においても、土地所有の独占が農奴や隷農からの搾取のための「恒常的基礎」であったにもかかわらず、直接的生産者には生産手段へのアクセスが保証されていた。ところが、「本源的蓄積」を通じた土地所有形態の転換によって、労働者は生産・生活手段としての土地への自立的なアクセスから締め出され、労働力の商品としての販売を強制されることになる。自然の本源的統一の解体から生じる土地所有の「純経済的形態」の成立――「土地の掛売り」――こそが資本主義的取得にとっての基礎をなしているのである。

疎外論も以上のような観点から、その連続性を考察する必要がある。例えば、『要綱』には「疎外」の問題を生産者の生産の客体的条件からの分離として扱っている箇所がある。ここで、マルクスは自然を人間の「非有機的身体」として扱っているが、前資本主義社会においては、労働者の「労働の最初の客体的条件は、彼の非有機的身体である自然、大地として現れたのであって、労働する主体そのものが有機的身体であるばかりでなく、彼の労働の最初の客体的条件は、主体としての非有機的自然」であったという（MEGA II/1: 392 f.）。このような生産過程における主体的側面と客体的側面の統一をマルクスは

「労働とその物象的諸前提との自然的統一」(ebd.: 379) と呼んでいるが、ブルジョア社会における疎外と窮乏化は労働から所有が、すなわち生きた労働能力から物象的な労働諸条件が絶対的に「分離・分断されること」の帰結にほかならない。

> このように、所有と労働とが、生きた労働能力とその実現の諸条件とが、対象化された労働と生きた労働とが、価値と価値創造する活動とが絶対的に分断されること、それゆえまた労働者自身に対して労働の内容も疎遠となっていること、——こうした分離もまた、いまや労働そのものの生産物として、労働自身の諸契機の対象化、客体化として現れる。〔……労働能力は、〕それが過程にはいったときよりも豊かになって過程から出てくるどころか、かえって貧しくなって過程から出てくる。というのは、労働能力が必要労働の諸条件を資本に属するものとしてつくりだしたばかりでなく、可能性として労働能力のうちにある価値増殖も、つまり価値創造する可能性も、いまでは同様に、剰余価値、剰余生産物として、一言で言えば資本として——生きた労働能力にたいする支配として、固有の威力と意志とを付与された価値として——、客体を欠いた、まったく主体的であるだけの〔したがって労働能力とは言ってもただ〕抽象的〔にそうであるだけという〕貧困のうちにある労働能力に対立して、存在しているのだからである。(MEGA II/1: 362)

ここでマルクスは「疎外」という言葉を使ってはいないものの、一八四四年からの内容的連続性は明らかである。「まったく主体的であるだけの」「客体を欠いた」労働能力は、みずからを実現するための物質的条件を欠いているため、資本の支配に従属しなくてはならない。それゆえ、生産者はみずからの生産物を直接的に取得することはできず、自らの活動は資本の支配下で疎遠なものとして対立することになる。こうして、資本蓄積とともに、対象剥奪と窮乏化はますます深刻化していく。労働を実現する物質的条件を欠いた労働者たちは将来の保証なき「潜在的貧民」(MEGA II/1: 492)として生き続けなければならないのである。

それに対して、「奴隷・農奴関係」においては、「こうした分離は生じない」とマルクスは述べる。というのも、「奴隷の形態においても、農奴の形態においても、労働そのものが生産の非有機的条件として、家畜と並んで、あるいは大地の付属物として、他の自然的存在と同列に置かれ」ているからである(MEGA II/1: 393 f.)。それゆえ、この「前ブルジョア的な関係」においては、個人は「労働する主体」として振舞うことができるというのだ(ebd.: 392)。福冨(1989: 72 ff.)が指摘しているように、この労働者の主体性のうちに、直接的生産者としての労働する農奴が有する個体性の自由な発展の潜在性を見出すことができるだろう。農奴が人格的支配のもとで単なる客体的条件の一部へ還元されているとしても、土地との統一性のために、彼らは生産過程における一定の自立性を有しており、小経営のもとで、みずからの生活手段と生産物を取得していた。この特殊な関係性が、封建制から資本主義への移行期において、「自由な個性の発展」のための物質的条件を提供したのである。

マルクスはこの移行期を「解放された労働にとっての黄金期」と呼んでいるが、一四〜一五世紀にかけてのイングランドでヨーマンリーの置かれた状況がそれに対応する(MEGA II/1: 412)。また、『資本論』では次のように述べられている。

> 労働者が自分の生産手段を私的に所有していることが小経営の基礎であり、小経営は、社会的生産と労働者自身の自由な個性の発展のための一つの必要条件である。〔……〕しかし、それが繁栄し、その全活力を発揮し、適合した古典的形態をとるのは、労働者が自分の使用する労働諸条件の自由な私的所有者である場合、すなわち農民は彼が耕す畑地の、手工業者は練達した技術で使用する用具の、自由で私的な所有者である場合のみである。(MEGA II/6: 681)

労働者の「自由な個性の発展」は、マルクスがアソシエイトした生産者からなる将来社会を描く際に用いる表現であるが (vgl. MEGA II/1: 90)、ここでマルクスは例外的に前資本主義社会における小経営に――もちろんその限界を認めながらも――その可能性を見出している。政治的・人格的従属関係の解体は、人間と自然の関係のうちに存在していた「和気あいあいとした側面」を支配関係なしに共同的に構築することを可能とし、人々はその自由を享受することができたからである。とはいえ、こうした小経営は「労働を社会的労働として発展させ、社会的労働の生産力を発展させる」ために「適していなかった」ことから没落を余儀なくされたのだった (MEGA II/3: 1855)。

いずれにせよ、土地との強い結びつきこそが、労働能力の一般的な商品化を妨げていたのであるから、資本の支配は当然この結びつきの解体を求めてくる。人格的支配のみならず、土地との結びつきからも切り離された労働者は二重の意味で自由な無保護な労働者たちであり、マルクスは彼らの置かれた「所有からの労働の分離」状態を「絶対的貧困」と呼んでいる。彼らの労働は、あらゆる労働手段と労働対象から、つまり労働の全客体性から切り離された労働である。それは、労働の実在的現実性のこれらの諸契機からの抽象として存在する生きた労働（同様に非価値）であり、このような丸裸の存在、あらゆる客体性を欠いた純粋に主体的な労働の存在なのである。それは絶対的貧困としての労働、すなわち対象的富の欠乏としての貧困ではなく、それから完全に締め出されたものとしての貧困なのである。（MEGA II/1: 216）

資本主義的生産様式の特徴づけにとって、自然からの疎外が決定的であることがここからもわかる。だからこそ、それに対応する形で、マルクスは人間と自然の分離の克服としての本源的統一の再生を未来社会の実践的課題として据え続けたのだった。「資本が創造する物質的な基礎の上で、そしてこの創造の過程のうちで労働者階級および全社会が経験する諸革命によって、はじめて本源的統一が再び回復されうるのである」(MEGA II/3: 1855)。もちろん、この意識的な統一は「アソシエーション」に基づいて達成される。「この労働にたいする資本家の他人所有が止揚されることができるのは、ただ、彼の所有が変革されて、自立的個別性にある個別者ではない者の所有、つまりアソシエイトした、社会的な個人の所有としての姿態をとることによってだけである」(MEGA II/3: 2145)[7]。

以上のように、『パリ・ノート』のうちにはマルクスのプロジェクトにとって根源的な洞察が存在している。だが、『パリ・ノート』の内容をヒューマニストのように絶対視すべきでもないだろう。当時の叙述は確定的なものではなく、フォイエルバッハの哲学的な疎外概念はすぐに徹底的に批判されることになるからだ。そこで、「フォイエルバッハに関するテーゼ」と『ド・イデ』における哲学批判がマルクスの人間と自然の関係についての把握にどのような変化をもたらすことになったかを、最後に節を改めて考察しておきたい。

哲学からの決別

アルチュセールや廣松の「断絶」という見方が、マルクスの理論の重大な連続性を隠蔽してしまう問題含みの解釈であることは以上で示された。だが、他方で、一八四五年以降、マルクスはそれまで絶賛していたフォイエルバッハ哲学を批判するようになっているという事実は残る。それゆえ、改めて問われなくてはならないのは、なぜ理論的連続性にもかかわらず、フォイエルバッハの唯物論や疎外論が批判されるようになったのかという問題である。そして、その帰結として、「人間主義＝自然主義」というマルクスの理念はいかなる変容を被ったのだろうか？

ここで重要なのは、マルクスの「唯物論的方法」(MEGA II/6: 364; 佐々木2011、39 ff.) の確立である。それは『ド・イデ』におけるマルクスのヘーゲル左派批判のうちに見てとれる。つまり、彼らが疎外された現実に対して、ただその真なる「本質」を認識論的に対置しているだけであり、特定の社会的諸関係

［7］「アソシエーション」についてより詳しくは、大谷（2011）、田畑（2015）を参照。

のもとで疎外が必然的に生まれる客体的条件を解明していないという点に批判が向けられるようになっているのである。例えば、フォイエルバッハは無限な神の全能性を前にして有限な諸個人が感じる宗教的疎外を乗り越えようとする。その際、フォイエルバッハは、神とは、人間が頭のなかで自らの類的存在としての本質を誤認し、外部に投影してしまったことから生じた「幻想」であると批判したのだった。なぜそれでは不十分なのだろうか？

『ヘーゲル法哲学批判序説』や『パリ・ノート』において、マルクスはフォイエルバッハの宗教批判を高く評価し、それを経済学の領域に適用しようと試みた。そして、労働疎外の克服に向けた私的所有のシステムの止揚を類的本質の実現のための革命実践として構想したのである。それとは対照的に、一八四五年のマルクスはフォイエルバッハの宗教批判について、社会的な変革を実行することのできない「純粋にスコラ的」な哲学にすぎないという厳しい判決をくだすようになる（MEGA IV/3: 20）。フォイエルバッハは「哲学者の「眼鏡」」（MEGA I/5: 20）を通じて現実を考察し、ただ認識的転換を社会変革の手段として要請しているにすぎないというのである。フォイエルバッハは哲学による「啓蒙」によって、神の本質は人間の本質であるという真理を大衆に認識させようとした。だが、そのような手段で疎外が克服できると考えたことが誤りであると非難され、必要なのは、「実践」を通じた社会的関係そのものの転覆であることが強調されるようになるのである（佐藤1979）。

マルクスの立場の変化は、この「実践」という概念に着目することで、より明確になるだろう。すでに、一八四三年の段階から、ヘーゲル哲学が単に理論的次元において二項対立を乗り越えようとすることを批判し、現実における矛盾の止揚を求めていた。例えば、一八四三年九月のアーノルド・ルーゲ宛の手紙で、「現存するいっさいのものの容赦のない批判」(MEGA III/1: 55) を通じた実践的な介入を次のように要求していた。

> 意識の改革とは、ただ、世界をしてその意識を自覚させること、世界を自分自身についての夢から目覚めさせること、世界に対してそれ自身の行動を解明してやることにある。われわれの全目的は、ちょうどフォイエルバッハの宗教批判がそうであるように、宗教的および政治的な諸問題に、みずからを意識した人間的形式をあたえること以外ではありえない。(ebd. 56)

ここでの社会批判で問題となっているのは、フォイエルバッハの啓蒙主義と同じ、「意識の改革」である。認識上の解放こそが、解放を現実にもたらす実践を呼びおこすための前提であることが強調されているからだ。実際、こうした理論的な枠組みは、当時のマルクスの政治的な解決方法にも反映されている。『ヘーゲル法哲学批判序説』において、マルクスは近代の「国家」と「市民社会」の二項対立を批判したが、この分裂した現実を克服し、私的な個人が市民社会を超えて、公共圏へと参加することのできるような社会のあり方を「民主主義」の「理念」として現実に対置した。そのうえで、この理念に倣って、民主主義運動へコミットするよう人々に訴えかけたのであった。

ところが、『ユダヤ人問題について』のなかで、マルクスはすぐにそのような「政治的解放」の限界を認識し、民主主義の理念を放棄することになる（渡辺1989: 67）。なぜなら、政治的解放は近代社会の二項対立の克服ではなく、その完成をもたらすだけだからである。国家と市民社会との現実的分離を前提としたままで、政治的領域における変革によって大きな変化を社会全体にもたらそうとしてもうまくいかない。というのも、分離によって、政治的領域そのものが「利己的な個人」の私的利害関心を守るための領域として、予め脱政治化されてしまっているため、政治は市民社会における不自由と不平等を克服することができないからである。こうして、マルクスは民主主義の理念が変革の道具ではなく、むしろ現実における政治的国家の抽象性を反映しているにすぎないということを反省し、市民社会そのものが近代の現実的矛盾であることを認識するようになる。このように当時のマルクスは哲学的理念がもつ限界を認識し始めており、そこにはすでに、フォイエルバッハとの重大な差異が存在している。

にもかかわらず、マルクスはフォイエルバッハ哲学の別の側面を評価し続けた。それが貨幣の抽象性に基づいた利己主義と対比される、具体的で人間的な「感性」こそが真の人間的解放のための原理となるという唯物論の考えである。こうして、『ヘーゲル法哲学批判序説』において、マルクスは「政治的理念」によってではなく、「受動的要素」である「普遍的苦悩」に訴えて、市民社会変革の必然性を説くようになる（MEGA I/2: 178, 181）。それに対応する形で、マルクスは感性的欲求に依拠した「実践」を矛盾解消のための現実的基盤として掲げたのである。「ドイツの政治意識の旧来のあり方の決定的な反対物としてただそれだけからしても、思弁的な法哲学の批判は、批判自身にとどまるものではなく、実践だけが解決手段であるような課題につきすすんでいく」(ebd.: 177)。ここにもある種の両義性を見て取ることができるだろう。一方でマルクスは抽象的理念を現実に対置するだけでは不十分であることを認識し、実践の必要性をフォイエルバッハよりも明確に強調した。だが他方では、そのような実践のための基盤としてフォイエルバッハの「感性」に依然として依拠し続けているのである。

さらに、『パリ・ノート』における次のような発言も同様の両義性を孕んでいる。

理論上の対立の解決でさえも、ただ実践的な仕方でのみ、ただ人間の実践的エネルギーによってのみ可能であり、それゆえその解決はけっしてたんに認識の課題にすぎないのではなくて、現実的な生活課題であって、この課題を哲学が解決できなかったのは、哲学がそれを単なる理論的な課題として捉えていたからにほかならないことも、明らかである。(MEGA I/2: 271)

なるほど、マルクスは現実の矛盾を反映する理論的対立の克服のために実践が不可欠であると考えていた。そのため、一見すると、フォイエルバッハの「啓蒙主義」とは異なり、実践の一義性を強調しているかのように思われるかもしれない。だが、ここでの発言も、フォイエルバッハ哲学に倣って、「主観主義と客観主義、唯心論と唯物論、〔能動的〕活動と〔受動的〕苦悩」(MEGA I/2: 271) といった旧来の思弁哲学が理論的にのみ扱った問題を、現実的、感性的人間に依拠することで解決しようとしている。マルクスは労働の具体的感性を「真なる」唯物論的原理として疎外された現実に対置し、その基礎上で、まずはみずからの類的存在を認識することが、革命的実践に至るための第一歩であると考えていたのだ。別の言い方をすれば、当時のマルクスは、ヘーゲルの「精神」やバウアーの「自己意識」の抽象性を問題視していたが、フォイエルバッハが着目したような感性的な欲求や活動を参照することで、「類的存在としての人間」を具体的な歴史運動の主体として措定できると信じていたのである。要するに、一八四四年の段階では、正しい哲学的原理の誤認こそが観念論の根本問題とされていたのであり、マルクスも

「精神」や「自己意識」といった転倒した主体に対して、現実的な真なる主体（＝感性的人間）を認識論的に対置していた。その限りで、マルクスもヘーゲル左派の枠組みの内部で思考していたといえる。それに対して、『ド・イデ』は哲学内部での真なる原理の「対置」というアプローチそのものを退ける。ここに大きな転換があるのである。

彼らの空想によれば、人間たちの諸関係は、人間たちのすることもなすことも、手枷足枷も意識の産物なのだから、青年ヘーゲル派は一貫して、人間たちに道徳的要請を課すことになる。現在の意識を人間的、批判的、エゴイスト的意識に取り換え、それによって自らの足枷を取り払え、と。意識を変えよという この要求は、現存する事態を別様に解釈せよ、つまり別様の解釈によって現存する事態を承認せよ、という要求に帰着する。（MEGA I/5: 7）

なるほど、マルクスは以前と同様に、社会的矛盾を実践によって乗り越えることの重要性を唱えている。だが、その際にマルクスが明確に強調するようになっているのは、哲学的に基礎づけられた「意識を変えよ」という要求がまったくもって不十分であるという点である。なぜなら、「真なる」哲学的基礎に基づく「啓蒙」は単なる「道徳的要請」にとどまってしまうからだ。つまり、これまでとは異なり、マルクスはヘーゲル左派の論争そのものを不毛とみなし、世界の解釈はラディカルな社会変革をもたらすことはできないと断言したのである。

フォイエルバッハが目指していたのは、神は幻想であり、その術語は本来、類的存在としての人間に帰されるべきであるという真理を大衆に啓蒙することであった。ところが、フォイエルバッハは「人間がこれらの幻想を自分の「頭のなかへ入れた」ということはどうして起こったのか？」と問いはしない、とマルクスは批判する（MEGA I/5: 291）。「現実的、物質的な前提そのもの」を変革することがなければ、宗教的「幻想」は絶えず社会的実践によって客観的に再生産され続けてしまう。それゆえ、哲学的な立場から世界の転倒を指摘するだけでは疎遠で敵対的な現実を乗り越えることはできない。というのも、ここで問題となっているのは真理をめぐっての認識論的誤謬ではなく、社会的諸関係から生じる現実的転倒だからである。諸個人の意識や振舞いはつねにすでに社会的諸関係によって制約されているため、フォイエルバッハの「意識を変えよ」という要求は、それがたとえどれだけ正しい訴えだったとしても、社会変革をもたらすことはできない。むしろ、ヘーゲル哲学に対して、「感性」や「愛」といった原理を認識論的に対置している限りで、実践的有効性を伴わない非実践的立場にとどまってしまうのだ。

そもそも、フォイエルバッハが想定しているような人間の「本質」を把握し、大衆に向かって指摘できるような哲学者の特権的立場は現実には存在しない、とマルクスは考える。

> 環境と教育の変化についての唯物論的教説は、環境が人間によって変えられ、そして教育者が教育されなくてはならないということを忘れている。それゆえ、この教説は社会を二つの部分——そのうちの一方は社会を超えたところにいる——に分けざるをえない。（MEGA IV/3: 20）

「教育者」の立場——もちろん、ここでの「教育者」とはフォイエルバッハのことである——に立ったとしても、私たちは、現実の社会的諸関係から自由に、本質へのアクセスを保証するような純粋な感性を持つことはできない。哲学者の直観さえも世界の外部にはなく、むしろ転倒した現実の中で構成され、制約されているからだ。それゆえ、転倒した現実がなぜ生じてくるのかを問わないままに、真理として掲げられるフォイエルバッハの「感性」や「愛」は必然的に抽象的な理念にとどまるのであり、その「教説」は現実を変える力を持つことができない。哲学は現実的な変革の条件を明らかにすることなしに、ただ意識を変える必要性ばかりを説くことで、社会運動にとっての妨げとなってしまう。意識を変えるだけで現実を変えることができるという立場は、転倒した現実の力を過小評価していると言ってもいいかもしれない。それに対してマルクスは、まず「なぜ」・「いかにして」転倒が生じるかを現実の社会的諸関係から解明することで、変革のための物質的条件を示さなくてはならないという独自の唯物論的な方法論を明確化したのだった（佐々木2011: 71）。

人間は労働を媒介として常に自然に関わっており、一八四四年のマルクスは、人間と自然の関係のラディカルな変容が近代的疎外の原因であることを認識しながらも、他方でフォイエルバッハのように、哲学的に構想された「人間主義＝自然主義」という理念に依拠して共産主義を掲げていた。ところが、人間と自然が分裂した現実に対して、その絶対的統一を要求するというだけでは、「ロマン主義的」なトーンに陥ってしまう（Arndt 2013a: 84）。つまり、マルクスが「類的存在」の概念を用いながら、「人間主義＝自然主義」を実現する社会主義を構想しようとすると、「友情」や「感性」や「愛」といった類的存在の本質をめぐる非歴史的術語が前面に出てきてしまい、資本主義の特殊性に対する批判は抽象的で、非歴史的な次元へ押し込められていく。その結果として、先行研究はマルクスが「地代」の議論で明らかにした近代社会の歴史的特殊性についての一八四四年の洞察をことごとく読み飛ばしてきたのだった。

それに対して、『ド・イデ』でマルクスは哲学から距離を取ることで、フォイエルバッハのような非歴史的な抽象議論に陥ることの危険性にはっきりと気が付くようになる。「フォイエルバッハの全演繹は、人間たちはお互いを必要としあっており、またいつも必要としあってきたということの証明につきる」(MEGA I/5: 57) が、そのような証明は資本主義の疎外の原因を明らかにすることができないとマルクスは考える。さらに言えば、フォイエルバッハが追い求める「現実的」自然や「現実的」人間なる本質はそもそもどこにも存在しないのであり、自然や人間は特定の社会的諸関係のもとでつねに、すでに変容されている。こうした変容をもたらす「歴史的に特殊な媒介過程」(Arndt 2013a: 85) の把握こそが、『ド・イデ』以降のマルクスの科学的分析の核心をなすのである。

フォイエルバッハはここでも理論の内にとどまり、人間たちを、所与の社会的関連において、また人間たちの目前にある生活条件——これが人間たちを現にある姿にしたのである——の下において把握しないので、そのため彼は、実存し、活動している人間たちには決して到達せず、「人間なるもの」という抽象物の下にとどまっていて、「現実の、個体的な、身体を具えた人間」を感覚において認めるという域に達しているにすぎない。つまり、彼は愛と友情——しかも理想化された——以外の「人間の人間に対する」「人間的諸関係」を知らない。〔……〕彼は共産主義的唯物論者が産業と社会編成を改革することの必要性とその条件を見るまさにその場所で、観念論に逆戻りせざるをえな

いことになる。(MEGA I/5: 25)

ここでも、フォイエルバッハは理論と実践を分離したという理由で、厳しく批判されている。「人間なるもの」などは「実践から孤立された思考」のうち以外にはどこにも存在しない(MEGA IV/3: 20)。唯物論は諸個人が常に特定の社会的諸関係によって媒介されているという事実から出発しなくてはならない。

同じことは「自然」についても言える。フォイエルバッハが追い求める「自然なるもの」は思惟の産物であり、「最近誕生したばかりのオーストラリアの珊瑚島嶼の上ならいざしらず、今日もはやどこにも実存せず、したがってフォイエルバッハにとっても実存しない自然である」(MEGA I/5: 22)。そのため、フォイエルバッハが自然について語るときには、現実の諸関係が抽象化されなくてはならず、哲学的直観に頼って、「永遠」の世界へと逃げ込まなくてはならない。だが、現実の自然は、常に一定の社会的関係のもとで、人間の生産活動を媒介として変容されているのである。そして、この歴史的な環境が人間や動物の生活も規定しているのだ。だからこそ、人間と自然の関係性の変容を分析する必要がある。

もちろん、マルクスは人間と自然を分離して捉えてはいけないということを一八四四年の『パリ・ノート』の段階ですでに認識していた(MEGA I/2: 304)。だが、一八四五年以降の立場によれば、単に人間と自然の関係は本源的なものであり、両者が相互規定のうちにあるという自明な事実を述べるだけでは不十分である。あるいは、人間と自然が本来統一的に存在しているべきなのに、資本主義のもとで両者の関係が疎遠になっていると非難するだけでは不適当なのである。マルクスの「唯物論的方法」に従うなら、資本主義において、その人間と自然の歴史的に特殊な媒介過程がどのようにして構成されるようになるかを分析し、「なぜ」・「どのようにして」人間と自然の関係が疎遠で、敵対的なものとして現れざるをえないかを解明しなければならない。とはいえ、『ド・イデ』においてマルクスは説明しなくてはならない理論的課題を認識したものの、その具体的解決までは与えることができていない。つまり、その後の経済学研究と並行しての自然科学研究こそが、まさにこの課題を遂行するものであり、人間と自然の関係の歴史的変容を明らかにしようとする試みだったのである。そして、その鍵となるのが「物質代謝」概念なのだ。

第二章　物質代謝論の系譜学

あらゆる生き物は、絶え間ない外界との関わり合いの中で様々な活動を営みながら、その生命を維持している。エルンスト・ヘッケル（Haeckel 1866）が植物、動物そして人間の織りなす総体的連関を「エコロジー（Ökologie）」と呼ぶ以前には、同様の事態はしばしば「物質代謝」という生理学概念を用いて考察されていた。しかも、この概念は自然科学の領域を超えて、哲学や経済学の領域にも適用され、有機体の摂取・吸収・排泄とのアナロジーで、生産・消費・廃棄といった社会的活動を分析するために用いられたのである。

マルクスも当時の化学や生理学の急速な発展に大きな刺激を受け、「物質代謝」をみずからの経済学批判における重要概念として用いるようになる。マルクスによれば、人間もほかの生物と同様に、自然によって制約を受け、自然法則的な生理学的事実に服している一方で、人間は他の動物と異なり、「労働」を媒介として、「意識的」かつ「合目的的」に外界へ関わることができる。そのため、前章でも見たように、人間はほかの動物よりも「自由な」形で自然との物質代謝を取り結ぶことができるという。その結果として、「永遠の自然的条件」である恒常的な人間と自然の物質代謝は、労働の社会的あり方に照応する形で大きく変容されていく。つまり、前資本主義社会と比較して資本主義が極めて深刻な環境危機を引き起こすようになっているのには、単に生産力が飛躍的に増大したという理由だけでなく、むしろ人間と自然の物質代謝を媒介する労働が質的に変容していることが重要なのだ。

その限りで、「物質代謝」概念はマルクスの環境思想を明らかにするための導きの糸である。ところが、この概念は先行研究において正しく理解されてきたわけではない。それゆえ、まずは物質代謝概念を当時の自然科学の文脈へと置きなおし、マルクスの経済学批判にとって持つ意義を明らかにしていく。そうすることで、ヤーコブ・モレショットやルートヴィヒ・ビューヒナーに代表される自然科学的唯物論とマルクスの物質代謝論の親和性を強調するという誤りを避けるのみならず、ドイツの化学者であるユストゥス・フォン・リービッヒの影響を絶対視するような解釈とも違う、よりニュアンスに富んだ理論形成過程の再構成が可能になるだろう。さらには、そうした理解が、「形態」と「素材」の弁証法によって特徴づけられるマルクス独自の経済学的方法論を把握するための道を切り拓いてくれるのである。

あらゆる富の素材としての自然

マルクスは「資本主義分析において、人間的労働を絶対化し」、その結果として「価値を生み出す自然を体系的に排除した」(Immler 2011: 10) と繰り返し批判されてきた。だが、前章でみたように、マルクスはすでに一八四四年の段階で自然を労働実現のために不可欠の契機としてみなしており、感性的外界を人間の「非有機的身体」とみなしていた。「非有機的身体」はけっして人間の恣意的な支配を表現する概念ではない〔1〕。私たちは自分の身体を好き勝手に用いることがないのと同様に――そんなことをすれば怪我をしたり、病気になったりするだけだ――、自然に対しても恣意的で搾取的な振舞いは許されないからだ。つまり、ここでのマルクスのポイントは、自然への本質的依存性であり、「人間は自然によって生きている」という歴史貫通的な事実である。自然とは「労働が実現し、労働が行われ、そしてそれを介して労働が生産をおこなうところ」の「素材」であり、「労働者は自然なしには、感性的外界なしには、何も作り出すことはできない」(MEGA I/2: 236 f.)。人間もまた「自然の一部」であり、自然を超越して、支配することはできず、むしろ自然という全体のなかでの生産活動を通じて、生命を維持するほかない。その意味で「自然は人間の身体であって、死なないために人間はこの身体といつも一緒にやっていかなければならない」(ebd.: 240) のである。

とはいえ、このような歴史貫通的な分析だけでは不十分である。前章で見たように、人間と自然の関係において、その本源的統一が近代において解体されることによって、大転換が生じることこそが重要なのである。その際、マルクスは「疎外された労働は人間を（一）自然から疎外する」と述べているが(MEGA I/2: 240)、ここで第一の、根源的な疎外が自然からの疎外なのは偶然ではない。というのも、客体的生産条件である大地からの分離こそが人間と自然の関係に決定的な変化をもたらす原因だからである。とはいえ、『パリ・ノート』のなかにエコロジカルな視点――別の言い方をすれば、物質代謝におけ

〔1〕 Clark (1989) はこの点を完全に誤解してしまっている。

る自然の側にどのような否定的帰結が生じるのかについての分析——を見出すのは難しい。それゆえ、マルクスの環境思想を展開するためには、『ド・イデ』以降の経済学や自然科学研究の道程を追っていく必要がある。

ここで参考になるのが、『要綱』の一節である。『ド・イデ』から十年以上たって、再び同様のテーマに戻ってきたときも、マルクスは生産者の自然からの「分離」という問題を資本主義的生産様式への移行にとっての決定的契機として描いている。だが、注目すべきことに、ここでマルクスは同じ現象を「疎外」というフォイエルバッハの用語ではなく、自然科学の用語を用いて説明している。マルクスは「自然との物質代謝」のための客体的条件の剥奪として定義しているのだ。

> 生きて活動する人間たちと、彼らが自然とのあいだで行なう物質代謝の自然的、非有機的諸条件との統一、だからまた彼らによる自然の取得は、説明を要するものではなく、あるいはどんな歴史的過程の結果でもないのであって、説明を要するもの、歴史的過程の結果であるのは、人間的定在のこの非有機的諸条件とこの活動する定在とのあいだの分離、すなわち、賃労働と資本との関係においてはじめて完全なかたちで措定されるような分離である。(MEGA II/1: 393)

人間と自然の関係の変容は、労働過程が資本によって媒介され、形式的・実質的に包摂されることで進行し、両者のあいだに「分離」が生じてくる。もちろん、それによって人間と自然の物質代謝が完全に中断されてしまうわけではない。人間は生きるために依然として自然との関わり合いを続けなくてはならないからだ。だが、人間と自然の物質代謝が「分離」を基礎としてしか生じないようになることで――つまり、労働過程が「賃労働と資本の関係」へ転化してしまうことで――、その姿は前資本主義社会と比較して大きく変わってしまう。だからこそ、「本源的統一」に代わるこの近代に特有の「分離」こそが、経済学が「説明」しなくてはならない「歴史的過程の結果」と呼ばれるのである。後に見るように、『資本論』においても、近代社会における「分離」・「亀裂」がこの物質代謝概念によって分析され、さらには、共産主義の構想もこの物質代謝の意識的な修復・管理として定式化されるようになる。

こうした明確な概念変更を前に、クヴァンテは「たとえマルクスが人間学的・哲学的カテゴリーを用いずに、「物質代謝」という自然科学のカテゴリーで描写しているとしても」、マルクスの哲学的自然概念には連続性があると主張している（Quante 2009: 312）。だが他方で、クヴァンテは、哲学と自然科学のあいだで揺れ動くマルクスの「曖昧さ」(ebd.: 315) や「反哲学的特徴」(Quante 2008: 137) を批判している。ところが、クヴァンテはマルクスの自然科学的概念が持つ理論的意義をほとんど考察しておらず、そのなかに積極的な意味をまったく認めようとしない。こうした拒絶の背景にあるのは、若きマルクスの哲学的痕跡を後期の作品に見出そうとする試みが十分にうまくいかないことに対するクヴァンテの苛立ちなのではないだろうか。実際、物質代謝概念を分析しないで、それを自然科学的であるという理由だけで批判するだけなら――なぜ自然科学的であってはいけないのだろうか？――、哲学的連続性という自らの解釈を証明することの困難をマルクスの「曖昧さ」へ責任転嫁しているのと変わらない。クヴァンテの解釈の一面性は明らかである。事実、『ド・イデ』で哲学批判を行った後に自然科学的概念を採用したことは、単なる用語上の変更ではなく、むしろ、「唯物論的方法」の確立に結びついているのであり、そこに「曖昧さ」は微塵も存在していない。

以下で見るように、一八四五年以降のマルクスは「分離」や「疎外」に対して、単に「統一」という理念を対置するのではなく、「永遠の自然的条件」である人間と自然の物質代謝が、資本主義に特殊な労働の経済的規定を通じてどのようにして媒介されるかを分析するようになっていく。つまり、マルクスの研究は一面で経済学批判として純社会的な経済的形態規定を分析し、他面では、自然科学を中心とした自然的領域における素材的な特性を分析することで、両者の絡み合いを捉えようとするのである。そのうえで、マルクスのエコロジーは社会的・自然的物質代謝の素材的次元が資本の価値増殖の論理によってどのように再編成され、そこから最終的には、どのような矛盾・軋轢が生じてくるかを解明しようとするものなのである。

マルクスのプロジェクトは野心的であり、その完成のために多くの時間とエネルギーを費やしたにもかかわらず、『資本論』は未完で終わってしまった。だが、この事実はプロジェクトそのものが失敗したことを必ずしも意味していない。むしろ、『資本論』やその準備草稿において、マルクスは「物質代謝の亀裂」を分析するための方法論をすでにはっきりと定式化しているからだ。現代のマルクス主義に課された理論的課題とは、この方法論的遺産をさらに発展させていくことなのである。とはいえ、先を急がずに、まずは物質代謝概念を当時の自然科学や経済学の文脈で理解していくことにしよう。

物質代謝論の起源をめぐって

「物質代謝」という用語は生理学ですでに一九世紀初頭に用いられていたが、「最初の正式な概念の使用」という功績は、しばしばリービッヒに帰せられる（Garrison 1929: 472）〔2〕。ギーセン大学で教鞭を取っていたリービッヒは、フリードリヒ・ヴェーラーとの共同研究を通じて、炭素、水素、酸素などの少種類の原子の組み合わせから、無数の結合を作り出すことが可能であることを明らかにした。特に、一八三七年以降、実験室での馬尿酸の人工的合成を皮切りに生理化学の領域へ進出したリービッヒは、『農業と生理学への応用における化学』（一八四〇年）〔以下、『農芸化学』〕と『生理学と病理への応用における化学』（一八四二年）〔以下、『動物化学』〕を刊行し、最新の化学的知見に基づいて、植物や動物の生命活動を化学的過程として把握しようとしたのだった。そのなかで、リービッヒは「動物は高次の植物」であると主張

〔2〕 フランクリン・ビン（Bing 1971: 168）は最も古い物質代謝概念の用法として一八一五年のG・C・ジグヴァートの論文を挙げている。だが、今日のデジタル検索を使えば、より古い用法を見つけることも容易である。一八〇九年に刊行されたF・L・アウグスティンの『人間生理学教本』(Augustin 1809: 279）などがその一例だろう。とはいえ、ビンの一八四〇年代に物質代謝概念が広く用いられるようになったという指摘そのものは正しく、それに大きな役割を果たしたのがリービッヒであったのも間違いない。ただし、リービッヒ以外にも、例えばルドルフ・ヴァーグナーがリービッヒよりも前に一八三八年に執筆した『特殊生理学教本』も物質代謝について一節を割いて論じている（Wagner 1842: 290 f.; vgl. Mocek 1988）。このことからもわかるように、リービッヒだけに着目するのでは、当時の言説の複雑さを軽視することになってしまうだろう。とはいえ全てを網羅するのは不可能であり、以下では、マルクスの物質代謝論を理解するのに必要な限りで考察することにする。

し（Liebig 1842a: 50）、化学的物質代謝論とエネルギー保存の法則から生命活動を説明する道を切り拓いたのである。当時はまだ「植物と動物の二つの国」（Goodman 1972: 117 f.）という形で両者の間にはっきりとした区別を見出す二元論的生気論（Vitalismus）が支配的であった――動物は糖分と澱粉を自分で作り出すことができず、植物が生み出すものをただ消費し、破壊するだけであると考えられていた――のに対して、リービッヒは実験を通じて、動物も糖分や澱粉を作り出すことを証明したのだ。そうすることで動物と植物の絶対的区別を乗り越えようとしたのである。さらに、当時は、有機化合物は動物の生気という特殊な力によって作り出されるという考え方が支配的であったのに対して、人工的に馬尿酸のような有機化合物を合成することで、生気論とは違う生命の物質代謝過程についての説明を行ったのである〔3〕。

リービッヒの「物質代謝」の定義によれば、それは有機体における物質の形成と排出からなる不断の化学的更新過程である。

> 血における物質代謝、それはつまり、血の成分が脂肪、筋肉繊維、神経・脳物質、骨や毛髪などへ移行することであり、血に含まれる栄養物質の変態であるが、それは、新しい結合物が形成され、さらには〔古い結合物が〕排泄器官を通じて再び体から取り除かれる同時的過程なしには考えることができない。〔……あらゆる〕運動、力の発現、有機的活動は、物質代謝によって、つまりその成分が受け取る新しい形態によって引き起こされている。（Liebig 1840: 332）

リービッヒの物質代謝概念は広く普及し、個々の動植物の生命維持の過程だけでなく、生態系における相互作用的な関わり合いを分析するためにも用いられるようになっていく。さらには、この生理学概念は哲学や経済学の領域においても、「社会的物質代謝」という形で適用されていき、マルクスもまたこうした多義性のもとで、独自の物質代謝論を展開していくことになる。それは、今日でいう「代謝(metabolism)」の概念が、「産業代謝」(Ayres 1994) や「社会的代謝」(Fischer-Kowalski/Hüttler 1998; Fischer-Kowalski 2014) といった形で、人間と自然の関係性の分析に用いられるようになっているのと同様である。

だが、こうした概念の多義性のために、先行研究においては、マルクスがどのようにして物質代謝論を経済学批判に取り入れたかをめぐって様々な論争が展開されてきた (椎名 1976; 吉田 1980; 小松 2001; Schmidt 1993 [1962]; Pawelzig 1997; Foster 2000; Wendling 2009)。たしかに、マルクス自身が独自の物質代謝論を展開している以上、その元となったアイデアがどこから来たのかを一義的に確定することは難しい。とはいえ、この多義性がマルクスには関係のない恣意的な解釈の余地を生んでしまうことは避けなくてはならない。もちろん、リービッヒの物質代謝論が重要であることは間違いないにしても (吉田 1980: 57ff.; Foster 2000:

[3] とはいえ、リービッヒが完全に生気論から決別していたわけではないことは以下で見る。たとえば、リービッヒは「生命力」という化学的過程には還元できない力の存在を主張していた (Lipman 1967: 175 ff.)。すでに当時、ロバート・ユリウス・マイヤーが『物質代謝との連関での有機的運動』のなかで、機械的・化学的力と熱は相互変換可能であるために、リービッヒの「生命力」の想定が不要であることを主張していた (Mayer 1845)。マイヤーの批判を受けて、リービッヒも『化学通信』第四版 (一八五九年) において、見解を訂正したものの、依然として「生命力」の想定を放棄することはなかった (vgl. Brock 1997: 312 f.) リービッヒと生気論については、本書第七章も参照されたい。

155 ff.)、それだけでは十分ではない。というのも、リービッヒのはっきりとした影響がうかがえるのは『資本論』においてであり、先に引用した『要綱』のような一八五〇年代の用法を十分に説明できないからだ〔4〕。では、マルクスはどこから物質代謝のアイデアを得たのだろうか?

実は、マルクスの物質代謝論の形成過程を明らかにするためには、これまで無視されてきた『ロンドン・ノート』という研究ノートに含まれる『省察』というタイトルのつけられた一八五一年三月の短いテクストに着目する必要がある。というのも、このテクストは一八五一年七月に作製されたリービッヒ抜粋よりも先に、マルクスが「物質代謝」という用語を自らの分析に取り入れていたことを記録しているからである。ところが、MEGA第四部に収められているマルクスの抜粋ノートはこれまで十分に考察されてこなかったので、物質代謝をめぐる論争においても『省察』の該当箇所はまったく考慮されてこなかったのである。

物質代謝の概念は『省察』のなかで三度登場するが、その箇所を早速引用してみよう。

特権を与えられた者だけがあれこれを交換できる古代社会の場合とはもはや異なり、あらゆるものがあらゆる人々にもたれうるのであり、どんな物質代謝でもだれによっても、彼の所得が転換されるだけの貨幣量に応じておこなわれうるのである。——娼婦、科学、保護、勲章、召使い、たいこもち、これらすべてが、コーヒーや砂糖やニシンのようなものとまったく同様に、交換生産物〔となる〕。〔……〕身分の場合には、個人の享受、彼の物質代謝は、彼を包摂している特定の分業に依存している。

所得の種類がまだ生業そのものの種類によって規定されているところでは、つまり今日のようにたんに一般的な交換媒介物の量によって規定されているのではなく、彼の生業そのものの質によって規定されているところでは、労働者階級が社会に対して入り、またそれがわがものとなしうる諸連関はかぎりなくより局限されたものであり、また物質代謝のための社会的機関は、社会の物質的生産および精神的生産ともども、特定の仕方と特殊的内容とにはじめから制限されている。(MEGA IV/8: 233 f.)

『省察』は、貨幣制度のもとでの形式的自由・平等の背景に潜む階級対立を明らかにすることを試みたテクストである。貨幣制度における取得法則の特殊性を叙述するために、マルクスは資本主義的取得と前資本主義社会における生産物の取得を「社会的物質代謝」の違いという観点から対比している[5]。それによると、前資本主義社会においては、他人労働の取得は特権や暴力を通じた人格的支配を通じて行われていた。労働の選択は特定の「身分」ごとに制限されており、それに対応する形で、「社会の物質的・精神的生産との物質代謝のための社会的器官」も狭い範囲に制限されていた。それに対して、資本主義社会の表面においては、形式的に自由で平等な人格が貨幣を用いて、生産物の取得や交換を市場で大規模に営んでいる。そのため、商品交換は一見するとあらゆる階級対立から解放され、社会的物質代

[4] しかも、リービッヒの『農芸化学』第一版には「物質代謝」という言葉は二度しか登場していない。
[5] この用法からも物質代謝概念が歴史貫通的な側面をもっていることがわかる。

謝も貨幣量の増大とともに拡張していくように見える。ところが、市民社会の深層において「階級的特徴なき」自由と平等は、「幻想」であることが判明する（MEGA IV/8: 233）。というのも、貨幣量は個人の具体的欲求とは関係なしに、「個人の享楽、その物質代謝」を決定するからである。こうして市場の抽象的な自由と平等は現実における自由と平等の制限へと転化してしまう。要するに、資本主義的取得様式のもとでは、労働者大衆はみずからの欲求充足のための手段である貨幣を欠くために、個人的・社会的物質代謝も貧しくなっていくというのである。

さて、これより以前の『ロンドン・ノート』には「物質代謝」概念は見当たらず、この語は唐突に用いられているかのように見える。だが、マルクスがどこから着想を得たかは推測可能である。それが、ケルンの医師であるローラント・ダニエルスだ。マルクスとエンゲルスはダニエルスを「卓越した、学問的教養のある医者」と高く評価しており（MEGA I/11: 480）、共産主義者同盟の同志として親しく交流し、『哲学の貧困』をダニエルスに捧げたほどであった（Bagaturija 1965）。一八五一年二月に、ダニエルスが『ミクロコスモス 生理学的人間学の構想』という本の原稿をマルクスに送り、コメントを求めていることのうちに手がかりがあるのである。

一八五一年二月八日付のマルクス宛の手紙で、ダニエルスは自らの草稿に対して「辛辣で、容赦のない」批判をしてくれるよう頼んでいる（MEGA III/4: 308）。さらに次の手紙で述べられているように、『ミクロコスモス』は「行為の生理学的叙述」を通じて、「人間社会を唯物論的に把握する可能性」を示すことを目指した著作である（ebd.: 336）。実際、ダニエルスは生理学的知見を用いて、個人的ならびに社会的次元における人間の行為を唯物論的自然科学の対象にしようと試みている。そして、その中心概念が

「物質代謝」であり、マルクス宛の手紙のなかでもダニエルスはこの概念を用いている。「私は自らの有機的物質代謝を精神的物質代謝のために危険に晒すかもしれません。ところが、その際に私が結果としてなにかまとまったものを再生産できるほどに、消化、吸収することができるかどうかは疑わしいのです」(MEGA III/4: 308)。マルクスはダニエルスの草稿を丁寧に読み、三月二〇日付の手紙で、『ミクロコスモス』に対する批判的見解を伝えたとされる (MEGA III/4: 78)〔6〕。このように考えると、同月に執筆された『省察』における物質代謝概念が『ミクロコスモス』を読んだことと密接な関係を持っていることは間違いない〔7〕。

『ミクロコスモス』には、「物質代謝」という言葉が何度も登場する。ダニエルスは物質代謝を「同時的な破壊と創造であり、それによって身体がみずからの個体性を絶えず新たに作り出すことによって、維持する——非有機的物体の類のうちには類似物を見出すことができない特性——」過程として定義し

〔6〕残念なことに、マルクスのダニエルス宛の手紙は、警察に見つかることを恐れたダニエルスが処分してしまったために残存していない。

〔7〕ゲート・パーヴェルツィヒはダニエルスの『ミクロコスモス』に登場する物質代謝概念に着目しているものの、『省察』を考察していないがゆえに、一八五一年について誤って次のように述べてしまう。「だが、マルクスやエンゲルスに関して言えば、彼らのメモ書きや手紙の中に「物質代謝」を使用した証拠は見つからない」(Pawelzig 1997: 133)。パーヴェルツィヒは一八五六年六月二一日のイェニー宛の手紙をマルクスが最初に物質代謝という言葉を用いた事例として挙げている (MEGA III/8: 31; Pawelzig 1997: 134)。そしてここから、モレショットの影響を推測してしまう。だが、以下に見るように、マルクスとモレショットの物質代謝概念はまったく相容れないものである。また、この手紙ではフォイエルバッハの「愛」とならんでモレショットの「物質代謝」が否定的な文脈で触れられているにすぎず、影響関係はまったく見られない。

ている（Daniels 1988 [1851]: 29）。こうした発言のうちにはリービッヒの物質代謝論との共通性はあるものの、他方でダニエルスは「有機的物質代謝」を「動物的物質代謝と精神的物質代謝」へ区別し、生気論による「生命力」の想定を批判することで、リービッヒとの違いを際立たせてもいる（ebd.: 2）〔8〕。さらに、ダニエルスの精神的物質代謝の唯物論的把握は、「心」と「身体」の哲学的二元論やヘーゲルの「絶対精神」にも向けられる（ebd.: 135）。ダニエルスは物質の運動から万物を説明するラディカルな一元論を展開しようとしたのである。

ただし、ダニエルスの唯物論は、思惟、自由、人類史といったあらゆるものを「精神的刺激」に還元して、「刺激生理学的に（reizphysiologisch）」把握してしまうことで、素朴な物質主義に陥ってしまう危険性がある（Mocek 1988: 269）。時折、ダニエルスが『ド・イデ』のように、「その時々の物質的生活欲求の生産方法」に依拠して歴史的説明を行うように要求しているとしても、ダニエルスの唯物論にはあらゆる人間の活動を純生理学的で、社会的生産から独立した「反射運動」に還元してしまう傾向があるのである。それゆえ、『ミクロコスモス』は機械論的で、決定論的な見解との親和性が高いという欠陥を孕んでいた。こうした素朴な唯物論をマルクスは当然受け入れることができず、「ダニエルスの手紙のなかでその半分が理性的だとすれば、それは私の手紙の反響である」とこっそりエンゲルスに本音を伝えている（MEGA III/4: 86）。

とはいえ、マルクスの批判はダニエルスに対する軽蔑を含んでいたわけではない。ダニエルスのマルクスへの返答は、マルクスが原稿に詳細なコメントをしていたことを推測させる。マルクスがダニエルスの議論を機械論的欠点のために受け入れなかったとしても、『ミクロコスモス』に触発されて、『省察』

のなかで早速物質代謝の概念を自らの考察に取り入れ、生理学や化学にも興味をもつようになる。そして、リービッヒ『農芸化学』などの著作を同年七月から研究し、『ロンドン・ノート』で抜粋したのだった。マルクスは物質代謝概念を用いて、生産・交換・消費からなる社会的連関を分析しようとしていたが、そこにはダニエルスの次のような要求との共鳴を見出すこともできるだろう。「人間有機体とその社会と自然への関係についての研究は共同的制度の改良、つまり社会改良のための唯一の確実な基礎をなす」(Daniels 1988 [1851]: 119)。

不運にも、マルクスとダニエルスのさらなる知的交流はその後すぐに不可能となってしまう。一八五一年六月一三日にケルンでの政治的活動を理由にダニエルスが逮捕されてしまうのである。劣悪な拘留条件のために、ダニエルスの病状は悪化し、解放後の一八五五年八月二九日にこの世を去った。未亡人となったアマーリエ・ダニエルスに宛てて、マルクスは追悼の意と怒りを込めて、次のように書いている。

> 誠実で、忘れがたいローラント君が亡くなったという知らせに接した時の悲しみは、とうてい筆舌に尽くせません。〔……〕ケルン市民たちのなかでダニエルス君は、私の目にはいつも、偶然の気ま

〔8〕「精神的物質代謝」に関して言えば、リービッヒははっきりと生気論的立場を取っていた。それゆえ、ダニエルスの物質代謝論はリービッヒよりも、ルドルフ・ヴァーグナーの『生理学小辞典』からの影響を受けていると考えられる（Daniels 1988 [1851]: 158)。このことからも、マルクスの物質代謝論がリービッヒからの影響だけに限定できないことがわかる。

ぐれからホッテントット人の群の中に放り込まれたギリシャの神の像のように映っていました。彼が若くして亡くなられたことは、ご家族や友人にとってばかりでなく、彼のこの上なくすばらしい業績を期待していた学界にとっても、また彼が忠実な先駆者の役割を果たしていた多くの苦しんでいる人々にとっても、何物にもかえ難い損失であります。〔……〕いつの日か故人の寿命を縮めた張本人どもに、追悼の辞などというよりももっと厳しい復讐を果たせるような世の中になればと思います。(MEGA III/7: 205)

ダニエルスの物質代謝論は、「多くの苦しんでいる人々」のための闘争にむけて、マルクスによって引き継がれ、さらなる発展を遂げることとなる。

この成果を十分に認識することができるのが、その数年後に執筆された『要綱』における議論である。すでに先に引用した箇所で、マルクスは人間と自然の不断の相互作用を「自然との物質代謝」――つまり、自然における労働、原料、生産手段の素材的な相互作用――として描いている。マルクスによれば、この「生産過程そのもの」(MEGA II/1: 223) はあらゆる社会に共通の歴史貫通的な物質的条件である。つまり、どのような社会であれ、人間は自然を変容し、そこから受け取り、消費したものを廃棄する循環過程の中で生活を営まなくてはならない。労働もこの過程に不可欠の素材的な一契機であり、「活力をあたえる労働の自然力」(ebd.: 270) と呼ばれている。マルクスが研究しているのは、人間と自然の歴史貫通的な素材的過程が、「価値増殖過程」という経済的形態規定を受け取ることで、どのような変化を被るかという問題である。この点こそがマルクスの方法論を理解するのに決定的な重要性をもっているため、この意味での物質代謝論については、次章において『資本論』との関連でより詳しく扱うことにしたい。

本章ではさしあたり、『要綱』におけるさらに二つの「物質代謝」の用法を確認しておこう（韓2001: 74; 小松2001）。一つ目が「形態転換（Formwechsel）」との対比で、「素材転換（Stoffwechsel）」とでも訳すべき、商品生産社会の流通過程におけるW—G—W（商品—貨幣—商品）とG—W—G（貨幣—商品—貨幣）の形態転換のもとで生じる使用価値の運動である。

> 単純な流通は多数の同時的交換または継起的な交換から成っていた。〔……〕それは諸交換から、すなわち使用価値が考察されるかぎりでは素材転換（Stoffwechsel）から、価値そのものが考察されるかぎりでは形態転換（Formwechsel）から成る、一つのシステムである。（MEGA II/1: 522）

この意味での「物質代謝」は、流通過程において貨幣と商品の形態転換を媒介として様々な商品間の交換によって生じるものであり、それはちょうど血液が体全体に必要な栄養分を届けるように、社会全体の再生産に必要な使用価値を届ける。この場合、マルクスは「社会的」という形容詞を付け加えている。「交換過程が、商品を、それらが非使用価値である人の手から、それらが使用価値である人の手に移行させる限りにおいて、それは社会的素材転換〔＝物質代謝〕である。〔……〕したがって、われわれは、全過程を形態の面から、すなわち社会的素材転換を媒介する諸商品の形態転換または変態だけを、考察しなければならない」（MEGA II/6: 129 f.）。ここで行われているようなStoffwechselとFormwechselの対比は、「素材」と「形態」の両面を考慮するマルクス独自の方法を特徴づけるものである。

マルクスの素材転換と形態転換の対比的用法は、『要綱』よりも前に同じ用語を用いていたヴィルヘルム・ロッシャーと比較することで、その独自性が明らかになるだろう。マルクスは『要綱』執筆前にロッシャーの『国民経済学体系』を読んで、自家用本に欄外書き込みを行っていた(MEGA IV/32: Nr. 1135)。ロッシャーも生理学の知見を積極的に受容し、これまでの経済学の「観念論的方法」にみずからの「歴史的・生理学的」方法を対置しているが(Roscher 1854 § 26)、マルクスもロッシャーの試みにみずからの研究方法との接点を見出したに違いない。特に注目すべきは、ロッシャーもFormwechselとStoffwechselの対比を用いていることである。

国内資本の大部分は消費と再生によって、絶え間ない形態転換のうちにある。だが、国民全体の立場と同様に、私的経済の立場から、資本の価値が増えたか減ったかによって、資本が増えたとか減ったとか言うのである(Roscher 1854: 65、強調引用者)

この後半の文章につけられた註でロッシャーはさらに次のように付け加えている。「J・B・セイ『経済学概論』第一巻第十章を見よ。生理学における有名な物質代謝〔=素材転換〕の原理を考えればよい!」(ebd.: 67)。

ロッシャーはセイの『経済学概論』を参照しながら、生産過程における資本の「形態転換」と「素材転換」を論じているが、それは要するに、生産過程において資本が別の姿に変えられ、また新しいもので置き換えられる不断の過程のことである［9］。この生産と消費の不断の同時的過程をロッシャーは「物質代謝」と呼んでいるが、それはリービッヒが描いたように、生産と消費が均衡を保っている状態である。だがこの類比はロッシャーの理論的限界を示してもいる。というのも、ここでは「形態」と「素材」が対比されているにもかかわらず、ロッシャーは「商品」と「貨幣」という経済的形態の転換を扱っているわけではないからだ。むしろ、経済的形態の転換を生産過程における素材が持っている姿態の変容という意味で用いることで、素材転換との区別が曖昧になってしまっている。後にみるように、マルクスの経済学批判はロッシャーのような「形態」と「素材」の混同を批判するものである。とはいえ、ここでのロッシャーの用法は、同時代の経済学者たちが生理学の知見を導入することに熱心だったことをよく示している。

　こうした経済学の試みに触発されて、化学者であるリービッヒも『化学通信』において、有機体と経済の「物質代謝」の類似性を指摘するようになる。

　個人の身体と同様、国家を形成する全諸個人の総体においても、物質代謝は進行している。ここで

［9］　セイは該当箇所で次のように述べている。「工業においては、農業と同様に、数年にわたる耐久性を持つ資本の部分――工場の建物、機械、特定の道具――がある一方で、残りの部分は形態を完全に変えてしまう。こうして、石鹸職人が消費する油や苛性ソーダは油や苛性ソーダであることをやめて、石鹸になる」(Say 1827: 71)。残念なことにマルクスの自家用本は六三～一一二頁が紛失しており（MEGA IV/32: Nr. 1135）、マルクスがこの箇所をどのように読んだかを知るための手がかりは残されていない。

の物質代謝とは〔個人の〕生活と共同生活のあらゆる条件の消費である。銀と金は国家という有機体において、人間の有機体における血球と同じ役割を引き受けたのだ。この血球という丸い板が〔……〕、物質代謝、熱、力の生成の媒介であるように、貨幣は国家の生活における全活動の媒介となったのである。(Liebig 1851: 621)

リービッヒの類比は貨幣の機能を正確に規定していない、非常に粗いものである。だが、物質代謝概念を普及させた張本人もこうした生理学と経済学の関連を意識していたという事実が、物質代謝概念の経済学への普及具合を物語っているといえる。

さらに、ミュンヘンの農学者カール・フラース——マルクスはフラースを一八六八年に集中的に読んだが、この点については第五章で扱う——も経済学にとっての物質代謝概念の重要性を強調していた。「有機体と物質代謝——つまり、国民経済学においても物質代謝だ！　計算してばかりの経済学を発展させてしまった結果、物質代謝はこれまでほぼ完全に無視されてきたが、それは国民経済学の自然科学的基礎をなしている。しかし、既存の経済学はデータだけを調べて、結論を出しているにすぎないのであり、データの原因を徹底的に究明するということをしないのだ！」(Fraas 1858: 562) マルクスがリービッヒの『化学通信』やフラースの論文を読んだという直接的な証拠はないものの、当時の言説を考慮すれば、マルクスがみずからの経済学体系に生理学の概念を取り入れたのは時代の流れに沿った判断だったことがわかるだろう。

さて、『要綱』にはさらにもう一つ別の物質代謝の用法がある。それが人間との関わりなく進行する

「自然の物質代謝」である。使用価値は「実際に使用されなければ、使用価値としてはその価値を失い、自然の単純な物質代謝によって解体されるだろうし、また実際に使用されればされたで、それこそほんとうに消失するであろう」(MEGA II/1: 195)。こうした物理的・化学的過程としての「自然的物質代謝」は、摩耗や酸化や腐敗によって生じる。『資本論』でも「自然的物質代謝」についてこう述べられている。「労働過程で役立たない機械は無用である。そのうえ、機械は自然的物質代謝の破壊力に侵される。鉄は錆び、木は朽ちる」(MEGA II/6: 197)。人間は労働を通じて、「自然的実体」に「外的な形態」を与える(MEGA II/1: 271)。例えば、木製の机は木という実体に労働によって外的に与えられた形態を有している。木は自然においては「再生産の内在的な法則」にしたがって生育できるが、一度伐採されて、机という外的な形態を与えられると、老朽化という自然的物質代謝の力に晒されることになる。つまり、マルクスによれば、労働は一方で、外界を意識的かつ合目的的に変容することができるものの、他方で不可避の自然的条件や自然法則の作用を超克することはできない。それゆえ、労働によって与えられた人工的な姿態と自然の再生産法則の間には常に一定の緊張関係が存在しているといえる。こうした緊張関係があるからこそ、自然の荒廃を避けるために、自然的物質代謝の意識的な管理を試みることがより重要となるのである。

以上の議論をまとめれば、『要綱』には三つの異なった物質代謝の用法が存在しており(吉田 1980: 41-46)、それぞれにマルクス独自の読み込みがうかがえる。その意味では、その元となったアイデアはダニエルスやロッシャーへと一義的に還元できるものではない。だが、そのことは、マルクスの概念を自らの解釈に合わせて恣意的に歪めてしまうことを正当化するものではけっしてない。そのような誤読の典型例が、モレショットに代表される自然科学的唯物論者たちに合わせて、マルクスの物質代謝概念を理解してしまうフランクフルト学派のアルフレート・シュミットの議論である。

人間学的唯物論の限界

自然科学的唯物論の問題は、マルクスの物質代謝概念がどこから影響を受けているのかという些細な文献学的問題にとどまらず、マルクス解釈全体に関わってくる。というのも、フォイエルバッハと自然科学的唯物論者たちには理論的類似性が存在し、その影響を強調してしまうと一八四五年以降のマルクスの非哲学的立場への移行が見えなくなってしまうからである。ところがマルクスの自然概念についての研究としてはおそらく最も有名なシュミットの『マルクスの自然概念』において、物質代謝のアイデアは「ある程度の確実さをもって」モレショットから来ていると述べられており（Schmidt 1993 [1962]: 86）、この見解はかなり広く受容されてしまっている（Böhme/Grebe 1985: 30; Fischer-Kowalski 1998: 64; Martinez-Alier 2007: 223）。モレショットの『生命の循環』で展開された物質代謝概念がマルクスのものと相容れないということはすでに指摘されているが（椎名1976; Foster 2000: 161）、いま一度検討していこう。

そもそもシュミットの解釈が学問的に誠実でないのは、モレショットを持ち上げる一方で、根拠をあげることもせずにリービッヒのマルクスへの影響を過小評価しようとするからである。シュミットはマルクスの物質代謝概念が「自然科学的色彩をもってはいるが、だからといって思弁的でないわけでもない」という理由で、リービッヒの『農芸化学』との関係性を論じようとせず、脚注で「マルクスもその見解に影響を受けないでもなかった」と短く述べるにとどまっているのだ（Schmidt 1993 [1962]: 74, 87）。こうした態度には、なんとしても若いマルクスの哲学的自然概念を堅持しようというシュミットの決意があらわれているといってよいかもしれない。クヴァンテと同様、シュミットにとっても、リービッヒは自然科学的すぎるのであり、それゆえ分析の対象にもならないのである。だが、そもそも物質代謝概念を「思弁的」に理解しなくてはならないのはなぜだろうか？　マルクスはリービッヒ以外にも様々な自然科学についての本を読み、膨大な抜粋ノートを作成していたのであるが、シュミットの「思弁的」読解ではこの事実をうまく説明できない〔10〕。

とはいえ、シュミットの議論にもう少し付き合おう。シュミットはみずからの解釈を根拠づけるために、モレショットの『生命の循環』から引用している。

人間が排出するものは、植物を育てる。植物は空気を固形の成分へ変え、そして、動物を養う。肉食獣は草食動物を食べることで生きるが、みずからも死の餌食となって、植物界において新たな生命の芽生えを拡めてゆく。このような物質の交換は物質代謝の名で呼ばれている。（Moleschott 1852: 40, zitiert in Schmidt 1993 [1962]: 86）

〔10〕残されている道は、マルクスがエンゲルスのように宇宙全体の唯物論的説明を目指していたという解釈だろうが、西欧マルクス主義はこの道をはじめから塞いでしまっている。この点については、第七章で論じる。

モレショットは物質代謝概念を別の箇所で「輪廻」とも言い換えているが（Moleschott 1852: 83）、こうした規定は極めて一般的で抽象的でもあり、シュミットのように一気にマルクスへの影響を推論することはできない。したがって、モレショットの物質代謝論をより詳しく見ていく必要がある。

オランダ人医師で生理学者でもあったモレショットは、一八五〇年代に、ルートヴィヒ・ビューヒナーやカール・フォークトとともに「唯物論論争」に参加し、精神の活動は「脳内物質の働きに過ぎず」、「思考の脳に対する関係は、胆汁の肝臓に対する関係や尿の腎臓に対する関係と同じである」と主張した（Vogt 2012 [1847]: 6）。モレショットも思想を脳内物質の運動に還元し、「思考とは物質（Stoff）の運動である」と述べている（Moleschott 1852: 401）。その際、リービッヒの『農芸化学』が植物の生育にとってのリンの役割を強調しているのを意識しながら、モレショットは「リンがなければ思考もない」（ebd.: 369）と唱えたのだった。脳内での物質の正確な働きを見極めるためには、生理学のさらなる発展が必要性であることを認めながらも、肉体的・精神的活動や能力はどちらも根本的には、物質の摂取と排出によって規定されているとモレショットらは考えた。それゆえ、食べ物は文化や生活様式の形成にとって極めて大きな影響力を持っているというのである。「ローストビーフによって力づけられたイングランドの労働者がイタリアの物乞いと比較してもっている卓越性を知らない人がいるだろうか？　後者の怠惰への傾向性の大部分は植物性の食事ばかり取っていることから説明される」（Moleschott 1850: 101）。

モレショットの唯物論は自然の物質代謝についての独自な見解にもつながっている。モレショットはユトレヒト大学のジェラルダス・ムルダーが提唱していた「腐植説（Humusthoeire）」に賛同して、リービッヒの「鉱物説」――有機物に含まれる四元素（炭素・水素・窒素・酸素）以外の無機質（リン酸・カリウム・ケイ素など）を植物の生育に必須な栄養とみなす考え方――に対する批判を行った（椎名1976: 208）。腐植とは土壌内の有機物が分解して土壌と混ざり合うことで形成された暗褐色の土のことであり、ドイツの農学者であるアルブレヒト・テーアらは、植物の栄養がこの腐植に由来すると考えていた。それに対して、リービッヒは様々な実験を通じて、土壌内で腐植が植物の生育にとって役立つのは、それがさらに分解されて水や二酸化炭素になることによってであると主張したが、モレショットらはそうした見解を受け入れず、腐植に含まれる「腐植酸（Dammsäure）」という、今日では存在しないとされている物質が植物の生育にとって不可欠な栄養分であると考えたのだった（Moleschott 1857: 80）。

ところが、モレショットは腐植酸を「もっとも重要な栄養分」（Moleschott 1852: 81）として強調するあまりに、リービッヒが明らかにした無機質がもつ植物の生育における役割を過小評価してしまう。さらには、大気、土、植物における様々な物質の結合や分解の化学反応にもモレショットは十分な注意を払っていない。リービッヒは土壌の化学分析を通じて、それぞれの土壌にどういった養分が必要であるかを明らかにして効率の良い化学肥料を投入しようとしたのに対して、モレショットの物質代謝理解においては、自然の物質代謝は土壌に常に存在する「腐植酸アンモニア（Dammsäureammoniak）」の輪廻という非歴史的で抽象的な循環過程のうちに解消されてしまうのである。

万物を包括する輪廻としての自然の物質代謝においては、人間の営為も自立的な意義や機能を持たない。人間もまた死ねば、土壌で分解された「腐植酸とアンモニア」になり、植物の栄養となるだけである。

植物が炭酸、腐植酸、アンモニアから摂取したのと同じ炭素と窒素が牧草、クローバ、小麦、動物、人間に次々と変わり、最後には再び炭酸と水、腐植酸とアンモニアへ分解される。これこそが循環という自然の奇跡である。〔……〕この奇跡の秘密は、形態転換（Wechsel der Form）を通じての物質（stoff）の永久性、つまり、一つの形態から別の形態への物質転換（Wechsel des Stoffs）であり、この世の生の根源としての物質代謝（Stoffwechsel）である。（Moleschott 1852: 83）

モレショットの一元論的な理解においては、人間は永遠の物質転換（Stoffwechsel）のうちの一契機にすぎず、「人間と自然の物質代謝」の歴史性は着目されないままである。「物質の永久性」に依拠した抽象的な物質循環に万物を解消し、自然における全行程を非歴史的な仕方で説明してしまうのである。

こうした大雑把な理解をリービッヒは嘲笑し、モレショットは自然科学の「素人」であり、「自然法則認識のレベルは子供並み」であると酷評した（Liebig 1859a: 362）。マルクスもダニエルスとの議論に触発された後にリービッヒの『農芸化学』やジェームズ・F・W・ジョンストンの『農芸化学と地質学についての講義』を熱心に読んでいたことからも、同様のモレショット評価をしていたことが推測される。さらに、モレショットの思惟を物質の運動に還元してしまう説明はダニエルスの『ミクロコスモス』にも類似している［11］。その限りで、ダニエルスの物質代謝論は「時には機械的すぎ、時には解剖学的すぎる」（MEGA III/4: 336）というマルクスの評価はそのままモレショットにもあてはまる。なぜならダニエルスもモレショットも労働という活動の社会的役割を軽視し、超歴史的な物質と力の作用だけから世界全体を説明しようと試みるせいで、歴史的に特殊な経済的形態規定というマルクスの経済学批判にとって本質的な契機を見逃してしまうからである。それゆえ、マルクスがモレショットの物質代謝論に影響を受けたというシュミットの主張には説得力がまったくない。

さらに、モレショットの立場がフォイエルバッハ哲学に親和的であるという事実も考慮すべきである。実際、モレショットとフォイエルバッハは一八五〇年から手紙のやり取りを行っており、それがきっかけとなって、フォイエルバッハは生理学や医学に取り組むようになっていった。モレショット自身も、フォイエルバッハの人間学が「私の全人生の課題」であったと晩年に回顧している（Moleschott 1894: 251）。特に、モレショットはフォイエルバッハ哲学が身体と心、物質と精神、神と世界などの二元論的対立を乗り越える唯物論であるとして、高い評価を与えていた。

> フォイエルバッハによって、あらゆる直観や思惟にとっての人間的基礎が意識によって承認された出発点となった。フォイエルバッハは人間の研究、人間学を旗印に掲げた。その旗は物質と物質的運動の研究によって無敵になる。〔……〕今日の世界知が旋回する中心点は物質代謝論である。(Moleschott 1857: 393 f.)

〔11〕 ダニエルスも「肉食のインディアン」と「草食のインド人」を比較して、彼らの「思考様式」における違いを指摘している（Daniels 1988 [1851]: 112）。

モレショットがフォイエルバッハの唯物論に関心を持ったのは、かつてマルクスがヘーゲル思弁哲学を乗り越えるためにフォイエルバッハに依拠したのと似たような理由であることがわかる。

新たな賛同者を見出したフォイエルバッハも、モレショットの作品が「自然科学の普遍的で、革命的な意義」を明らかにしたことを絶賛している（FW 10: 356）。「自然科学と宗教」というタイトルのモレショット著『栄養論』の書評で、フォイエルバッハは「生命とは物質代謝」であるというモレショットの命題を受容し、「人間とはその人が食べているものである（Der Mensch ist, was er ißt.）。菜食主義者は無気力な存在であり、活動力を持たない」と新たな唯物論に賛同したのだ（ebd.: 358）。フォイエルバッハは一八四八年の革命の失敗後、自然科学のうちに、大衆の意識を変革するための新しい可能性を見出した。つまり、モレショットの物質代謝論こそが、キリスト教的世界観を転覆するようなラディカルな政治的帰結を孕んでいると考えたのである。あらゆる身体的・精神的現象や存在を物質という基礎から説明しようとするモレショットの物質代謝論を「一にして全」（ebd.）の思想として賛美するフォイエルバッハからは、革命の失敗後にも依然として『キリスト教の本質』の哲学的立場を堅持していたことがうかがえる[12]。

こうしたフォイエルバッハとモレショットの理論的共通性からも、一八四五年以降のマルクスが自然科学的唯物論を受け入れたり、評価したりすることがなかったことが推測される。というのも、モレショットもフォイエルバッハと同様に、あらゆる知覚や現象を「本質」である「物質」や「力」へと還元することで満足してしまい、新たな哲学的原理を据えることで、二元論を克服したと自称するからである。そのため自然科学的唯物論は人間と自然の関係性の具体的な歴史的変容には関心を示さず、不滅の本質である物質によってすべてを説明してしまう。だが、モレショットの唯物論は、現実を物質や力と同一視する素朴な実在論に陥る一方で、そうした物質や力の存在を証明できない限りで独断論に陥ってしまう（Gerhard 2007: 138）。それに対して、マルクスは「現象」の「本質」への還元を一貫して批判していた。というのも、本質の認識についての啓蒙だけでは社会変革をもたらすことができないことを認識していたからである。こうしてフォイエルバッハとは異なって、革命の敗北後、マルクスはロンドンで資本主義の歴史的特殊性を明らかにするために経済学と自然科学の研究に取り組んだのだった。

マルクスとフォイエルバッハの理論的相違にもかかわらず、シュミットがモレショットの物質代謝論を贔屓するのは、シュミットの「存在論的」な自然把握がモレショットの哲学と親和的なせいである。シュミットの「否定的存在論」によると、自然は社会と自然を包括する総体であり、社会さえも自然的に媒介されている。「すべての自然が社会的に媒介されているように、もちろん逆に社会も全現実の成分として、自然によって媒介されている」（Schmidt 1993 [1962]: 77）。そして、自然には、変容することのできない「素材的側面（stoffliche Seite）」がある以上、あらゆるものを完全には「第二の自然」へ還元することができない。「直接的生産過程、つまり人間と自然の物質代謝においては、素材的側面がその歴史的形態規定性に対して自己を貫徹するのである」（ebd.: 91 f.）。

〔12〕　とはいえ、フォイエルバッハもモレショットの理論を完全に受け入れていたわけではない。一八五二年六月二四日の手紙では、モレショットの見解から距離を取っている（FW19: 393 f.; Jaeschke 2000: 32）。フォイエルバッハにとって重要なのは「人間学」的哲学の立場を維持することであり、万物を永遠の「物質」へ還元するのは行き過ぎていると感じていたのかもしれない。

ところが、シュミットは「素材的側面」のなにが、どのように貫徹するかを具体的に説明しないために、それをむしろ神秘化してしまう。だが、この神秘化は偶然の帰結ではない。フォイエルバッハやモレショットが人間と自然の関係を超歴史的存在論に還元したように、シュミットの哲学もその自然観に影響を受けているからだ。そのため、マルクスの物質代謝論もその意図が十分に理解されずに、「存在論的品位」のもとで、いかなる社会的規定性も欠いた「永遠の自然的必然性」(Schmidt 1993 [1962]: 87) が指摘されるだけの結果となってしまうのである。つまり、シュミットの「否定的存在論」は「素材的側面」についての具体的規定がないために、生命が自然法則を支配し、自然が社会によって媒介されるようになったとしても、常に「もっとも一般的な必然性、つまり人間と自然の物質代謝によって依然として規定されている」(ebd.: 85) という自明な事実を指摘するだけにとどまってしまっているのだ。それに対して、マルクスはこの「素材的側面」の歴史的・社会的変容を分析しようと、自然科学を熱心に研究した。事実、次章以降で見るように、マルクス自身のほうが、人間と自然の関係における「形態的側面」と「素材的側面」の絡み合いをより内容豊かに論じているのである〔13〕。

以上のように、シュミットが資本主義的生産様式のもとでの歴史的変容のダイナミクスを軽視して、ただ自然の存在論的次元を強調したという事実の背景には、彼が「人間学的唯物論」として高く評価したフォイエルバッハ哲学との類似性がある (Schmidt 1977)。だが、その理論的限界は、「エコロジカルな唯物論」という第四版への序文で展開された見解によって、はっきりと現れてくる。この序文において、シュミットは『マルクスの自然概念』には環境破壊についての分析がなかったことを欠点として率直に認めている。そして、この欠点を反省して、シュミットは序文においてマルクスの環境思想を改めて検討しようとするのであるが、最終的には、マルクスの反エコロジカルな「人間中心主義」を批判する否定的な結果となってしまう（Schmidt 1993: XI）。というのも、マルクスは、自然を技術的な搾取と操作の対象としてしか扱っていないというのがシュミットの基本的解釈だからである。「マルクスの理論も――それが〔後期の〕展開されたものであったとしても――自然を管理、支配、抑圧という歴史的アプリオリのもとで叙述しているのは明らかである」というわけだ（Schmidt 1977: 34）。この自然の道具化という欠陥を補い、真なる「エコロジカルな唯物論」を確立するためにはマルクスでは不十分であるとされ、シュミットは再びフォイエルバッハの『キリスト教の本質』に立ち返る。フォイエルバッハは人間と自然の調和を「美しい対象」のうちに見出すギリシャの世界観を賛美しているが、この点を引き合いに出しながら、シュミットは次のように述べる。

フォイエルバッハがギリシャ人の前技術的・神話的世界像を引き合いに出したことは、ロマン主義的な憧憬の反映にすぎないものではないということは明らかである。フォイエルバッハは彼の時代にはすでに幾重にも埋められてしまった、自然を科学の対象や原料として経験するだけでなく、感受的・芸術的意味で「美的」に経験するという可能性を思い出させるのである。（Schmidt 1993: XII）

〔13〕 シュミットの指導教官であったテオドール・アドルノがマルクスは自然法則の「廃棄可能性」を信じるという楽観主義に陥ったことを批判していたという事実を考慮すると（Adorno 1982 [1966]: 348）、アドルノの誤解に修正を加えるという意味ではシュミットの否定的存在論にも意義があったのかもしれない。だが、それはマルクスのプロジェクトとは何ら関係のない問題である。

ここでの引用からも明らかなように、シュミットの「エコロジカルな唯物論」では、まさに自然を認識する際の意識の転換が求められているにすぎない。それは、近代的な道具主義的な自然観を真なる感性や直観の助けを借りて、新しい自然像で置き換えようとする啓蒙主義のやり方にほかならない。だが、『ド・イデ』のフォイエルバッハ批判の核心は、まさにそうした啓蒙主義が現実を変えるのには不十分であるというものであり、シュミットの理論もまた現実を変革する力を持たないのである。

『要綱』における生理学

では、マルクス自身はどのように自然の「素材的側面」を扱っていたのだろうか？　例えば、『要綱』において、マルクスは資本の同時的な変態を、様々な器官の同時的な更新・再生（＝物質代謝）との類比を用いて、次のように説明している。

こうした〔資本の〕形態転換および素材転換（Stoffwechsel）は有機体の場合と同じである。たとえば、身体が二四時間で再生産されると言われるとき、身体はこれを一挙に行うのではなく、ある形態での排斥と他の形態〔での〕更新とが配分されていて、それらが同時に行われるのである。ちなみに、身体では骨格が固定資本であって、それは肉や血が更新されるのと同じ時間では更新されない。

(MEGA II/1: 544 f.)

異なった器官はそれぞれの素材的特性にしたがって、同じ物質代謝の過程のなかでも異なった更新期間を有している。そして、この区別は、生産過程に長期にわたって残り続ける「固定資本」と生産過程ごとに投入されなくてはならない「流動資本」の区別に対応する。

この点に関連しても、アミー・E・ヴェンドリングが自然科学的唯物論——とりわけビューヒナー——の影響を指摘しているが(Wendling 2009: 64)、マルクスの手紙を見れば、そうした主張が誤っているのは明らかである。一八五八年三月五日のエンゲルス宛の手紙のなかで、「モレショット一派」の欠点をはっきりと批判しているからだ。

流動資本とは区別される機械の再生産にあっては、思わず知らずモレショット一派のことが頭に浮かんでくる。というのは、彼らもまた、骨格の再生産期間にはわずかしか考慮を払わないで、むしろ、経済学者たちとともに、人体の総回転期間の平均だけで満足しているからだ。(MEGA III/9: 92)

ここでは物質代謝の過程における個別的な素材的性質の違いを考慮せずに、あらゆるものを腐植酸などの超歴史的な素材的「本質」に解消して満足するモレショットらの方法が問題視されている。そして、この時期に執筆された『要綱』では、こうした素材的性質が経済学においてどのような規定的役割を果たすかが論じられているのである。例えば、マルクスは「素材」と「経済的形態規定」の関係に触れながら、次のような形で経済学の課題を定式化している。

個々の篇章を展開するにあたって、なによりも示されるであろうし、また示されなくてはならないことは、どの程度まで使用価値が、たんに前提された素材として経済学とその形態規定との外にとどまるばかりでなく、またどの程度までそのなかにはいりこむか、ということである。(MEGA II/1: 190)

『要綱』における分析は、さしあたり使用価値の次元を捨象し、「価値」「貨幣」「資本」といった経済学のカテゴリーを体系的に展開することによって、純経済的形態規定を叙述する試みである。だが、分析はそれで終わりではなく、マルクスはさらに深い次元まで考察を進めようとする。つまり、「前提とされた素材」そのものが、経済的形態規定によってどれだけ変容され、その際、どれだけこの素材がその自立性を保つことができるのか(あるいはできないのか)についても分析されなくてはならないというのだ。その限りで、マルクスによる経済的カテゴリーの体系的叙述は、素材的次元にも多大な注意を払うものであり、経済的形態規定が直面する様々な素材的世界における制約を論じるものなのである。

この文脈において、自然科学がマルクスの経済学批判にとって役立つのは、それが経済学の展開過程で考慮されなくてはならない素材的性質についての知見を与えてくれるからである。これは、先に引用されたエンゲルス宛の手紙で指摘された「固定資本」と「流動資本」についての区別についても言える。実際、『要綱』でもマルクスは同様の例を挙げている。

人体の場合にも、資本の場合と同様に、再生産の際に様々な部分が同じ期間内に入れ替わるのではない。血液は筋肉よりも、筋肉は骨よりも急速に更新されるのであって、この面から見れば、骨は人体の固定資本と見なしうる。(MEGA II/1: 552)

資本の摩耗と補填における時間差は、身体の再生産のように、それぞれの構成部分が持つ素材的性質によって条件づけられている。生産過程においても、油、釘、木材、石炭のように労働過程をはじめるたびに毎回新たに投入されなくてはいけない原料や補助材料もある一方で、機械や建物のような生産手段は長年にわたって使用される。こうした差異はひとまず純粋に素材的なものであり、経済的形態規定からは独立しているため、考察からは捨象される。

「固定資本」と「流動資本」という経済学的区別はさしあたり、「ただ形態上のもの」として考察する必要があるのだ(MEGA II/598)。というのも、これら二種類の資本の区別は投下した分の価値が還流するまでの時間差によって区別されているからである。それゆえ、同じ物でさえも、異なった生産過程においては、固定資本として機能することも、流動資本として機能することもある。例えば、船を造る際に、金槌が一度でダメになってしまう場合には、この金槌は流動資本であるが、大工が何軒もの家を作るあいだずっと同じ金槌を使うのであれば、その金槌は固定資本として機能する。このように「価値としての」資本は「使用価値のあらゆる形態には無関心」なのである(ebd.: 573)。

とはいえ、マルクスがすぐに付け加えているように、経済的形態規定の無関心さは完全に素材的性質から自由なわけではない。むしろ、素材的属性が「規定的」に作用することさえあるのである。それは例えば、固定資本として機能するためには、素材としての耐久性が当然必要となってくるという事実を考えればすぐにわかる。他方で、そうした耐久性の上昇とともに減価償却の時間は長くなり、資本の回転速度は遅くなっていく。「不変資本」と「可変資本」は価値増殖という観点から生じた純粋に形態的な区別であり、使用価値は「資本の形態規定の外部」として扱われていたのに対し、資本主義的生産全体を考察するようになれば、「流動資本（原料と生産物）と固定資本（労働手段）との区別では、使用価値としての諸要素の区別が、同時に資本としての資本の区別として、つまり資本の形態規定において措定される」（MEGA II/1: 571）ようになるのである。つまり、使用価値の素材的次元が経済学的カテゴリーに対して規定的な役割を果たすようになるのだ。

こうして、経済的形態規定の考察においては捨象されていた生産過程における素材的側面がいまや「資本それ自体の質的な区別として、また資本の総運動（回転）を規定するものとして現れる」（ebd.）。それは、資本の素材的な定在が固定資本と流動資本の区別の物質的な担い手となっているからである。経済的形態規定は担い手なしには現実に存在しない以上、使用価値の素材的な性質によって資本は不可避的に制約されることになる。「なかに価値が存在する使用価値の、すなわちいまや資本の肉体として現れている使用価値の特殊的性質が、ここでは、それ自身形態規定的であるもの、そして資本の行動を規定するもの」になっているのだ（ebd.: 530）。この素材的制約は資本の価値増殖過程にとっても重要な意義を持っている。例えば、固定資本の長期にわたる耐久性のために、資本の回転は遅くなり、価値増殖も減速する。さらに、この連関には、機械の導入と発展から生じる利潤率の傾向的低下を引き起こす資本主義の歴史的傾向性が含意されている。マルクスは純粋的経済的形態規定が特定の素材的担い手によっていかにして具現化され、制約されるかを分析しようとしていたのである。

実際、マルクスは資本の価値増殖に対する素材的制約を、固定資本と流動資本の再生産時間の差異との関連でより詳細に論じている。生産過程を中断せずに継続するために、流動資本は固定資本よりも早く再投入されなくてはならない。その際、廉価な原料は利潤率を上昇させる。反対に、自然的条件に強く依存する原料や補助材料の供給が不作などの影響で途絶えるならば、生産は不測の形で困難となり、場合によっては強制的に中断されてしまう。生産規模が拡大して、より多くの原料（綿花や鉄）や補助材料（石炭や石油）が必要となるにつれて、不安定な要因も増していくのである。

> 原料の再生産は、それに費やされる労働によってだけでなく、自然条件に結び付いたその生産性によっても左右されるから、同じ労働量の生産物の量さえ、減少することがありうる。（凶作の場合には）したがって、原料の価値は増大し、その量は減少する。従来の規模で生産を続けるために貨幣が資本のいろいろな成分に再転化されなければならない割合が乱される。原料により多くが支出されなければならず、労働に対してはより少ししか残らないのであって、これまでと同じ労働量を吸収することはできなくなる。第一には、原料不足のために物理的にできなくなる。第二には、原料に転化されなければならない生産物の価値部分が増大し、したがって、可変資本に転化されうるその部分が減少するためにそうなるのである。同じ規模で再生産を繰り返すことはできない。固定資本の一部分は遊休し、労働者の一部分は街頭に投げだされる。（MEGA II/3: 1138）

マルクスは恐慌が生産過程の自然への依存性と無制約な資本蓄積への衝動のあいだの矛盾から生じる可能性を指摘している。資本の回転は価値による純形態的な運動であるが、現実においては、価値の担い手の素材的側面が規定的となり、流動資本と固定資本の適切な素材的配分なしには、その価値増殖は物質的に不可能になってしまう（Perelman 2002: 105 f.）。この事例からよくわかるのは、恐慌は社会的物質代謝と自然的物質代謝のあいだの均衡における攪乱からも生じるということだ。

もちろん、資本はこうした素材的制約に直面してみずからの無限の価値増殖への衝動を諦めたりはせず、むしろ資本は自らが直面するあらゆる制約を乗り越えようとする〔14〕。実際、資本は輸送・交通手段を発展させ、さらには、自然の力を無償で利用し、より廉価な労働力や自然資源を利用するための技術を発見していく。資本の弾力性は、資本の欲求に合わせて内延的・外延的に利用されることのできる素材的世界のもつ様々な弾力的な特性に基づいているのである。こうして、資本は「全般的な有用性の体系」を作り出していくとマルクスは述べる。

> したがって、諸物の新たな有用的属性を発見するための全自然の探究、あらゆる異郷の風土・地方の生産物の普遍的交換、自然諸対象に新たな使用価値を付与するような、それらの新たな加工（人工的な）。〔……〕利用できる新たな対象を発見するための、また旧来の対象の新たな使用属性を発見するための、またそれらの原料等としての新たな属性を発見するための地球の全面的な探究。(MEGA II/1: 321 f.)

資本はこれまでよりも有用で、廉価な原料や新しい市場を求めて全世界を探索し、自然科学やテクノロジーを発展させ、不作や資源枯渇が経済に致命的な攪乱を引き起こさないように防御策を張り巡らす。自然におけるあらゆる素材的制約を技術的・科学的支配を通じて乗り越えようとするのである。マルクスは、こうした世界の普遍的な開発・利用を「資本の偉大な文明化作用」と呼んでいる（MEGA II/1: 322）。とはいえ、その作用は手放しで喜ぶべきものではなく、資本の価値増殖を最優先の課題として行われる限りで旧来の生活様式を破壊し、物質代謝の攪乱をより大規模でもたらすものである。

ここで重要なのは、自然支配を通じたいっさいの制約の克服は「理念的」であり、「現実的」ではないというマルクスの指摘である。「だが、資本がそのような限界のすべてを制限として措定し、したがってまた観念的にはそれらを超えているからといって、資本がそれらを現実的に克服したということにはけっしてならない」(MEGA II/1: 322 f.)。素材的弾力性は無限ではない以上、いくら市場を拡大し、技術を発展させたとしても、資本が乗り越えることのできない限界は常に存在し続ける。とはいえ、その制約は固定的なものではなく、技術的な発展などを通じて無償あるいは廉価な自然力の利用可能性を拡大することもある。マルクスは、こうした資本主義における矛盾する傾向性の統一を「生きた矛盾」(ebd.: 334; 645) と呼んだ。つまり、資本主義は一方で自然の力――エネルギー、食料、原料――を徹底的に開拓してい

［14］資本のこうした「弾力性」を考慮するならば、ローザ・ルクセンブルクに端を発し、近年ではロバート・クルツに代表される「崩壊論」(Kurz 1991) は、様々な手段を通じて物質代謝の攪乱に反応することのできる資本のしぶとさを過小評価してしまっている。「資本の弾力性」については第六章で詳しく論じる。

くことで、あらゆる制約を乗り越えようとするが、他方で、利潤獲得のための開発は世界規模で素材的世界に軋轢を生み出すことになる。つまり、資本は絶えざるイノベーションや技術革新にもかかわらず、自然と人間の物質代謝の亀裂を惑星規模でますます深刻化させ、人間的個性の自由で持続可能な発展を阻害する。ここに資本主義の生産力の発展が現実に克服することのできない限界があるのである。

もちろん、ここでの描写は見取り図的なものにすぎない。だが、マルクスのアプローチはシュミットの「否定的存在論」とは大きく異っており、経済学批判や自然科学との関連で「素材的側面」が具体的に展開されなくてはいけないことが納得されるだろう。さらに言えば、マルクスの物質代謝論は『パリ・ノート』の抽象的な「人間と自然の弁証法」にとどまっていたわけではない。つまり、「素材」とは人間との関連なく存在し、自然の本質であるようなロマン主義的な理念ではない。むしろ、『ド・イデ』以降のマルクスは、そうした非歴史的な人間と自然の関係を存在論的に扱う立場を徹底して退け、資本主義的形態規定との関連で物質代謝の包摂を分析しようとしていた。したがって、マルクスの経済学批判にとっての中心的な問いは、「労働過程が資本のもとでのその包摂によってどれだけ変化を被るか」(MEGA II/3: 57) という問題だったのだ。つまり、資本の物象化のもとで被る労働過程の変容と、そこから生じる人間と自然の物質代謝の亀裂を分析するのが、『資本論』なのである。そこで、第二部では物質代謝論を軸として『資本論』のエコロジカルな読解に取り組むことにしよう。

第二部

『資本論』と物質代謝の亀裂

第三章　物質代謝論としての『資本論』

序文でみたように、「マルクスのエコロジー」についての研究が深まりを見せているにもかかわらず、依然として批判や拒否反応が根強い。様々なテクストに分散的に見出されるにすぎないマルクスの発言からは、環境問題への真摯な関心は見出せず（Engel-Di Mauro 2014: 137; Löwy 2015: 3）、それゆえ、フォスターらの「物質代謝の亀裂」論も行き詰っているというのだ（Moore 2011: 4）。こうした批判はマルクスの環境思想がもつ理論的意義を見誤っているものの、「物質代謝の亀裂」論を擁護するこれまでの研究に対する重要な挑戦を突き付けているようにも思われる。というのも、フォスターやバーケットの研究は、物質代謝論を『資本論』で展開された価値論との関連で十分に体系的に論じておらず、マルクスとエンゲルスの発言を恣意的に寄せ集めたかのような印象を与えてしまっているからである。それゆえ、レヴィらの批判に説得力ある形で応答するためには、マルクスの物質代謝論が経済学批判体系における内在的契機であることを証明し、その上で、いかにして資本主義的生産様式が様々な環境問題を引き起こし、なぜラディカルな社会変革が持続可能な自然的・社会的物質代謝を実現するために不可欠であるかを展開しなくてはならない。これこそが本章の課題である。

以下に示すように、マルクスの人間と自然の物質代謝の攪乱に対する批判は『資本論』の価値論から一貫して導出することが可能である。実際、『資本論』第一巻第一章の抽象的労働についての分析は、商品生産と持続可能性のあいだに存在する緊張関係をすでに示唆している。このことを把握するために重要なのが物象化論である。物象化論こそが、資本主義的生産様式がどのように人間と自然の物質的関わり合いを再編成し、最終的には破壊してしまうかを分析するための方法論的基礎を与えてくれるのである。

さらに「物象化」と「エコロジー」への着目は「形態規定」と「素材的世界」の弁証法的規定関係こそがマルクスの経済学批判の中心的テーマであることを明らかにするだろう。だが、「素材的世界」は近年の「新しいマルクスの読み方」に代表される西欧マルクス主義の伝統においては軽視されてしまっている（Backhaus 1969; Reichelt 1970; Heinrich 1999; Arthur 2002）。こうした一面的な解釈を避けるためには、日本のマルクス研究の蓄積を参照することが役に立つ。具体的には、久留間鮫造や大谷禎之介の議論を参照しながら『資本論』を読み解くことで、環境破壊が資本主義の矛盾であるだけでなく、資本に対する抵抗の契機であることが判明するのである。

歴史貫通的な物質代謝としての労働過程

経済的形態規定が人間と自然の物質代謝をいかにして変容するかを理解するためには、まずは、社会的規定性をいったん捨象して、生産過程における歴史貫通的側面を把握しておく必要がある。『資本論』第一巻第五章「労働過程」において、マルクスはまさにそのような抽象化を行っており、使用価値の生産としての人間と自然の物質代謝を「どのような特定の社会的形態にもかかわりない」ものとして描いている（MEGA II/6: 192）。そのような抽象性にもかかわらず、ここでの規定は重要である。内田義彦（1966: 83 f.）が指摘するように、「労働過程論だけからは資本主義に独自なものは何もわからないが、労働過程を抜きにしては、資本主義という独自な私有財産制度のもとで、人間と自然とのかかわりあいという根底的に重要な事がらがどう行われるのかという、マルクスの問題的関心は消えてしまう」からだ。

ここで注目すべきは、マルクスが、「労働」をこの物質代謝の媒介として定義している点である。「労働は、まず第一に、人間と自然とのあいだの一過程、すなわち人間が自然との物質代謝を自分自身の行為によって媒介し、規制し、管理する一過程である」(ebd.)。マルクスによれば、労働は人間に特徴的な活動であり、それは動物の本能的な生産活動とは異なって、「合目的的」に自然に対して働きかけることができ、頭のなかで思い描いた内容を現実において「意識的に」対象化することができるというのである。これが人間の労働における「構想」と「実行」の統一である（Braverman 1974）。

もちろん、物質代謝の媒介としての労働は、自然の提供する原料や働きを利用しなくてはならず、その限りで、自然に依存し、条件づけられている。そのため、人間は自然を恣意的に変容することはできないのであり、ただ、一定の制約化のもとで自然的素材の姿を変えることができるだけである。素材的富の「母」としての自然は単に労働対象を供給してくれるのみならず、自然の力は生産において不可欠の働きをしてくれるとマルクスも述べている（MEGA II/6: 76 f.）。あらゆる富の生産にとって、自然は本質的な役割を果たしているのであり、その自然的制約はポスト資本主義社会においても妥当し続ける。そのなかで、人間は自然からみずからの生活に必要なものを生産し、消費し、廃棄する。この循環過程は克服することのできない「人間生活の永遠の自然的条件」なのである。

> われわれがその単純で抽象的な諸契機において叙述してきたような労働過程は、諸使用価値を生産するための合目的的活動であり、人間の欲求を満たす自然的なものの取得であり、人間と自然とのあいだにおける物質代謝の一般的な条件であり、人間生活の永遠の自然的条件であり、それゆえこの生活のどの形態からも独立しており、むしろ人間生活のすべての社会形態に等しく共通なものである。（MEGA II/6: 198）

労働過程の定義は人間の生産と再生産が絶え間ない感性的外界と関わり合いを通じて行われなくてはならないという歴史貫通的に妥当する事実を表現している。人間はこの不断の関わり合いの中でのみ生きることができるのだ。

とはいえ、こうした一般的規定によっては、労働過程はただ「単純で抽象的な諸契機」（MEGA II/6: 198）において叙述されているにすぎない。実際、人間が生産において自然に依存しているという指摘はある意味平凡なものだろう。マルクスも別の箇所で次のように述べている。このような歴史貫通的条件は「すべての生産の本質的契機にすぎない」のであり、「わずかばかりのきわめて簡単な規定に還元されるもの」にすぎない。つまり、「いわゆる、すべての生産の、一般的諸条件とは、以上のような抽象的契機にほかならないのであって、それらによっては現実的歴史的な生産諸段階はどれも理解できない」のである(MEGA II/1: 24-26)。それゆえ、こうした「単純な規定」からマルクスのエコロジー批判を展開することはできない。「人間の生活は自然に依存しているのだから自然を大切にしよう」という自明の事実以上のことを言いたいのなら、さらなる規定が必要となる。それが経済的形態規定なのであるが、この点を理解するために、まずは価値論と物象化論を見ていこう。

価値と物象化

よく知られているように、『資本論』は「商品」の分析から始まっている。マルクスによれば、商品には「使用価値」と「価値」という二つの側面があり、それに対応する形で、商品を生産する労働にも、「具体的有用労働」と「抽象的人間的労働」という二つの特性がある。前者に属するのが、紡績労働や裁縫労働のような質的に異なった労働の現象形態であり、それは糸や上着といった質的に異なる使用価値を生む。それに対して、抽象的人間的労働は人間労働一般の支出を表す概念であり、それは価値を生むとされる。素材の変容という観点からすれば、労働は間違いなく生理学的・素材的な活動であり、具体的労働が歴史貫通的であることに異論はないだろう。だが、ここで問題含みなのは抽象的労働が素材的であるというマルクスの主張である。

商品生産社会において価値を形成する抽象的人間的労働は、あらゆる具体的な属性を捨象したために、目には見えず、触れることもできない。さらに、「価値」そのものは純粋に社会的な属性だと言われている。にもかかわらず、マルクスはその「実体」である抽象的労働は素材的だというのである。「すべての労働は、一面では、生理学的意味での人間的労働力の支出であり、同等な人間的労働または抽象的人間的労働というこの属性において、それは商品価値を形成する」(MEGA II/6: 79)。さらには次のようにも言われている。「有用的労働または生産的活動が互いにどんなに異なっていても、それらが人間の有機体の諸機能であること、そして、そのような機能は、その内容やその形態がどうであろうと、どれも、本質的には人間の脳髄、神経、筋肉、感覚器官などの支出であるということは、一つの生理学的真理である」(ebd.: 102)。「生理学的真理」はもちろん労働力のあらゆる支出について当てはまるのであり、その限りで、抽象的人間的労働は具体的有用労働と同じように、素材的で、歴史貫通的だとされるのである。

この見解に反対したのが、イサーク・イリイチ・ルービン（Rubin 1972 [1924]: 135）である。そして、近年では、ルービンに追随して、抽象的労働は素材的でも、歴史貫通的でもなく、「純粋に社会的なもの」であるという主張が「新しいマルクスの読み方」を提唱する研究者たちによって広く唱えられるようになっている（Bellofiore 2009: 183; Bonefeld 2010: 266）。しかもその際には、抽象的人間的労働の扱いについて、マルクスの理論的「曖昧さ」が指摘されるようになっているのである（Heinrich 1999: 210 ff.）。だが、以下に示すように、ルービンやハインリッヒの解釈によっては、マルクスの問題意識が正しく理解されないのみならず、マルクスのエコロジーを展開することもできなくなってしまう。

「新しいマルクスの読み方」とは異なった解釈路線を選択するにあたって、有益な参照点となるのが『マルクス・レキシコン』(全一五巻）の編集で知られる久留間鮫造ならびに、『レキシコン』の刊行作業において中心的役割を担った大谷禎之介の『資本論』解釈である〔1〕。先にも述べたように、『資本論』は商品の分析から始まるが、久留間によると、そこで問題となっているのは商品生産社会における歴史的に特殊な分業に基づいた社会的生産のあり方である〔2〕。久留間が玉野井芳郎との共著で執筆した『経済学史』(一九五四年)によれば、この商品生産社会の決定的な特徴は「私的労働」だという。その際に、久留間が念頭に置いているのは、『資本論』における次のような一節である。

そもそも使用対象が商品になるのは、使用対象が互いに独立に営まれる私的労働の生産物であるからにほかならない。これらの私的労働の複合体が社会的総労働をなす。生産者たちは彼らの労働生産物の交換を通してはじめて社会的接触にはいるから、彼らの私的労働の独特な社会的性格もまたこの交換の内部ではじめて現れる。あるいは、私的労働は、交換によって労働生産物が、そしてまた労働生産物を媒介として生産者たちが、結ばれる諸関係を通して、事実上はじめて、社会的総労働の諸分肢として確証される。(MEGA II/6: 103 f.)

ここで言われているように、「私的労働」によって生産された生産物のみが商品へ転化し、交換され

〔1〕ここで主に扱うのは久留間の解釈であるが、海外にもルービンの解釈を批判し、抽象的人間的労働の素材的性格を擁護する研究は存在する。なかでも重要なものとして、Wolf (2004) ならびに Kicillof und Starosta (2007) がある。

〔2〕生産に重きを置く久留間の解釈は、宇野弘藏の「交換」に重きを置く『資本論』「商品章」解釈と大きく異なっており、有名な論争を引き起こした。

る。もちろん、この「私的」労働とは、個人の趣味や消費のために社会とは関係なく個人的に行われる労働のことではない。むしろ、社会的分業において社会の構成員が互いの労働生産物に依存しているにもかかわらず、他者が具体的に何をどれだけ必要としているかを知らないままに遂行される労働が、「私的労働」と呼ばれるものなのである。

久留間も指摘しているように、一社会において利用可能な労働量の総計は例外なく有限である。というのも、各構成員は一日のうち一定の時間しか働くことができないからだ。このことは、まさに生理学的事実にほかならない。そのような制約下において、個人が自給自足によってではなく、他者の労働が生み出す生産物によって欲求を満たさなくてはならない場合には、「なんらかのかたち」で総労働の適切な配分が各生産部門に行われ、その生産物が適切に分配されなければならない（大谷1993: 83 f.）。もし特定の製品ばかりが大量に生産され、ほかの必要な製品が過少になったり、生産物が特定の諸個人によって独占されてしまったりしたら、社会的生産の継続や欲求の充足は困難になってしまう。社会的総労働の配分と社会的総生産物の分配が適切に執り行われることは、社会の存立にとって歴史貫通的な物質的条件をなしているのである。

ここで、近代の社会的分業の特殊性をよりよく理解するために、商品生産社会を非資本主義社会と比較するのが役に立つかもしれない。私的労働に基づいていない社会的分業においては、社会的総労働の配分と社会的総生産物の分配は労働が行われる前にすでに、人々の意志に基づいて——それが専制的、伝統的、民主的な形になるかは時代や地域ごとに様々であるが——決められており、それに応じる形で、個々の具体的労働への配分が調整され、その生産物も分配される。こうした社会的生産が可能なのは、社会的欲求が生産に先行する形であらかじめ知られており、それに合わせて生産が行われるからである。ここでは、各労働は社会的再生産に確実に寄与していることが予め保証されているため、労働は直接的に社会的性格を有しているのである（佐々木 2018）。

もちろん、商品生産社会も歴史貫通的な物質的条件を無視することはできず、労働の配分と生産物の分配は「なんらかの形」で組織され、「経済問題」は解決されなくてはならない（Heilbroner and Milberg 2012: 6）。だがここでほかの社会的生産と比較して決定的に異なるのが、バラバラになった個人によって労働が私的な行為として、つまり社会的総労働の構成部分をなしているという保証なしに行われているという点である。もはや、社会全体の生産は人々の意志や取り決めに依拠していないのである。そのため、私的労働は直接的な社会的性格を有しておらず、労働が行われる段階においては社会的総労働の一分肢になっていない。それゆえ、適切な分配と配分の調整は労働の遂行よりも前ではなく、後になってから遡及的に行われなくてはならない。つまり、生産の段階では、労働が需要なき生産物のために無駄に支出されているという可能性をけっして排除することができないのだ。商品生産社会の現実的な矛盾とは、全生産者たちのあいだには、物質的な相互依存関係があり、自らの欲求を満たすためには互いに社会的接触を持たなければならないにもかかわらず、個々の労働がまったくもって私的な判断と計算のもとで執り行われているという事態である。久留間によれば、こうした矛盾を解消し、社会的生産と分配を継続するためには「回り道」が必要となる（久留間・玉野井 1954: 85）。

この回り道は、私的生産者たちが、みずからの生産物を媒介として互いに関わり合うことで可能になると久留間は述べる。つまり、各人はみずからの行為を通じて直接に他者と社会的関係を取り結ぶことができないため、「労働生産物の交換」を通じて、つまり物の力を使って社会的関係を取り結ぶのである。もし生産物が商品交換を通じて、他者の欲求を満たすことができ、その社会的使用価値を証明することができるなら、遡及的に、その生産物を作り出したすでに支出された私的労働もまた社会的有用労働としての社会的性格を受け取ることができる。こうして交換を通じて、一方では社会的総労働の配分が行われ、他方で、総生産物の分配が構成員間で執り行われることとなる。これが商品生産社会における物質的生産と再生産の条件を満たす方法なのである[3]。

とはいえ、困難は依然として残る。それは、交換において素材的性質の異なった生産物を比較する際の尺度はなにか、という問題である。使用価値の質は多様であり、一見すると諸商品間の単一的尺度は存在しないかのように見える。だが、マルクスによれば、そのような尺度は存在するのであり、それこそが商品交換を特徴づけるものである。それが、商品交換に特徴的な価値関係にほかならない。「労働生産物は、それらの交換の内部ではじめて、それらの感性的に様々な使用対象性から分離された、社会的に同等な価値対象性を受け取るのだ」(MEGA II/6: 104)。質的に異なる使用価値をもつ商品は、「価値」という共通の尺度によって互いに比較することができるようになる。それはつまり、この価値という物の属性のおかげで、私的生産者たちは自らの私的労働の社会的評価を知ることができるということを意味している。その限りで、価値とは物の自然的属性ではなく、商品生産社会においてバラバラになった諸個人が社会的関係を取り結ぶために、人々が無意識的に物に付与する「純粋に社会的な」属性なのである[4]。

私的労働の概念が展開されるのは「商品章」第四節においてであるが、マルクスが同章第一節で価値の「実体」が抽象的労働であると述べた際には、以上のような連関が念頭におかれていることに注意しなくてはならない[5]。つまり、私的労働における具体的な側面がすべて捨象されて、生理学的意味での人間的労働の支出が対象化されるという事態の背景には、商品生産社会において、私的労働のもとで社会的総労働の適切な配分が行われなくてはならないという社会状況があるのである。価値とは、そのために必要とされた純社会的属性にほかならず、目で見たり、触ったりできるような感性的現象形態を持たない。そのため、マルクスは価値のつかみどころのない対象性を「幻のような対象性」と呼んだの

［3］この社会的関係は生産物の素材的性質に基づいていることを指摘しておく必要があるだろう。つまり、労働生産物を媒介とした社会的接触が可能になるのは、その素材的使用価値が他者の欲求の対象となることができるからである。この素材的性格に依拠して、私的生産者は互いに社会的関係を取り結ぶことができるのである。ここで、労働は二重の社会的性格を有している。一方では、具体的有用労働が社会的使用価値をもたらし、他方で、抽象的人間的労働が社会的総労働の一部を担うのである。

［4］人々が物に付与しているからといって、その事実を認識することだけでは、価値をなくすことはできない。ここではそのように振舞うことを社会構造によって強制されているからだ。「それゆえ、人間が自らの労働生産物を互いに価値として関連させるのは、これらの物象が彼らにとって一様な人間的労働の単なる物象的覆いとして通用するからではない。逆だ。彼らは、みずからの種類を異にする生産物を交換において互いに価値として等置し合うことによって、彼らの様々な労働を人間的労働として互いに等置するのである。彼らはそれを知らないが、それを行う」(MEGA II/6: 104 f.)。現実に、市場における価値を媒介とした物象的な関係なしには、社会的接触は不可能になっている。そうしたなかで、物に価値という社会的力を付与する振舞いは社会の物質的存続のために、無意識ながら、強制されているのである。それゆえ、価値をなくすためには、社会的分業のあり方を変えて、私的労働を廃棄するしかない。

［5］例えば、この点を見逃すと、ベーム＝バヴェルクの「蒸留法」批判（Böhm-Bawerk 1896）が説得力を持つように見えてしまう。

だった（MEGA II/6: 72）〔6〕。

ただし、ここで注意しなくてはならないが、以上のことからは抽象的人間労働もまた「純粋に社会的」であるということはただちに帰結しない。価値が純粋に社会的なのは、人間的労働の一側面をモノの対象として対象化することでしか、商品生産社会のような諸個人がバラバラになった社会では、彼らが社会的な関係を取り結ぶことができなかったからである。商品生産のもとでは、無意識ながらも強制的に生じる特殊な社会的振る舞いによって、抽象的労働は物の属性として対象化されるようになっているのである。それゆえ、価値には素材的要素はまったくない。それに対して、抽象的労働そのものは、人間の活動の一側面を表しており、歴史貫通的で、素材的なものである。社会的総労働が有限である限りで、社会の再生産にとってその適切な分配は大きな意味を持ち続ける。「どんな状態のもとでも、人間は――発展段階の相違によって一様ではないが――生活手段の生産に費やされる労働時間に関心をもたざるをえなかった」ことをマルクスも強調している（MEGA II/6: 102）。

以上の議論をまとめれば、商品生産社会においては、「私的労働」という歴史的に特殊な社会的分業のあり方のために、物の社会的性格（社会的使用価値）を媒介として成り立つ商品交換を通じてしか社会的コンタクトは実現しない。この質的に異なる使用価値の交換に際しては、共通の尺度が必要となり、それが「価値」である。こうして、人間的労働の一側面である抽象的労働が社会的実践を通じて、純粋に社会的な物の属性として対象化され、商品は互いに比較可能になるのだ。その結果として、各人が価値と価格の変動を後追いしながら生産物とその量を調整することによって、社会的総労働の配分が組織されるのである。

繰り返せば、有用労働としての様々な姿においては労働は互いに比較することができない。それに対して、どの労働も有限な社会的総労働の一部を支出したという意味では――つまり、抽象的人間的労働としては――、生理学的には同等で比較可能である。それゆえ、抽象的労働は商品生産社会においては、私的労働が「社会的に通用する独自の形態」としても機能する（佐々木 2014; Sasaki/Saito 2015: 165）。この点について、ディーター・ヴォルフは次のように述べている。

あらゆる社会形成において、抽象的人間的労働は具体的有用労働の抽象的一般属性である。だが、労働生産物の交換から成る歴史的に特殊な社会的過程においてのみ、この抽象的一般属性は個々の具体的有用労働の特殊に社会的な形態になるのである。（Wolf 2004: 58）

労働の遂行前に生産が社会的になっているほかの社会的形態においては、具体的有用労働は、その様々な姿態にもかかわらず、直接的に社会的な労働の形態として妥当する。なぜなら、社会的総労働の配分があらかじめ具体的労働に基づいて行われているからである。それに対して、商品生産社会では私的労働は直接的な社会的性格を有しておらず、社会的総労働の配分を具体的労働が担うことはできない。そのため、商品生産社会においては、具体的有用労働の代わりに、抽象的労働が交換において歴史

［6］　こうした「幻のような対象性」を表現するためには、ほかの使用価値において自らの価値を表現するというさらなる「回り道」が必要となる（久留間 1957: 6）。この問題を扱うのが「価値形態論」であるがここでは立ち入らない。

的に特殊な労働の社会的形態として機能することになり、それによって、私的労働が社会的に通用することができるようになるのである。別の言い方をすれば、私的労働は抽象的労働（人間的労働の支出）としての「労働の一般性」を用いることで、社会的に通用する労働の一般的形態を受け取るのである。ここでのマルクスのポイントは、人間的活動の素材的側面が近代に特有の社会的関係のもとで、特殊な経済的形態規定を受け取り、それによって、新たな社会的意義を獲得するということである。ここに形態と素材の癒合が存在する。

素材的な抽象的労働が商品生産社会において受け取る経済的形態規定が目下の考察にとって重要なのは、それが歴史貫通的な人間と自然の物質代謝に対しても変化をもたらすからである。社会の生産活動は、市場での価格変動を追って意思決定を行う私的生産者たちによって、全体としての意識的な取り決めなしに進行する。その結果、人間と自然の物質代謝も社会的には価値によって媒介されることになる。だが、その場合に、実質的に考慮されるのは抽象的労働の支出だけであり、そのほかの物質代謝における要因（具体的有用労働や自然の作用）は——依然として労働過程において本質的な契機として機能しているにもかかわらず——ただ付随的にしか考慮されなくなってしまう。もちろん、抽象的人間的労働も素材的である限りでは、その支出は、労働過程におけるそのほかの素材的要素を完全に無視することはできない。だが、各要素には素材的弾力性があるために、それらを価値の都合に合わせて一定程度従属させることは可能である。こうして、人間と自然の物質代謝は価値へと取り込まれ、一面的に編成されるようになっていくのだ。ここに、商品生産社会における人間と自然の関係のうちに潜在的に存在する緊張関係を見出すことができるのであり、それは資本主義的生産様式の展開とともに、より大きな社会と自然の敵対性として顕現化していく。商品生産社会における価値による一義的な媒介のうちにすでに商品生産の素材的軋轢の萌芽があるのであり、この点こそが、マルクスのエコロジーにとって決定的である。

とはいえ、現実における現象形態に近づくためには、『資本論』の叙述をさらに追っていく必要がある。なかでも重要なのが「物象化（Versachlichung）」の議論である。マルクスの物象化論をめぐっては様々な論争があるが、まずは「物（Ding）」と「物象（Sache）」の区別をしておこう（大谷2001）。私的生産者の労働が社会的性格を獲得することができるのは、価値を媒介とした商品交換によってであるが、その際、彼らは自らの「生産物」を「商品」とするように関わっている。この社会的な振舞いによって、生産物（上着や机）は純粋に社会的な力（価値）を付与されている。この純粋に社会的な力を物が獲得することによって、「物」は「物象」へ転化するのである。これが物象化である。

先に見たように、私的生産者はこの物の社会的力を借りることでのみ、社会的な関係性を取り結ぶことができる。その結果、人と人の関係は物と物の関係として転倒して現れることになる。有名な個所で、マルクス自身は物象化の根本規定について、次のように述べている。

したがって、生産者たちによっては、彼らの私的労働の社会的関連は、そのあるがままのものとして、すなわち、人と人とが彼らの労働において取り結ぶ直接的に社会的な関係としてではなく、むしろ、人と人の物象的関係および、物象と物象との社会的関係として現れるのである。（MEGA II/6: 104）

マルクスは近代社会の転倒を「人格の物象化」と呼んでいる（MEGA II/6: 138)。客体的世界における転倒のために、私的生産者の社会的関係が直接的に人格的な関係としては現れず、物象的な関係として現れる。こうして「労働の社会的性格」は「労働生産物の価値性格」に、「労働の時間的継続」は「労働生産物の価値量」に、そして「生産者の社会的関係」は「労働生産物の交換関係」に転倒して、物と物の関係として現れるのである（大谷 1993: 96)。つまり、この転倒は「本質」の隠蔽というフォイエルバッハ的意味での認識上の錯視ではなく、私的生産者が現実において生み出す実践的な構造である。それゆえ、人間の実践は単に頭のなかで転倒しているのではなく、現実において労働生産物の運動という姿をとって転倒しており、人々はそれによって支配されている。「交換者たちみずからの社会的運動が、彼らによっては、物象の運動という形態をとり、彼らは、この運動を制御するのではなく、この物象の運動によって制御される」のである（MEGA II/6: 105)〔7〕。

具体的に言えば、生産者たちはみずからの欲求を満たすために、自らの商品とほかの商品との交換割合に大きな関心を持つが、その割合は自由に決めることができない。むしろ、市場での価格は不断の変動によって特徴づけられており、予測しないような形で大幅に変わってしまうことも頻繁にある。こうして、生産者たちは特定の使用価値と交換できるか、あるいはそもそも何かと交換できるかという保証もない状態で、市場の運動によって振り回されることになる。つまり、物象の運動が生産者の行為をその意識とは独立に規定し、自立化した疎遠な力として人々に対立することになるのである。ここでは、主体と客体の関係における現実的転倒が生じているが、マルクスはそこに宗教とのアナロジーを見出している。「物質的生産、つまり現実の社会的生活過程におけるこうした関係とまったく同じものが、〔……〕宗教におけるイデオロギー的領域において表現されている。それが主体の客体への転倒であり、客体の主体への転倒である」(MEGA II/4.1: 64 f.)。以下で見るように、こうした転倒は、価値の「貨幣」としての「自立化」、ならびに「資本」としての「主体化」を通じてより強固なものとして社会全体に拡張していくことになる。

とはいえ、物象は完全な自立性・独立性を獲得しているわけではない。生産者たちから独立した物象独自の運動があるとはいえ、商品は、みずからが「主体」として市場に赴くことはできないからだ。物はあくまでも物なのである。それゆえ、『資本論』第一巻第二章で展開されるように、商品は、みずからを市場に運んで、ほかの商品との交換を行ってくれる人間を「担い手（Träger）」として必要とする。だが、このことが転倒をより深める結果をもたらす。なぜなら、市場において支配的な価値の論理が人間を「商品の担い手」として規定するようになることで、物象化は人間の行為と意識を徐々に変容するようになっていくからだ。

まず、商品が首尾よく交換されるためには、商品所持者たちは市場において商品の担い手として互い

［7］ もちろん、このことは認識論的転倒や誤謬の可能性を排除しない。物象の社会的属性が自然的属性として誤認されることをマルクスは「物神崇拝（Fetischismus）」と呼んでいる。例えば、金が生まれ持って価値をもっているという認識上の誤謬は、物神崇拝から生じている。それに対して、貨幣が一般的等価物としてあらゆる商品に対する直接的交換可能性をもつということは、商品生産社会における物象化から生じる現実的な力であり、認識上の転倒ではない。

に関わり合い、お互いを「商品所有者」として承認しないといけない。こうして、人間の役割が物象の担い手に還元されていく（大谷1993: 101; MEGA II/6: 138）。これが「物象の人格化」である。さらに、商品、貨幣、資本の社会的力が自立化していくほどに、人間の様々な機能はこの物象化した経済関係によって貫かれていき、価値の論理によって規定されるようになっていく。そこから、近代的主体性の雛型が形成されていくのである。

この近代的主体性が前提とする世界観は多くの状況において、強制的な力として作用する。というのも、もしこの世界観に従わないのならば、現代社会では生き延びることができないからだ（失業したり、破産したり、貧困に陥ったりしてしまう）。そのような状況では、大金持ちでもない限り、ほかの魅力的な選択肢が存在しない以上、人々はこの転倒した社会のあり方を内面化して、それに従って振舞う方が「合理的」であるという判断をするようになっていく。マルクスの表現を借りれば、市場における「自由、平等、所有、そしてベンサム」が一般的な社会規範・価値観になっていくのである。そして市場原理の内面化が一度生じてしまえば、もはや転倒した社会構造は批判的に吟味されることはなくなってしまう。大谷（2001: 81）はこうした事態を「ホモエコノミクス幻想」と呼んでいるが、「ホモエコノミクス幻想」のために、諸個人は物象化した世界の特定の欲求と行為様式を合理的振舞いとして内面化し、市場における「自由」、「平等」、「所有」、「効用」を意識的に追求するようになっていく。その結果、現実の転倒はより一層強化されることになる。主体性の経済的変容を通じて、人間が商品や貨幣の担い手としての機能を能動的に果たすようになることで、商品生産社会の規範を自然なものとして扱うようになっていくのである。

例えば、資本家は競争によって強制されて、衛生・安全・環境保全設備なども含めた「余分な」コストを削減しようとし、労働力を可能な限り絞り出して、抽象的人間的労働を生産物に対象化させようとし、生産の持続可能性など考えずに、より多くを生産・販売しようとする。労働者の側も競争のもとで、失業すれば生活が立ち行かなくなるという恐れに駆り立てられて、資本家の命令に従い、労働条件の悪化にも耐え忍ぶような態度を取るようになる。こうした態度は客観的転倒を拡大的に再生産し、人々の貨幣や商品への依存度を高めていく。

以上の考察からも素材的世界の変容がすでに「価値」のカテゴリーから始まっていることがわかるだろう。人々は物の運動によって支配されるのみならず（「人格の物象化」）、そうした支配を前にして、自らの欲求や態度を物象の担い手としての機能に自覚的に合致させるようになっていくのである（「物象の人格化」）。こうした転倒が、「資本」という価値の主体化によってさらにどのように強化されていくかについて、節を改めて考察していこう。

「素材」と「形態」の弁証法

前節では、経済的形態規定が、人々の認識のみならず、欲求や行為といった素材的次元までも変容し、それが最終的には歴史貫通的な人間と自然の物質代謝にまで及んでいくことをみた。ここには、第二章でも触れたような、マルクス独自の「形態」と「素材」をめぐる方法論がある。マルクスの経済学批判の意義は経済的形態規定の社会性を把握するという意味でしか理解されていないことが多いが、先行研究において過小評価されている素材的次元の意義を把握することが、マルクスのエコロジーにとっては不可欠なのである。

この連関を理解するために、『要綱』で、社会的形態規定を素材の自然的属性とみなしてしまう「物神崇拝」が批判されている箇所を検討していこう。

> 経済学者たちの粗野な唯物論は、人間の社会的関係生産諸関係と、諸物象が受け取る、これらの関係に包摂されたものとしての諸規定を、諸物の自然的属性とみなすところにあるが、この唯物論は、同じほど粗野な観念論、いやそれどころか、物神崇拝なのであって、それは社会的諸関係を諸物に内在的な諸規定として諸物に帰せしめ、こうしてそれらを神秘化するのである。(MEGA II/1: 567)

例えば、リカードが資本を「新たな労働（生産）のための手段として役立つ蓄積された（実現された）労働（厳密にいえば対象化された労働）のことである」と定義している箇所をマルクスは引用している。このようなリカードの把握では、資本の「形態」が捨象され、資本の内容・素材（「対象化された労働」）だけが「あらゆる人間的生産の必要な条件」として一面的に強調されてしまうことを問題視しているのである(ebd.: 179)。リカードの分析においては、資本の形態規定が物の素材的属性に転化して、生産の歴史貫通的な物質的条件の一部として自然化されてしまうのだ。具体例をあげれば、機械のような生産手段がそのまま資本という規定性を与えられてしまうのである。それゆえ、マルクスの経済学批判の第一の要点は古典派における不十分な「形態」と「素材」の分離と両者の混同に起因する物神崇拝を批判するものであった。

とはいえ、マルクスは古典派経済学の内部でも徐々に、形態と素材が分離されてきたことを認めている。この点に関連するのが、これまで見過されてきたマルクスによる古典派経済学批判の第二点の要である。マルクスによれば、両者を分離して形態を経済学の対象として分析するだけでは不十分であり、素材もまた経済学的カテゴリーとして扱うべきだというのだ。なぜなら、前章の固定資本と流動資本の関連でみたように、資本主義的社会関係のもとで、素材的属性が経済的な役割を果たすことがあるからである。

『要綱』でマルクスがこの点を論じている箇所を見てみよう。なるほど、最初は次のように述べている。

> 商品そのものは、二つの規定の統一として現れる。商品は使用価値、すなわち人間の諸欲求の任意のシステムの充足である。これは商品の素材的側面であって、この側面はきわめて異質な生産諸時代にさえも共通でありうるのであり、それゆえこの側面の考察は、経済学のかなたにある。(MEGA II/1: 740)

ここでは、素材的側面は経済学的考察から捨象されている。だが、マルクスはすぐに次のように付け加える。

使用価値は、近代的生産諸関係によって変容されるか、あるいは、使用価値の側から、この生産諸関係を変容するものとして入り込むや否や、経済学の領域に入ってくる。それについて枕言葉としてよく言われている一般的なことは、きまり文句でしかないが、これらのきまり文句も、ブルジョア的生産の社会的諸形態がまだ苦労を重ねて素材から分離され、たいへんな努力をもって自立的な考察対象として固定された、この科学のそもそもの発端では、ある歴史的な価値をもっていたものである。(ebd.)

古典派経済学は「たいへんな努力をもって」、形態と素材を徐々に分離し、形態を「自立的な考察対象」にすることができた。もちろんこのことは経済学にとっては大きな進歩ではあるが、それも「科学のそもそもの発端」において学問的価値があるにすぎない。結局のところ、旧来の経済学はカテゴリーを抽象的な形式性においてしか把握することができなかったため、やがて「きまり文句」に転化せざるをえなかったというのだ。この平凡さを避けるためには、「素材」と「形態」のよりニュアンスに富んだ扱い方が必要だというのである。

引用文中でも述べられているように、あらゆる生産段階に共通の富の素材的側面(使用価値)は、さしあたり経済学の外に置かれる。というのも、まず問題となるのは、資本主義的富とその生産の特殊性を明らかにする「社会的諸形態」だからだ。とはいえ、資本主義的商品生産もほかの生産様式と同様、労働力や労働対象といった素材的要素なしに済ますことはできない。そこで、マルクスは生産過程の「素材的土台」をさしあたり「所与の前提」とみなし、考察の対象外とするのである(MEGA II/1: 740)。

だが、このことは、素材的側面が経済的関係の叙述においてけっして考察対象に入り込まないということを意味しない。むしろ、事態は反対である。使用価値が形態規定によって「変容され」、さらには形態規定を「変容する」場合には、素材は経済学の考察のうちに入り込むとマルクスは述べている。すでに『要綱』において、マルクスは経済的形態の叙述と並んで、経済的形態規定による使用価値の変容が重要な分析対象であることを明白に指摘していたのがわかるだろう。

このことは、マルクスの単なる思い付きではない。マルクスは同様の点に『要綱』で繰り返し言及しているからだ。

だからこそ、すでに多くの場合について見てきたように、使用価値と交換価値の区別が〔……〕、一般に経済的形態規定の外部に属する、と判断すること以上の誤りはない。むしろわれわれが見出したのは、経済的諸関係の発展の段階が異なるにつれて、交換価値と使用価値とが異なった関係のなかで規定されており、そしてこうした規定性それ自体が価値そのものの異なった規定として現れている、ということであった。使用価値が、それ自身経済学的カテゴリーとして、一つの役割を演じるのである。(MEGA II/1: 530)

ここでも、マルクスは素材と形態の絶対的な対立を批判していることが見て取れる〔8〕。この両者の様々な関係そのものが経済学の分析対象をなすというのである。形態規定はその物質的担い手なしには現実には存在しえないのであり、いくつかの場合には、使用価値そのものが「経済的カテゴリーとして役割を果たす」。使用価値は「担い手」、「素材的土台」であるが、その物質的属性は経済的形態規定によって貫かれていく。まさにそのことによって、使用価値の規定性が資本主義の概念的把握のための経済的カテゴリーになるのである。もちろん、ここでも、転倒した世界における経済的形態規定の客体的な「骨化（Verknochung）」は、たんなる認識論的転倒ではなく、この「物象の物化（Verdinglichung der Sache）」は使用価値の素材的属性の深部での変容として理解しなくてはならない（平子1979; Tairako 1982: 73; 平子1991: 192; MEGA II/4.2: 852）〔9〕。

ここでのポイントは、物象化による素材的世界の変容は、人格のみに限られず、物の世界にも広がっていくということだ。マルクスによれば、社会的関係のもとでの物は、単に現存する自然的属性のもとで存在するだけではなく、経済的形態規定によって社会的に変容されるのであり、この変容は、物そのものの属性として反映され、自然化されるようになっていく。それは「ちょうど、物の属性としての価値や商品としての物の経済的規定性が、物自体の物的な質として現れるのと同じであり、労働が貨幣において受け取る社会的形態が物の属性として表されるのと同じである」(MEGA II/4.1: 64)。資本主義的生産の発展とともに、「物化」――形態と素材の癒合による素材的属性の変容――は深まっていき、資本は自らの価値増殖をより有利な条件で進められるように素材的次元を再編成していく。だが、その過程は矛盾を孕んでいる。なぜならその再編制が素材的世界を攪乱するからである。その意味で、素材的次元の分析は、形態の分析と同様に、資本主義的生産の特殊性、さらにはその矛盾を開示するものである。そして、この変容過程を資本の観点からのみならず、人間と自然の物質代謝という歴史貫通的な視点からも考察するのが、マルクスの経済学批判なのである〔10〕。

この点について都留重人が的確にまとめているので、少し長くなるが引用しておこう。

もちろん「素材面」とても、技術の進歩などにより、その様相を変えてはいくけれど、それはいつでも普遍性をもった技術的な次元での描写が可能であるのに対し、「体制面」の法則性は、特定の「形態」(これはマルクス流の用語である)に内在するものとして把握されるのであって、それは通常、歴史的な性格をもっている。それが「形態」であるという言い方は、いわば一定の形をもった器のように、それが続くかぎりは、それ固有の法則性が妥当するような安定性をもっているということを示唆してもおり、そうであればこそ、体制論理の適用が時間の幅をもって有効になされうるということともなる。しかし、安定的な器の中に入れられてあるとみてよい「素材面」は、いつまでもじっ

［8］注目すべきこととして、マルクスの同様の関心は晩年まで続いていた。「ワーグナー評註」において、「私にあっては使用価値はいままでの経済学におけるのとはまったくちがった仕方で重要な役割を演じていること」が指摘されている。ここでは以前と同様に、資本主義の理解にとって本質的な素材的なものの経済的役割が強調されている。「しかし注意すべきことだが、使用価値が考察されるのは、その考察が、「使用価値」と「価値」の概念または語についてあれこれと理屈をこねることからではなく、与えられた経済学的形象の分析から生まれてくる場合につねに限られているということ、以上である」(MEW 19: 371)。

［9］マルクスは「骨化」と「物化」を同じ意味で使っている（MEGA II/4.2: 869）。

［10］「使用価値」と「価値」、あるいは「具体的有用労働」と「抽象的人間的労働」の単なる対置だけにとどまって、経済的形態規定に汚されていない素材的な前者を賛美するだけでは、フォイエルバッハ的な立場にとどまってしまう。ここでの問題は素材的な次元そのものが変容されてしまっているということであり、「虚偽の欲望」に「真なる欲望」を対置するだけの立場（Löwy 2015: 43）は、人々の目にエリート主義としてしか映らないだろう。同様の問題点はディープエコロジーについても言える。

としているわけではない。器それ自体のもつ特徴的な性格にも規定されて、それは器の中で変化していく。その「素材面」での変化が、器の形を変えさせる圧力となり、その器がもつ柔軟性しだいでは、「形態」の変貌もある程度は可能であろうが、限度を越してしまうと、どうしても器そのものが取り換えられねばならなくなる。「体制面」の歴史的性格というのは、この意味にほかならないのであって、この関係を、より正確にマルクスの用語を使って言えば、「生産力と生産関係との矛盾」ということになろう。(都留 1972: 37)

都留はここでマルクスのアプローチが「素材」と「形態」の矛盾に着目していることをはっきりと定式化し、環境経済学のうちへマルクスの洞察を取り込んでいったのである。ところが、素材の役割はほとんどの先行研究において軽視されてきた[11]。こうした傾向は、抽象的人間的労働の「純粋な社会性」を支持する解釈――つまり、『資本論』の冒頭から素材的次元の考察を完全に追いやってしまう解釈――が支配的である限り、やむをえないことだったといえる。

典型的なのが、アルフレート・ゾーン=レーテルの「実在抽象(Realabstrakition)」の議論である。それによれば、労働の抽象的人間的労働への抽象化は商品交換の瞬間に現実的に行われるのであり、その限りで、抽象的人間的労働は交換においてのみ存在する純粋に社会的なものである。「実際に、交換の社会化作用が依存している商品の価値対象性のうちには、「一原子の自然物質」も入り込まない。ここでの社会化は純粋に人間的な要因によるものであり、人間の自然との物質代謝から切り離されているが、価値を交換 (Sohn-Rethel 1989: 22)。ゾーン=レーテルの形態分析は価値対象性の純粋な社会性を認識しているが、価値を交換における社会的関係に還元し、抽象的労働を社会的構築物へと解消してしまう。そうすることで価値と物質代謝を結びつけるものはなにもなくなるのである[12]。こうして、ゾーン＝レーテルは価値を純粋に社会的な属性として完全に素材的なものから切り離すことで、「第一の自然」と「第二の自然」の二元論に陥ることになる。

私は商品交換の形態的側面全体を第二の自然という表現のもとでまとめている。それは、純社会的で、抽象的で、機能的な現実として、人間が動物と同じ地面に立つところの第一の自然の反対物として理解すべきものである。貨幣としての第二の自然の表現形態において、私たちにおける特殊に人間的なものは歴史におけるその最初の対象的で、分離された、客体的・実在的現れを獲得する。第二の自然が生じるのは、人間と自然の物質的代謝のあらゆる作用様式から切り離された社会化の必要性によってである。この作用様式自体は第一の自然の一部なのである。(Sohn-Rethel 1989: 58)

〔11〕 都留以外の例外は平子（1979）、佐々木（2011）、海外ではBurkett（2014［1999］）である。

〔12〕 ミヒャエル・ハインリッヒも抽象的人間的労働は「交換において構成された通用関係」であるため、「まったくもって「支出」されることはできない」と断言している（Heinrich 2005: 49）。こうして、ハインリッヒも「価値」と「人間と自然の物質代謝」の関連を見失ってしまう。事実、抽象的人間的労働の総和である「社会的総労働」という概念についての注釈でハインリッヒは次のように述べている。「「社会的総労働」の概念はマルクスによって、社会において行われる全生産的活動というような歴史貫通的な意味で用いられていない。むしろ、商品生産社会における社会的総労働が問題となっているのである」(Heinrich 2009: 172)。だが、社会的総労働は歴史貫通的な概念であり、その総和が有限であるということが、商品生産社会における「価値」という概念と密接に結びついているのである。

ゾーン＝レーテルは「第一の自然」（動物的、自然的）を「第二の自然」（人間特有、純社会的）と対置している。なるほど、社会的振る舞いの結果として生じる価値には、商品の「素材的内容」は入り込まない。だが、そのことから一気に、価値対象性は生産における歴史貫通的な自然条件と関係がないと結論付けることはできない。

実際、マルクスのアプローチは正反対である。『資本論』での問いは――そしてこの問いこそがスミスやリカードが問うことのなかったものである（MEGA II/6: 110）――「なぜ」そのような価値の純粋に社会的な対象性が必要になるのか、というものである。そして、そこで強調されたのは、歴史貫通的な人間と自然の物質代謝が私的労働のもとで営まれることの困難さであった。つまり、価値規定の根底にあるのは、人間と自然の物質代謝の管理という素材的・自然的必然性なのである。ゾーン＝レーテルとの違いは明らかだろう。事実、ゾーン＝レーテルはなぜ抽象的労働が価値として対象化されないといけないのかを説明することができない。そして、抽象的労働の物質性という蝶番を失ったために、「価値」と「物質代謝」は完全に分離されて、ゾーン＝レーテルは二元論的枠組みに陥ってしまうのである。

ゾーン＝レーテルによる歴史貫通的なものと歴史的なものの対立の固定化は、あたかも価値は商品交換において構成される通用関係であり、生産の歴史貫通的な素材的側面とはまったく関係がないかのような引用を与えてしまう危険性を孕んでいる。なるほど、マルクスの経済学批判が「形態分析」として理解されるなら、素材的側面が軽視されたとしても、そのことはさしあたり問題ないと思われるかもしれない。マルクス自身も素材的側面を「所与の前提」として考察から捨象しているようにみえるからだ。

だが、マルクスの理論をより包括的に捉えようとし、抜粋ノートを検討するなかで、なぜこれほど熱心にマルクスが自然科学を研究したかを問うならば、「価値」と「物質代謝」の二元論は、極めて問題含みであることが発覚する。というのも、ゾーン＝レーテルの枠組みでは、「第一の自然」についての検討がどのようにして、「第二の自然」を扱う経済学にとって役に立つのかがわからないままになってしまうからである。

その意味で、本章で論じてきた抽象的労働の素材的性格を把握することは、マルクスのエコロジーとも無関係ではない。抽象的労働を「純粋に社会的なもの」として把握してしまうと、なぜ抽象的労働の支配が人間と自然の物質代謝の素材的側面を大きく攪乱するのかを説明することができず、エコロジーへの道は閉ざされてしまう。西欧マルクス主義を代表するシュミットやゾーン＝レーテルがマルクスのエコロジーについて何も言及していないのは偶然ではないのだ。

社会的構築物の支配が自然を破壊するという抽象的な言明を避けるためには、抽象的労働と物質代謝の素材的つながりを説明する必要があり、価値を歴史貫通的な自然的・社会的物質代謝の「永遠の自然的条件」との関連で考察する必要がある。マルクスは素材的属性そのものが社会的規定性を受け取り、そのために、どのような現実的矛盾を生み出すかを分析しようとしていた。自然的属性は資本の形態規定に弾力性をもって対応するが、完全には包摂されないのであり、克服できない限界を有しているのである。とはいえ、この矛盾は商品生産社会の次元だけでは十分には展開されないため、「資本」のカテゴリーを展開することで、物象化がどのようにして世界全体を変容していくかをさらに検討していくことにしよう。

資本主義的生産による物質代謝の変容・攪乱

商品生産社会においては、総労働の配分と総生産物の分配が価値を媒介として成り立っており、人間と自然の物質代謝も一義的に抽象的労働の対象化である価値によって組織・編成されることとなる。その際、物質代謝におけるそのほかの具体的・素材的側面が付随的にしか考慮されないという限りで、ここに一定の緊張関係が含まれていることはすでにみた。とはいえ、事態はまだそれほど深刻に思われないかもしれない。

だが、物象化した物質代謝の問題は、資本というカテゴリーの登場とともにより顕著になる。というのも、資本のもとで、価値は社会的生産の単なる「媒介」にとどまらず、「目的そのもの」へ転化するからである。こうして、抽象的人間的労働を絞り出して、生産物へと対象化させることが生産の目的となることで、人間と自然の物質代謝の持続可能性を実現するための物質的条件との緊張関係は大きく高まっていく。

まず、物象化の力は貨幣の登場によって増大する。「一般的等価物」としての直接的交換可能性という社会的使用価値は、「貨幣蓄蔵」という新しい欲求（「黄金欲」）を生み出すからだ。だが、さらに大きな変化が生じるのは、価値が資本として「主体化」することによってである。

これに反して、流通G—W—Gにおいては、商品と貨幣はともに、価値そのものの異なる存在様式として——すなわち貨幣は価値の一般的な存在様式として、商品は価値の特殊な、いわばただ仮想しただけの存在様式として——機能するにすぎない。価値は、この運動のなかで失われることなく、絶えず一つの形態から別の形態へ移っていき、こうして一つの自動的な主体に転化する。〔……〕しかし、実際には、価値はここでは過程の主体になるのであって、この過程のなかで貨幣と商品とに絶えず形態を変換しながらその大きさそのものを変え、原価値としての自己自身から剰余価値としての自己を押し出して、自己を増殖するからである。(MEGA II/6: 171 f.)

W—G—Wの単純流通においては、特定の使用価値が商品交換の終着点となっている。ここでは、様々な私的労働を比較するための共通項として価値は機能しているのであり、この過程の終着点における商品の個人的消費によって、価値は使用価値とともに消えていく。つまり、価値は社会的物質代謝の媒介である。

それに対して、「資本」としての価値規定は、まったく異なった状況をもたらす。資本としての価値は「自動的な主体」であり、G—W—G'の過程を繰り返し、価値を増やしていく。この量的増大だけを目指す過程には終わりがなく、価値そのものが生産の目的となるのである。貨幣も商品も資本にとっては一時的な姿にすぎず、価値増殖は商品と貨幣の形態が絶え間なく入れ替わることで行われる。こうして価値はG'—W—G'という過程を「包括する主体」になるのだ(MEGA II/6: 172)。生産・流通過程は依然として物質的担い手としての使用価値に依存しているが——使用価値がなければ、そもそも生産も交換も生じない——、その素材的契機は資本の純粋に量的な増殖運動へ従属させられていく。その結果、資本としての価値の形態規定に対応する形で、歴史貫通的な労働過程も「価値増殖過程」という新たな形態規定のもとで再編成されるのである。

労働を媒介とした人間と自然の物質代謝としての労働過程は「永遠の自然的条件」と言うだけでは抽象的であった。だが、社会的生産の過程は、資本の価値増殖という側面を考慮することで、より具体的な姿をとる。そして、それに合わせて抽象的労働も追加的な、特殊な経済的機能を受け取るのであり、それが資本主義における富の唯一の源泉という機能である。

だが、ここに問題がある。資本の蓄積衝動は特定の使用価値や一定量の金額によっては満たされることがないのであり、終わりなき増殖を続ける「際限のない運動」である（MEGA II/6: 170）。それゆえ、資本という新しい主体は「剰余価値をもとめるその無制限な盲目的衝動、その人狼的渇望」にしたがって振舞い（MEGA II/6: 268）、抽象的労働の対象化を徹底的に効率化しようとする。その結果、人間労働は抽象的労働のみに重きを置いた歪められた形で支出されるようになっていくのだ。労働力も自然も資本にとっては価値増殖の手段に過ぎないのであって、資本は両者に含まれている多様な素材的側面を軽視してしまう。この軽視によって、人間の生活と環境にどのような変化がもたらされるだろうか？

資本主義的生産がもたらす破壊的帰結をマルクスは「労働日」章と「大工業」章で工場監督官報告書などを用いながら詳細に描いている。これらの章における具体的な描写はしばしば『資本論』の「弁証法的」叙述からの逸脱として軽視されてきた[13]。だが、『資本論』の目的が資本主義のカテゴリーを再構成するだけでなく、主客の転倒がもたらす社会的生産における素材的世界の撹乱についての批判であるとすれば、これらの章はまさにマルクスが労働者の道徳的・身体的・知的生活がどのようにして資本の論理によって歪められていくかについての具体的分析を行っている重要な箇所なのである。

ここで注目に値するのが、マルクスがこれらの章において、資本による素材的世界の変容のみならず、そこから生じる矛盾とその克服にむけた主体的な取り組みについてまで論じている点である。資本が技術や自然科学を用いて、様々な自然的制約を克服し、操作しようとしても、最終的にはそのことが自然的・社会的物質代謝を攪乱し、さらには資本の論理に対する主体的な抵抗を引き起こすとマルクスは考えていたのである。

まず、マルクスは人間の側における物質代謝の攪乱を扱っている。労働日は資本の価値増殖という観点から外延的・内延的に再編され、具体的労働は抽象的労働の対象化に望ましい形で編制されていく。もちろん、「労働力の肉体的制限」や「社会慣習的制限」は存在するものの、どちらも「弾力的な性質を有している（MEGA II/6: 239)。それゆえ、資本は「剰余価値にたいする無制限の欲求」にしたがって(ebd.: 242)、この素材的弾力性をみずからのために利用しようとするのであり、所与の制限を超えて「一日の二四時間全部にわたって労働をわがものにしようと」する（ebd.: 261)。労働日の異常な延長の結果、

［13］ 別の言い方をすれば、マルクスの『資本論』はヘーゲルの観念論哲学を乗り越える形で資本主義の総体性を概念的に再構成しようとしているのではなく、現実の労働者たちへの共感によって貫かれている。正反対のヘーゲル的解釈としてはSmith (1990: 35)がある。スミスは、『資本論』を資本主義的生産様式の諸範疇の弁証法的再構成として理解しており、労働日章などを逸脱としてみなしている。宇野弘藏『経済原論』(1964）も科学的叙述に際して、そのような次元を歴史的な考察として「原論」から排除してしまっているが、マルクスにとっては、素材的次元は理論的考察から切り離せるものではない。宇野の議論は海外で俗流化し、Bell（2009: 8）は原論を「ホモエコノミクス」による一般均衡の理論とみなすまでになっているが、ここでは形式と素材の分離が顕著になっている。

労働者たちは自由時間を失い、肉体的回復や精神的教養のための機会が失われていく。

とはいえ、当然ながら、労働日の延長にみられる労働力の素材的弾力性にも限界は存在する。労働日の過度の延長は、労働力のあまりにも早い疲弊や消耗を引き起こすのだ。

> したがって、本質的に剰余価値の生産であり、剰余価値の吸収である資本主義的生産は、労働日の延長によって、人間的労働力の正常な精神的および肉体的発達と活動との諸条件を奪い去るような人間的労働力の萎縮を生み出すだけではない。それは労働そのもののあまりにも早い消耗と死亡とを生み出す。それは、労働者の生存時間を短縮することによって、ある与えられた期限内における労働者の生産時間を延長する。(MEGA II/6: 269)

資本主義的生産がこのような「残酷で信じがたいほどの」労働日の延長を求めるのは、それが剰余労働・剰余価値の絶対的拡大にとってのもっとも直接的な方法であるだけでなく、不変資本の道徳的摩耗を避け、機械を再稼働するための追加的時間や費用を節約するためでもある。こうして、資本は労働者の健康や安定を犠牲にしながら、ひたすら価値増殖を目指す。「資本主義的生産様式には、もっとも簡単な清潔・保健設備でさえ、国家の強制法によって押しつける必要があるということ、これ以上にこの生産様式をよく特徴づけるものがほかにあるだろうか?」(MEGA II/6: 461)。長時間労働や夜間労働、さらには児童労働によって、労働者たちは身体的変形、道徳的退廃、早死などに苦しむこととなる。七、八歳の児童が朝から夜の十時まで働かされるとしたら、どうなるかは簡単に想像がつくだろう。彼らが労働者として働ける時間は短くなってしまうのみならず、読み書きもできないために、人間らしい文化的生活を営む可能性さえも蝕まれていく。そのような事態にもかかわらず、法的強制がなければ、資本家たちは自主的にはなんら対策をとろうとしないのである。

とはいえ、このような放任主義は個々の資本家の道徳的責任だけに帰せられるものではない。彼らもまたほかの資本家たちとの競争のもとで、自らの地位を失いたくないならば、そのように振舞うことを強制されているからだ。その限りで、資本の「無制限な盲目的衝動、その人狼的渇望」にしたがって行動することは資本家たちにとっては合理的にさえ映るのであり、労働者の生活について心配することは余計なことのように思われるのである。「大洪水よ、我が亡きあとに来たれ！」これこそが「資本の人格化」である資本家にとってのスローガンであり、「資本は、社会によって強制されるのでなければ、労働者の健康と寿命にたいし、なんらの顧慮も払わないのである」(MEGA II/6: 273)。

だが、こうした振舞いを強制する経済システムは持続可能性という観点からすればまったくもって非合理である。というのも、労働者の生活の再生産を長期的には完全に不可能にしてしまうからである。だが、資本の運動がそのような「労働日の限界、つまり剰余価値の限界」(MEGA II/6: 241) をおのずから認めることはない。それゆえ、労働日の限界は資本の形式的論理に対して外的に押し付けられなくてはならない。これは別の言い方をすれば、物象化を制限する形で、素材的世界への資本の貫徹を意識的に抑えていかないと労働力の破壊は止めることができないということである。こうして、マルクスが「標準労働日のための闘争」で描いているような、際限のない資本の欲動に対する労働者たちの抵抗が生じてくる。

まず、労働者たちは労働日の制限と児童労働の禁止を要求する。もちろん、個々の資本家はほかの資本家が抜け駆けするような状態ではそのような要求を呑むことはできない以上、労働時間一般を制限する法的規制が必要となる。マルクスはその成立までの歴史的闘争過程を丁寧に追っているが、もちろん実際に制定される労働日の制限は、階級間の力関係によって大きく異なる。だが、いずれにせよ工場立法は、それがなければ長いスパンでの労働者階級の再生産が不可能になってしまうという意味で、「大工業の必然的産物」である（MEGA II/6: 460）。

だが、それだけではない。興味深いことに、マルクスは標準労働日の制定を「社会が、その生産過程の自然成長的姿態に与えた最初の意識的かつ計画的な反作用」とすらみなしているのである（MEGA II/6: 460）。マルクスにとって労働日の制限がこれほど重要なのは、それが労働者たちによる物象化の力を制約するための意識的な取り組みであり、物象化の力を生み出しているみずからの社会的実践を変容する試みにほかならないからである。もちろん、法律が施行されたとしても、依然として資本家による労働者の搾取は続いているが、健康、賃金、教育などについての付帯条項も含めて、そのような改善が労働者のさらなる闘争への第一歩になっているのは間違いない。それゆえ、標準労働日の制定を単なる社会民主主義的な改良主義とみなしてしまってはマルクスの変革戦略を見誤ることになるだろう。事実、マルクスは物象化の力の抑制という観点からこうした試みを極めて高く評価し、自らが執筆したジュネーヴにおける「国際労働者大会」の宣言から引用して、次のように述べたのだった。「われわれは、労働日の制限が、それなしには他のあらゆる解放の試みが失敗に終わらざるをえない先行条件であると宣言する。〔……〕われわれは、労働日の法定限度として八労働時間を提案する」（MEGA II/6: 302）。こうした素材的観点からの資本の力の制約は自由時間を生み、さらなる闘争のために欠かすことのできない基礎を用意するのである。

資本のもとへの「実質的包摂」にかんして言えば、「大工業」章でマルクスは相対的剰余価値の生産のために、生産過程の技術が大変革される過程を仔細に検討している。機械化は労働者から技能を奪って、熟練労働者たちを不熟練労働者たちによって置き換えることで、労働者たちを機械の付属物にしてしまう。ハリー・ブレイヴァマンが『労働と独占資本』(Braverman 1974)で論じているように、資本家階級の支配は単に生産手段の排他的所有だけではなく、労働者たちの持っている技能や経験に裏打ちされた知や洞察力を資本のもとへと集中し、労働における「構想」と「実行」を分離することに基づいている。生産にかかわる技術学や知の独占に根付いた資本の支配は労働過程のより深い次元にまで食い込んでいるのである。大工業のもとで、労働者たちは機械の付属品として、その運動に合わせて生産するのはもちろんであるが、さらには、自立的な生産に不可欠な基盤である知や技術学へのアクセスが遮断されているために、労働者の主体性が根本から否定されているのである。つまり、資本主義的支配の根拠は、単に労働者が十分な貨幣や生産手段を所有していないというだけではなく、むしろ生産のために求められる主体的能力を剥奪されているということにあるのだ。労働過程での知と自律性を奪われた労働者たちは資本に対する抵抗のための手段を喪失し、資本の指揮・命令はより一層簡単になっていく。その結果、資本の専制が完成し、労働者たちの貧困、労働苦、無知、道徳的堕落は増していく。ここにも、実質的包摂を通じた、知や技能という素材的世界の再編制の進行を見て取ることができるだろう。

だが、競争によって駆り立てられる生産過程の絶え間ない革命は、同時に、「全体的に発展した個人」

としての労働者の多面性を作り出さずにはいない。資本の様々な労働過程の変革に合わせて、柔軟に対応できるような労働者の存在は資本主義の「死活問題」になるからである。

しかし、労働の転換がいまや、ただ圧倒的な自然法則として、また、いたるところで障害に突き当たる自然法則の盲目的に破壊的な作用を伴いながら実現されるなら、大工業は、労働の転換、それゆえ労働者の可能な限りの多面性を一般的な社会的生産法則として承認し、そしてこの法則の正常な実現に諸関係を適合させることを自己の破局そのものを通じて、死活問題とする。大工業は、資本の変転する搾取欲求のために予備として保有され自由に使用されうる窮乏した労働者人口という奇怪事の代わりに、変転する労働需要のための人間の絶対的な利用可能性をもってくることを――すなわち、一つの社会的な細部機能の単なる担い手にすぎない部分個人の代わりに、さまざまな社会的機能をかわるがわる行うような活動様式をもった、全体的に発達した個人をもってくることを、死活問題とする。(MEGA II/6: 466)

その結果、資本主義は労働者に技能教育を与える必要に迫られる。佐々木(2011: 390 f.)が指摘するように、マルクスが標準労働日の制定と並んでその実践的意義を強調していたのが、「職業学校」、「労働者学校」であった(MEGA II/6: 466)。マルクスがなぜそうした公的な職業学校を「変革の酵素」(ebd.: 467)とまで呼んで評価したのかは明らかだろう。というのも、職業教育を通じて、資本の独占によって分離された知と技能を労働者たちが再びみずからのものにすることができるようになり、「構想と実行の分離」

を部分的とはいえ、乗り越えることができるからである。それは失われた生産過程における自律性と自由を再生するために不可欠の条件なのである。

以上の議論から、マルクスは純粋に経済的な形態規定から生じる破壊的帰結を分析した後に、労働力の素材的側面からの抵抗を描いていることがわかる。ここでの分析は二つの段階からなっており、まずマルクスは純粋に経済的な形態規定を叙述し、その上で、それがどのように生産過程を包摂、再編成、そして破壊するかを描いているのである。その際、マルクスは型式的・実質的包摂に直面して、物象化の力を意識的に抑えようとする社会的実践の変容を高く評価していた。労働日の短縮や職業訓練といった改良だけではもちろん資本主義そのものを乗り越えることはできない。だが、資本の際限ない剰余価値への欲望から労働者を一定程度守ることで、さらなる闘争のための空間を生み出すのだ。

以上のような考察はマルクスのエコロジーからの逸脱として映るかもしれない。だが、資本の素材的・自然的領域に対する影響についても、マルクスは「大工業」章で論じている。この点について、次節で検討していくことにしたい。

自然における資本の矛盾

マルクスの労働過程の叙述は自然の働きを無視してはおらず、むしろ「労働」と「大地」を人間と自然の物質代謝の「原要素（Urfaktor）」(MEGA II/3: 87) として扱っている。労働力も自然力も歴史貫通的な物質としてあらゆる生産形態に共通であり、どのような生産にとっても欠かすことのできないものだからだ。だとすれば、もしこの過程が価値によって一面的に媒介されるならば、労働力の疲弊と同様に、自然力の枯渇も生じることが予測されるだろう。事実、マルクス自身も労働力の容赦ない搾取を自然資源の浪費とならべて度々論じている[14]。

資本は労働力の寿命を問題にはしない。それが関心をもつのは、ただ一つ、一労働日中に流動化させられうる労働力の最大値のみである。資本は、労働力の寿命を短縮することによってこの目的を達成するのであって、それは貪欲な農場経営者が土地の肥沃さの掠奪によって収穫を増大させるのと同じである。(MEGA II/6: 269)

労働力が自然力の一つであることを考えれば、こうした記述は偶然でないことがわかる。マルクスは労働だけでなく、自然の資本のもとへの包摂を扱おうとしていた[15]。資本が関心を寄せるのは、利潤の獲得のみであり、そのために労働力が搾り取られるだけでなく、他方で自然力についてもその持続可能性などは考慮せずに、自らの価値増殖にとっての手段としてのみ接する。その限りで、労働力の疲弊と同様、人間と自然の物質代謝の亀裂という矛盾が現れてくるのである。

ここでも、この矛盾を「価値増殖過程」という経済的形態規定との関連で理解しなくてはならない。そうしなければ、なぜ生産力の上昇が自然に対する破壊的な力を強めることになるかを解明できなくなってしまうからだ。草稿のなかで、マルクスは生産過程の資本主義的規定がどのようにして自然の掠奪を生み出すかを説明している。その際、マルクスは、「素材的」側面と「形態的」側面を区別し、自然力は「労働過程」には入り込むが、「価値増殖過程」には入らないという点を強調している。

> しかし、固定資本を別にすれば、〔資本にとって〕一銭の費用もかからない生産力、つまり分業や協業や機械から生ずる生産力はすべて、（たとえば、水や風などの動力の場合や、作業場の社会的編制から生ずる優越性の場合がそうであるが、それが一銭もかからない限り）その充用になんの費用もかからない自然力と同じように——または少なくともその充用になんの費用もかからない程度で、労働過程には入ってゆくが、価値増殖過程には入っていかないのである。（MEGA II/3: 1675）

分業、協業、機械による生産力の上昇は生産の素材的側面（労働過程）には入り込むが、形態的側面（価値増殖過程）には入り込まない。というのも、新しい増大された社会的生産力は追加的費用を要さないからである。しかも、資本による生産手段の排他的所有のもとで、社会的力は組織され、実現されるため、この新たな社会的生産力は「資本の生産力」（MEGA II/6: 330）として現れる。生産力の上昇は相対的

〔14〕「労働日」章のような自然力の枯渇についての詳細な記述が『資本論』に見当たらないという事実は、マルクスが『資本論』第三部における「地代論」でこうした問題を扱おうとしていたにもかかわらず、それが未完に終わっていることを考えれば、不思議ではない。次章以降で詳しくみるように、マルクスの意図は抜粋ノートを検討することで明らかにすることができる。

〔15〕自然の形式的・実質的包摂については、Boyd et al. (2001) が詳しい。

剰余価値のみならず、特別剰余価値ももたらしてくれるのであり、そのことが資本の下への実質的包摂による労働過程の不断な革命のためのインセンティブとなる。

自然科学やテクノロジーを用いた自然力の利用も無償であるか、あるいは生産費用を廉価にする場合、分業、協業、機械から生じる社会的生産力と同様の働きをみせ、資本の生産力を上昇させる。「科学は資本家には一銭も費用を費やさせないが、このことは、資本家が科学を利用することをけっして妨げることはない。他人の科学は他人の労働と同じように資本に合体されるのである」(MEGA II/6: 377)。自然力は労働過程に入り込み、人間的労働力とともに作用するが、資本家はその上昇した生産性を「無償で」(ebd.: 378) 受け取るのであり、価値増殖過程には入り込まない。無償でなかった場合にも、廉価な原料や補助材料は流動資本部分を小さくすることで、費用価格を抑えることを可能にするだろう。このことから、資本は廉価で確実な自然資源へのアクセスを確保しようと世界規模での探索を試みる。だがその一方で、自然力の枯渇や原料の採掘にともなう環境破壊や現地住民の生活の破壊は資本にとって副次的な意味しか持たず、軽視される (Brand/Wissen 2017)。

「資本の無償の自然力」(MEGA II/4.2: 833)――土地、水、風――や廉価な原料ならびにエネルギー源――木材、石炭、石油――は資本の価値増殖にとって大きな影響力を持つ。自然の力を資本のために使いつくすという観点から発展させられた自然科学は道具的理性を強化していく。資本主義のもとでの自然科学と技術学の発展原理は、効率的な労働力の搾取と、費用を最低限にする自然力の利用である。つまり、持続可能性ではなく、利潤をもたらす充用という観点である。こうして、労働力が限界を超えた労働時間の延長によって消耗したように、自然力も、追加的費用なしに生産性を増大させるという素材的弾力性のために、しばしば限界を超えて利用され、枯渇していく。そのことはまた、資本蓄積に影響を与えないではいない。その意味で、これらは「もともとただ経済的諸関係の物質的基体としてのみ現れていた使用価値そのものが経済的カテゴリーにどのように規定的に関与するのか」(MEGA II/3: 1676)についてのさらなる例証にほかならない。

もちろん、資本は素材的限界を完全に無視できるわけではない。それどころか、原料などが価値増殖過程に入り込む限りでは、その価値を新生産物へ損失なく移転するために、極めて丁寧に無駄なく取り扱うだろう。それゆえ、不変資本の「節約」は資本にとっての内在的傾向性であり、それは今日でいうところのリサイクルを含むものである(MEGA II/4.2: 150)。しかしこのことから、「この強い力が究極的には、無駄となる副生産物の生産をゼロになるまで減らしていく」(Baumgärtner 2000: 107)とマルクスが楽観的に考えていたと推測するのは誤りである。というのも、リサイクルが行われるのは、あくまでも価格的にメリットがある場合だけだからだ。リサイクルの目的は持続的生産ではなく、コストカットであり、資本主義のもとでの大量生産・大量消費とそれに伴う自然力の浪費が続く限りで、資本主義的生産が不変資本の節約を通じて、持続可能な経済を生み出す保証はどこにもない[16]。

むしろ、マルクスによれば、「個々の事業所内では節約を強制するが、その無政府的な競争制度は、社会的な生産手段と労働力の際限ない浪費を生み出し、それとともに、今日では不可欠であるがそれ自体

[16] あるいは近年のペットボトルのリサイクルに見られるように、洗浄過程において用いられる様々な化学物質が環境汚染や健康被害の原因となっている。プラスチックごみの問題がただ別の問題あるいは別の場所に移転されるだけで、持続可能性を持たないことは変わりがないのである。

としては余計な無数の機能を生み出す」のであり（MEGA II/6: 494）、自然力の浪費は加速していく。生産力の上昇によって必要労働時間が減少したとしても、総労働時間は減少せず、むしろ剰余価値獲得のために延長さえもされ、労働強度も高められていく。他方で、生産規模の拡大と流通の複雑化は、簿記・会計、広告業などの「余計な機能」を作り出す。さらには、生産力の上昇とともに、生産物の量は増え、それにともなう自然資源やエネルギーの消費も増大するが、他方で、無計画な大量生産は現実的需要を見出すことのできない供給を生み出し、一度も使用されることのないままに廃棄されるゴミを作り出すこととなる。このような浪費の傾向性は、資本による資源の節約を補って余りあるものである。

マルクスのエコロジーに対する批判者たちはしばしば、こうした破壊性は人間の自然に対する支配が十分になっていないからであり、マルクスは社会主義におけるさらなる技術発展によってこうした問題さえも解決できると考えていたと批判してきた（Clark 1989; Schantz 2012: xlvi）。だが、このようなプロメテウス主義はマルクスの真意を反映したものではない。マルクスの物象化論は、環境危機の原因を単なる技術的問題とみなしているのではなく、人間と自然の歴史貫通的な相互作用に対する経済的形態規定のうちに見出している。この点を考慮すれば、物質代謝の攪乱の問題は、資本主義のもとでの生産力の発展によっては解消されないことがわかるだろう。というのも、技術的・自然科学的発展は持続可能性のためではなく、より大きな利潤を求めるという観点から自然的物質代謝への介入を強めていくことになるからである。ところが、資本の自然利用にむけた衝動には際限がない一方で、自然力や自然資源は本質的に有限である。こうして、資本と自然の間に素材的弾力性が媒介することのできない乖離・亀裂が生まれてくる。そのような破壊的技術は社会主義への移行には役立たないのである。

このように、『資本論』において、自然条件の破壊は商品生産の法則から一貫して導き出されている。資本は抽象的人間的労働の対象化された価値に対してしか支払いをしないのであり、価値増殖過程に入り込まない社会的力や自然的力に対しては支払いを行わず、そこから生じる力を資本の生産力として徹底的に無償で利用し尽くす。その際、自然力の再生のために必要とされる費用に対しても、抽象的労働が対象化されていないために、支払いが行われない。資本もあらゆる商品に対する対価を支払っているとして、自らの振る舞いを正当化するだろう。つまり、資本はみずからが引き起こす環境破壊的な帰結に対しても、等価交換を行っている限りで、責任をとろうとしないのである。このような「商品価値」と「自然的属性」の論理のあいだの乖離こそ、価値が持続可能な生産にとっての基準にならないことを示している。

現状の環境破壊に対策をとらないことで将来的な回復により多くの費用がかかることがわかっていたとしても、「大洪水よ、我が亡きあとに来たれ」の精神に支配された資本主義の浪費的生産はフリーライドと自然の濫用をやめることができない[17]。それは利潤を犠牲にするのみならず、自然の弾力性に依拠した「資本の弾力性」も諦めることになるからだ。だが、素材的弾力性は無限ではない。労働者の酷使が労働力の再生産を不可能にしてしまうように、自然力の掠奪的利用は自然力そのものを破壊し、弾力性も失われてしまう。資本はそれでもさらなる技術開発や新使用価値の発見によって問題を対処しよ

［17］このことは、今日でいえば、温暖化対策を先延ばしにすることで生じる経済的損失が膨れ上がることがわかっているにもかかわらず、資本が求められている温暖化対策に取り組むことができていない事実にその具体例をみることができるだろう。

うとし、その結果矛盾をよりいっそう深化させていく。こうして、資本は、物質代謝の攪乱によって、持続可能な人間的発展のための物質的条件を切り崩していくのである。それを防ぐためには、物象化の力そのものを抑え、究極的には資本主義を克服するしかないとマルクスは考えていたのだった。

以上の考察からマルクスがなぜ自然科学を熱心に研究したかについて、次のような仮説を立てることができるだろう。それは、マルクスが資本主義による物質代謝の亀裂についての具体的な仕組みを資本主義的生産の矛盾として展開するためだったというものだ。次章以降では、この仮説を検証すべく、これまで着目されてこなかったマルクスの自然科学抜粋ノートを中心に検討していく。その中心となるのが、リービッヒとジョンストンという二人の科学者である。

第四章　近代農業批判と抜粋ノート

ＭＥＧＡの刊行によって明らかになりつつあるように、マルクスは「経済学批判」の準備にあたり、膨大な数の抜粋ノートを作成した（大谷・平子 2013）。これらのノートは、マルクス自身のコメントを含むものもあるとはいえ、その大部分は彼がその時々に研究していた本、雑誌、新聞記事などからの書き写しである。そのため、抜粋ノートはソ連時代にマルクス・エンゲルス研究所でリャザーノフの指揮のもとで刊行が計画されていた旧『マルクス・エンゲルス全集』においてさえ刊行リストから除外され、その後も大半がいかなる形でも刊行されずに、長い間研究の対象外とされ、放置されてきた。だが、いくつかの先行研究が示したように（Schrader 1980; Anderson 2010）、これらのノート群は、『資本論』の準備草稿やエンゲルスとの往復書簡とならんで、マルクスの思考過程を記録した貴重な一次資料であり、そこには『資本論』完成に向けたマルクスの血の滲むような努力とともに、未完のプロジェクトが晩年にむけてどのような理論的発展をとげようとしていたかを知るための多くの手がかりが刻まれている。その内容を環境思想との関連で明らかにするのが、以下の目的である。

まず第四章では、『資本論』に向かう理論形成過程において、マルクスの近代農業観に重要な変化があることを、抜粋ノートを手がかりに解明していく。その際に役立つのがリービッヒとジョンストンという二人の科学者からの抜粋である。マルクスはこの二人を様々な時期に複数回研究しているため[1]、その抜粋を比較検討することで、マルクスの思想的変化を追想することができる。実際、一八六〇年代半ばに、リカードの差額地代論の枠組みを超えた近代農業に対する真に批判的な視座を獲得したことが示されるだろう。具体的には、一八五〇年代のマルクスには自然科学と技術学の適用による農業の収穫増大についてのかなり楽観的な見解が見受けられるが、一八六五年には楽観主義が姿を消し、むしろ近代的農業経営そのものが、「人間と自然の物質代謝の攪乱」を引き起こす「掠奪農業」として鋭く批判されるようになるのである。これまでは、若きマルクスの発言ばかりが着目されることで、マルクスの思想はプロメテウス主義だと批判されてきた。だが、抜粋ノートを検討することで、『資本論』はプロメテウス主義とは無縁であることが判明する。

『資本論』とリービッヒ

『資本論』第一巻第一三章「機械設備と大工業」の最終節である「大工業と農業」において、マルクスは次のように書いている。

資本主義的生産様式は、それが大中心地に集積させる都市人口がますます優勢になるに従って、一方では、社会の歴史的原動力を蓄積するが、他方では、人間と土地とのあいだの物質代謝を、すなわち、人間により食料および衣料の形態で消費された土地成分の土地への回帰を、したがって持続的な土地肥沃度の永久的自然条件を撹乱する。こうして資本主義的生産様式は、都市労働者の肉体的健康と農村労働者の精神生活とを、同時に破壊する。(MEGA II/6: 476)

ここでマルクスがはっきりと指摘しているように、都市と農村の対立上に立脚する資本主義的農業経営は利得獲得のために土地の栄養分を絞り上げ、地力を消耗させてしまう。こうして、資本主義的生産関係のもとでの生産力と技術の発展は人間と自然の物質代謝に亀裂を生み、人類の生存条件そのものを脅かす。先行研究がすでに詳しく論じているように、ここでの物質代謝の撹乱についての批判はリービッヒの『農芸化学』(第七版、一八六二年)、とりわけその「序論」で展開された掠奪農業論を研究することで形成されたものであり(椎名1976)、マルクス自身もその注において「自然科学の立場からの近代農業の否定的側面の展開は、リービッヒの不朽の功績の一つである」と絶賛している(MEGA II/6: 476)。ここでのリービッヒのマルクスへの影響は明らかであり、近年の「物質代謝の亀裂論」の展開においても、リービッヒの掠奪農業批判が中心的な役割を担ってきたのである(Foster 2000; Foster et al. 2011)。

では、マルクスはどのような経緯でリービッヒの掠奪農業批判に興味を持ったのだろうか? そこで

[1] 本章では主に一八五〇・六〇年代のリービッヒ、ジョンストン抜粋を検討する。また七〇年代のジョンストン抜粋は第三部で触れることとする。

ＭＥＧＡ第四部で刊行される抜粋ノートを調べてみると、興味深い事実が浮かび上がってくる。実は、マルクスは一八五一年にすでにリービッヒ『農芸化学』第四版から丁寧な抜粋を作成しているのだ。だが、それにもかかわらず、マルクスのはっきりしたリービッヒ受容は『資本論』まで見出されないのである。言い換えれば、マルクスはリービッヒをはじめて読んだ時には、エコロジカルな資本主義批判を展開することがなかった。それどころか、『ロンドン・ノート』（一八五〇〜五三年）の『農芸化学』抜粋を検討することで判明するのは、工場で製造された化学肥料の使用による土壌管理によって農業の生産性を無制限に増大させることができるというリービッヒの楽観的見解に対する当時のマルクスの共鳴なのである。

もちろん、リービッヒ自身が一八五〇年代後半以降に近代農業批判を強めるようになったのでありʼ(Brock 1997: 177)、『農芸化学』第七版「序論」における掠奪農業批判の本格的展開こそがマルクスのエコロジーの形成に大きな影響を与えたことは間違いない。だがそのことは、マルクスが『ロンドン・ノート』作成時に資本主義的農業についての批判的な見解に出合っていなかったということを意味するわけではない。驚くべきことに、マルクスは実際には土壌疲弊の危険性を警告する著作や記事を当時すでに読んでいたにもかかわらず、そのような批判的見解にはほとんど注意を払わなかったのである。また興味深いことに、マルクスは『資本論』の執筆に際して繰り返し『ロンドン・ノート』を参照しているが、一八五〇年代のリービッヒ抜粋については、それを参照した気配がない。これらの事実は『農芸化学』に関する一八五〇年代の抜粋ノートが何らかの理由で、マルクスにとって不十分になってしまったことを暗示しているのではないだろうか。「マルクスとリービッヒ」をテーマにした先行研究はリービッヒ受容の過程を抜粋ノートに基づいて研究しておらず、マルクスの近代農業批判の成立に伴う理論的深化を明らかにしてこなかった。だが、『農芸化学』からの抜粋こそが、人間と自然の物質代謝についての唯物論的把握にもとづくマルクスの資本主義批判の射程と意義を示してくれるのである〔2〕。

『ロンドン・ノート』と「収穫逓減の法則」批判

一八四九年以降ロンドンでの亡命状態にあったマルクスは、深刻な経済的困窮状態にもかかわらず、大英博物館図書館で経済学の本格的な研究に着手し、膨大な量の書籍を読み破って、二四冊のいわゆる『ロンドン・ノート』を作り上げた。この中には経済学研究以外のテーマもいろいろ含まれているが、その一つがかなりの分量を占める自然科学関連の抜粋である。MEGA編集者が指摘するように、マルクスの自然科学研究の目的は、当時人口論や差額地代との関連で幅広く唱えられていた「収穫逓減の法則」の批判であった（MEGA IV/9: 31*-33*）。例えば、リカードはこの法則をもとに差額地代論を展開したが、それによれば、最優良の土地利用可能性は制限されており、人口増大に伴う食料供給への必要性が高まるにつれて、劣等地の耕作が必要になる。劣等地においては、当然のことながら、以前と同じ量を生産

〔2〕現物のノートをコピーしたものはネット上で公開されており、ダウンロードすれば、高画質で「読む」――ドイツ人でも読めないようなマルクスの悪筆のためかなりのスキルが必要とはなるが――ことができる。https: //search.socialhistory.org/Record/ARCH00860

するのに必要となる追加の資本投下は相対的に増大することになるが、「あらゆる商品の交換価値」は「もっとも不利な事情のもとでの生産」によって規定されているため（Ricardo 1951: 73）、農業生産物の価格は必然的に上昇していく。その結果、より有利な条件で生産可能な土地はその差額を地代として提供することができるようになるというのである。他方で、マルサスは人口が比例的に増大するにもかかわらず、農業の生産性が逓減的にしか増大しないという洞察に基づいて、絶対的過剰人口論を提唱し、労働者階級の貧困を文明発展上における不可避的な事態として正当化しようとしたのであった。当時のマルクスはこうした古典派の悲観的な見方を、農業革命の進歩を考慮することで批判しようとしたのである。

　マルクスは一八四五年に作成された『マンチェスター・ノート』において、すでにこうした見解を獲得していた。ジェームズ・アンダーソン『状況についての冷静な考察』(Anderson 1801) を読んだ際に、マルクスは土地の豊度を大きく増大させる改良可能性についての文章をノートに書き留めているが、そこでもマルサスが明確な批判対象になっている。例えば、マルクスはアンダーソンの主張を要約して、マルサスが「明らかに人口論を危険な「偏見」として打ち立てている」と、ノートに書き留めている。そのうえで、マルサスに対する反論として、「生活手段は人口の増大によって減少するどころか増大してきたのであり、その逆も然りである」というアンダーソンの指摘をマルクスは抜粋している（MEGA IV/4: 64）。さらには、マルクスはアンダーソンの楽観的な指摘をノートにドイツ語で書き留めている。「土地は化学的影響と耕作によって常により良いものにすることができる」(ebd. 63)。アンダーソンはさらに次のようにさえ述べている。「賢明な管理体制のもとでは、生産性は年々増大させることができるであろうし、期限の与えられない期間のうちでは、最終的には、おそらくわれわれが現時点では想像すらできないほどの生産性を得るまでになるだろう」(MEGA IV/4: 62)。アンダーソンの時代にみられたイングランドの農業革命はそのような比例的生産性の増大に信憑性を与えていたのであり、マルクスは農業の歴史的進歩についての証言を熱心に抜粋したのだった[3]。

一八五一年にアンダーソンの『ヨーロッパにおける農業の進展をこれまで遅らせてきた原因についての研究』(Anderson 1779) を読んだ際にも、耕作を通じて土地の肥沃度が大幅に変化するという指摘を抜粋している。「土地がこれまで受けてきた耕作様式によって、また肥料によって、もともとの状態からずいぶん変化させられてきた」ため、「土地には無限の相違」がある (MEGA IV/9: 119)。マルクスは後に『六一～六三年草稿』において、リカードの収穫逓減の法則に対する批判の文脈でこれらのノートからアンダーソンを引用しており、その意図を確認することができるが (MEGA II/3: 797, 798)、マルクスはリカードの逓減的な見方よりもアンダーソンの農業進歩観を支持していた。排水設備や肥料投入によって土地の生産性を改良することで、人口増大を十分に補うほどの穀物生産物の増大が可能であり、穀物価格を現在の水準に保つのみならず、場合によっては低下させさえすると考えていたのである[4]。

一八五一年にアンダーソンの著作を読んだ後に――アンダーソンは学者というよりは、「実地の借地農

[3] とはいえ、他方でアンダーソンは「イングランドにおける肥料の大いなる無駄遣い」を批判しており、より合理的な農業が実現することで、さらに多くの人口――「現在の人口の四倍」――を養うことができると訴えたのだった (MEGA IV/4: 64 f.)。

[4] さらにマルクスは、アンダーソンこそが真の差額地代論の考案者だとみなしていた (MEGA II/3: 689)。

業者」であったために（MEGA II/3: 765）、マルクスは一定の留保をしていた――、マルクスはより新しい専門的な農芸化学関連の著作を研究し、土地改良についての科学的認識を深めようとした。なかでもとりわけ重要なのが、リービッヒとジョンストンからの抜粋である。

まずマルクスの目に留まったのは『エコノミスト』誌に掲載されたジョンストン著『北アメリカについてのノート』（一八五一年）についての二つの書評記事であった。これらの記事はジョンストンの見解についての簡潔なまとめとなっており、その後、マルクスがジョンストンのより理論的な化学や地質学についての本を手に取るきっかけとなった可能性がある。

「北アメリカの農業」というタイトルの一つ目の記事の冒頭での指摘によれば、イングランドと北アメリカの経済的関係性が深まっているにもかかわらず、新大陸における農業の実態についての情報は不足しており、イングランドでは、北アメリカの処女地はずいぶんと改良され、その大地は疲弊知らずだという誤解が広まっているという。『エコノミスト』誌の記事はこうした幻想を正すものとしてジョンストンの報告を非常に高く評価している。「筆者が科学知識と農業実践への関わりによって、非常に明瞭で正確な見解を有している」というのである。記事によると、ジョンストンによる「結論のうちで最も重要なことの一つは〔……〕北アメリカの小麦輸出の力は大きく誇張されているだけでなく、実際には、緩慢とは言えない速度で減退し」、さらには「疲弊してしまっている」という指摘である（Economist 1851a: 475）。だが、こうした状況にもかかわらず、適切な管理によって地力を維持することは北アメリカの農業者の関心ではないという。なぜなら、もし土地が疲弊してしまったなら、農場を売りに出して、さらに西の方にある豊穣な処女地を開拓したほうが安くつくからである。そのため、二つ目の記事が指摘するように、「多くの地域の土地では一トンの石膏が毎年農場全体へと撒かれる以外には何の肥料も与えられないままに、半世紀にわたって小麦が植えられている」(Economist 1851b: 559)。そうだとすれば、小麦の収穫高減少は当然の結果と言えるだろう。こうして『エコノミスト』誌の記事はジョンストン著作を簡潔にまとめながら、北アメリカの農業が実際には適切な投資や管理を欠いた「極めて未発達な状態」にとどまっているために、土地を疲弊させていると結論づけるのである(Economist 1851a: 476)。

さて、マルクスによるこれらの記事からの抜粋をみてみると、北アメリカにおける土地疲弊の状況に関しては、ただ以下のような一文が目に留まるだけである。「北部の大西洋側の諸州とニューヨークの西部分は、かつては小麦の多産地域であったが、いまではほとんど疲弊してしまっており、オハイオも同じ過程をたどっている。そのため合衆国ではいまや西部の諸州だけが小麦の剰余を獲得できる地域となっている」(MEGA IV/8: 87)。だが、この文章は疲弊の原因も、その深刻度合も伝えておらず、あまり多くの情報を含んでいない。それとは対照的に、マルクスがより丁寧に抜書しているのは、北アメリカでは土地が豊富で価格が低いために、排水整備などの改良の導入が困難であり、また家族以外の労働者を雇っての大規模農場経営では「利益が上がらず」、「人気がない」ことについての指摘である(ebd.: 89)。全体として、マルクスは機械や化学を用いての改良が農業者の知識や資本の不足のために困難であることに注意を払っている。「この国では排水設備にたいする反対意見がある。この改良による費用は、それが例えば一エーカーあたり四ポンド、あるいは二〇ドルといった最安のレートであったとしても、この西ニューヨークの豊かな地域における最優良の土地の現在の価格にほとんど〔等しい〕」(ebd.: 88)。「労働をほとんど要さず、また技術がなくとも毎年ほどほどの収穫をもたらす土地があり余っているというのは明らかである」(ebd.: 89)。ジョンストンによれば、知識不足と高額な灌漑設備費用のために、北アメリカの土地改良が十分に取り組まれていない。短いながらも抜粋された文章は、マルクスが北アメリカの土地疲弊の問題そのものよりも、未発達で、近代化の遅れたアメリカの農業の状態についてのジョンストンの報告に関心を持っていたことを窺わせる。

もちろん、以上の抜粋だけでは断定的なことは何も言えないが、同時期に作製されたほかの抜粋がさらなる手がかりを与えてくれる。そこで、『ロンドン・ノート』第八冊のジョン・モートン著『土地の性質と特性について』(一八三八年)という、土壌の地質学的構成と土地の生産性の関係についての最初期の研究の一つとみなされる著作からの抜粋を見てみよう。農芸化学が未発展であったために、モートンは無機質の植物の生育における役割について正しく把握することができず、無機質はただ土壌の「質感」を変え、植物が水分、大気、熱、有機質を吸収する効率性を改善するものとみなされている(MEGA IV/8: 306 f.)[5]。さらに、モートンは無機質がもつ植物の栄養源としての役割を見逃したゆえに、腐植土の重要性を強調し、土地の疲弊についても次のように楽観的に述べている。「注意深く観察すると、植物の生産は土地をけっして疲弊させないということがわかる」(ebd.: 306)。さらに、「それぞれの土壌の質は無限に異なっているが、耕作されればされるほど、その価値を高め」(ebd.: 309)、「土壌は新たな資本の投下の度に、それが注意深く用いられるならば、連続的改良を受け取る」(ebd.: 311)とモートンは述べている。アンダーソン同様、モートンも土地の肥沃度の恒常的な改良を唱えていたのであり、それこそマルクスがこの本から抜粋した理由にほかならない。

とはいえ、モートンの議論は一見楽観的であるが、そこには一つの重要な前提条件があることに注意しなくてはならない。モートンによれば、「植物を作り出す自然の力が不滅のように思われる」のは、ただ「一つの収穫物の腐食が、次の収穫物のための栄養になる」からにすぎないのである（MEGA IV/8: 305）。モートンの考察は当時の理論や実践によって制限されていたが、他方で、この時代的制限こそが、新旧の植物間にある栄養分の不断の循環を持続可能な農業にとっての実現可能な条件として素朴に想定することを可能にしたのだった。

こうした文脈で検討に値するのが、『ロンドン・ノート』第十冊のヘンリー・C・ケアリ著『過去、現在、未来』（一八四八年）からの抜粋である。というのも、このケアリの本はジョンストンの本と並んで、北アメリカでモートンによって前提とされていたような植物栄養分の循環が脅かされ、土地が疲弊していることをはっきりと批判しているからである。ケアリによれば、「合衆国の全制度の傾向は、偉大なる機構〔である土地〕が差し出す物を全て取り、何も返却しないというものである」（Carey 1848: 304 f.）。ケアリは結果として生じた土地疲弊について、いくつかの具体例を挙げている。

ニューヨークの農場経営者は小麦を育て、その結果土地を疲弊させている。彼の売る小麦によって、穀粒も藁も失われてしまっている。元来は二〇ブッシェルであった一エーカーごとの平均収穫高も、三分の一に下落した。

〔5〕　モートン自身は「土壌」について以下のように述べている。「土壌は植物が育つ間、その根を支えているだけにすぎない。それはいかなる意味でも植物に栄養を与えることはない」（Morton 1840: 123）。

ケンタッキー州の人々は土地を麻で疲弊させている。そして、肥料を市場へ運搬する時に、道端で無駄にしてしまう。

ヴァージニアはタバコによって疲弊している。人々は西の新しい土地を求めて家を捨てるが、その新しい土地もまた疲弊してしまう。こうして労働と肥料が浪費される一方で、人々が収穫できないような大量の食物の供給を課されることで、偉大なる機構は衰えていく。(Carey 1848: 305 f.)

ケアリによれば、広大なアメリカ大陸における人口の分散が土壌から植物が吸収した栄養分を元の土壌に返還するという作業の実行を極めて困難にしている。穀物が遠い都市の市場へと運搬されてしまうことで、将来の肥料は無駄になり、土地は疲弊してしまうのである。それに対して、「もし消費者と生産者が互いに近くで生活していれば、豊かな土地が生み出すことのできる大量の食料供給をもたらす力を行使させた後に、土地に全ての廃物を与えることで借りを返すことができる」だろう(Carey 1848: 299)。それゆえ、ケアリは農業の持続可能性という観点から、自給自足的な農工一体型のタウン共同体を提唱したのであった(高橋 2008: 204)。

ところが、ケアリによる北アメリカ農業の現状に対する明確な批判にもかかわらず、マルクスがこれらの記述に関心を惹かれた跡は見当たらない。先の土地疲弊についての引用箇所は、その前後のページの様々な文章は抜粋されているにもかかわらず、抜粋されることはなかった。このことは、ケアリの批判が、後のリービッヒの掠奪農業批判にも影響を与えていることを考えれば驚くべきことである（Liebig 1859: 202 f.; Foster 2000: 153）。逆に言えば、このことは当時のマルクスが土地疲弊の問題についてそれほどの関心を持っていなかったことを示唆している。

実際、抜粋はマルクスの別の関心を示している。例えば、しばしば抜粋されているのは、北アメリカの未発達な農業が人口の増大と密集とともにいかに改良されたかについてのケアリの記述である。「私たちが例外なく見出すのは、人口がより密になり、富の量が増えるにつれて、より良い土地がますます耕作されるようになるということだ」(MEGA IV/8: 743)。こうした発言は、収穫逓減の法則に対する批判にほかならない。マルクスはこの点をはっきりと意識しており、リカード主義者のマカロックによる最優良の土地の利用に対する制限のために、農業発展には克服できない自然的制限があるという主張を批判するケアリの次のような発言もノートに書き留めている。「人間は常に劣等地からより優良な土地へと移って行く。そして歩みを最初の貧しい土地に戻し、泥灰土や石灰を掘り起こす、などといったことを継続的に行う。……この過程のそれぞれの段階において、人間はよりよい機構を作り出していく」(MEGA IV/8: 746)。

ノートの欄外に強調のための線を引きながら、マルクスは収穫逓減の法則に異議を唱えるケアリの文章をさらに引用している。それによれば、人口と地力は相互補完的に増大するという。「結合の力が強まるところではどこでも、人々が土地に対してより大きな力を行使しているのを目にする。新しい土壌が耕作されるようになり、より大きな収穫を得られるようになっているところではどこでも、人口がより急速に増大し、個人の労働者の力が三倍になるような力の行使の合体に向けたより一層の傾向を生み出しているのを見出す」(ebd.: 744)。その正反対のことを強調する「リカードの体系」は「不和」の体系であり、「農地改革運動、戦争掠奪の手段によって権力を求めるデマゴーグのための真の手引き」であるとすらケアリは述べているが、そうした文章さえもマルクスはノートに書き留めている(ebd.: 745)。

同様のリカードやマルサスに対する批判は、アーチボルド・アリソン『人口原理』(一八四〇年)からの抜粋にもみられる。「一六四〇年以来、アメリカ人は二三・五年ごとに倍増し続けている。この二世紀におよぶ長期の驚くべき倍増は、人間の労働の生産物がもっとも早く増大する種の倍増を前にしても維持できる確固とした卓越性についての、この地球上の歴史がこれまで示したなかでもっとも明快な事実である」(MEGA IV/9: 257)。当時は、アメリカ農業の急速な発展が増え続ける人口を養うことができるという考えが普及していたが、それは部分的には事実を反映するものであった。だとすれば、マルクスがケアリやアリソンの著作を読む際に、生産性増大についての記述ばかりに注意を払い、その背後で進行していた土地疲弊の問題に関心を持たなかったのもそれほど驚くべきことではない。

当時のマルクスは農業についての様々な本を通じて、農業生産性の増大のためには、土地の適切な管理が必要であり、自然科学と技術学の発展が歴史上はじめてその条件を準備していることに気がついていた。そのため、マルクスは収穫逓減の法則を批判するために、近代自然科学の進歩が土壌の肥沃度を飛躍的に増大させる可能性について調べていたのである。だが、その際に、ジョンストンやケアリは、現実の農業が土壌の養分を乱費し、急速に土地を疲弊させてしまっている事実に警鐘を鳴らしていたにもかかわらず、マルクスはそのことについてのまとまったノートを残さなかった。むしろ、マルクスはやや性急に、土地消耗の問題を農業実践の未熟さの問題に還元し、社会主義革命のためには、資本主義のもとで農業生産性を増大させることが重要だと考えたのである。要するに、マルクスの問題意識はマルサスによって規定されていたのだ。「農業の改革、したがってまたそれにもとづく所有権の改革が、来るべき変革のアルファであり、オメガである。それがないかぎり、マルサスおやじの言い分も正しいものになる」(MEGA III/4: 183)。だが、ここからは、マルクスのエコロジーはけっして出てこない。

四〇年代のリービッヒとジョンストンの楽観主義

同様の傾向は『ロンドン・ノート』第一二・一三冊のリービッヒ抜粋においても継続している。一九世紀の最も著名なドイツの化学者の一人であり、「有機化学の父」と呼ばれるリービッヒは、その著書『農芸化学』において、化学の知識を農業の実践に応用しようと試みた。リービッヒは、農業のさらなる発展にとって、土壌成分を分析し、養分吸収の仕組みを解明する化学と生理学の役割が極めて重要であると考えたのである。その際に、批判対象となったのが、テーアらに代表される腐植説であった。テーアやモレショットは化学的見識が不十分であったために、動植物が土壌で腐敗・発酵することで生じる暗褐色の土が直接的に植物への養分になるという誤った考えに陥ってしまった。それに対して、リービッヒは様々な実験を通じて、腐植が植物の生育を促進するように見えるのは、その腐敗・発酵過程で生じる炭素や窒素が間接的に養分を供給するからだということを証明した。リービッヒは腐植の有効性を完全に否定しないものの、その重要性は限定されたものであり、とりわけ根や葉が未発達で、土壌や大気からの炭素や窒素の吸収が不足しがちな生長の初期段階に限られると結論づけたのだった。

そして、腐植説の対案として提唱されたのが、リービッヒの「無機栄養説」(「鉱物説」)である。それは土壌中の炭素・水素・窒素・酸素からなる四元素以外の無機質(リン酸・カルシウム・ケイ素など)が植物の生育に及ぼす不可欠の影響を重要視するものであり、その洞察の有効性は今日でも認められている。リービッヒによれば、大気や雨水によって補填されない土壌中の無機質の量は限られているため、適切な管理が行われない場合には、無機質が不足するようになり、土地が疲弊してしまう。したがって、土地の肥沃さを長期間にわたって保つためには無機質の浪費が細心の注意をもって避けられなくてはならない。そのための対策として、リービッヒは休耕、排水整備、輪作などの方法を挙げている(Liebig 1842: 134)。とはいえ、地力を維持するのみならず、増大させるためには、しばしば無機質を肥料という形で、人為的に土壌に投入することが必要だとリービッヒは唱える。「土壌の肥沃さは、奪われたすべての物質を土壌へと再び戻す場合にのみ、変わらず維持される。このことは肥料によって行われる」(MEGA IV/9: 207)。伝統的には、地力の維持・増大のための肥料による無機質の補充は厩肥や骨粉を利用することで行われてきた。だが、リービッヒは科学と生理学の知識を農業に応用することで、もっとも効率的に生産を行うための条件を明らかにすることができると考えたのである。そして、作物の特定部分を農場経営者にとって有利な形で最大化する「合理的農業」の実現を目指したのだった(祖田 2013)。

ここでリービッヒが画期的なのは、土壌に投下した肥料の効果を純粋な化学反応として分析することで、「動物の排泄物の作用は、同じ成分を含む他の物質によって代替可能である」という結論にいたったことである(MEGA IV/9: 209)。そのうえで、植物の生育に必要な栄養素を分析することで、いつの日か、動物の排泄物や骨といった肥料を手間暇かけて集め、散布する代わりに、工場で調合された化学肥料で完全に置き換えることが可能であると主張したのだ。

> 土地は自らから取り去られたものを再び完全に受け取らなくてはならないというのは農耕の原則として見なされなければならない。この返還が排泄物、灰、骨のいずれかの形態によっておこなわれるかはほとんどどうでもよい。耕作地に水ガラス（ケイ酸カリウム）、燃やした藁の灰、そして化学工場で準備されたリン酸塩の肥料を撒く時代が来るだろう。（MEGA IV/9: 210、強調引用者）

こうしたリービッヒの発言は、肥料の大量生産を可能にして、自然の力を完全に人間の生み出したもので置き換えることができるという将来の化学の発展についての極めて楽観的な見解を反映している。とはいえ、著名な化学者による見解は、収穫逓減の法則に対する説得力ある反論としてマルクスの目に映ったに違いない。

なるほど、リービッヒは土壌の無機質が有限である限り、農業が土地を疲弊させてしまう可能性を認識していた。実際、『農芸化学』のある箇所においてリービッヒはヨーロッパやアメリカにおける土地疲弊を指摘している。ところが、その批判的トーンは弱い（MEGA IV/9: 202）。というのも、リービッヒの狙いは腐植説に反対して、無機栄養説の重要性を強調することにあったからであり、最終的には、消耗した土地も無機質を含む化学肥料を投入することで回復されるとあらかじめ想定されていたからである。マルクスは『ロンドン・ノート』でリービッヒを非常に注意深く抜粋しているが、それは「人間と自然の物質代謝の攪乱」について研究するためではなく、化学の適用による農業生産性の増大についての方法を研究するためだったことがわかる。

マルクスのリービッヒ研究の狙いは、同時期のノート第一三・一四冊に含まれるジョンストンの諸著作からの抜粋からも窺い知ることができる。一八五一年一〇月一三日のエンゲルス宛の手紙で、マルクスはジョンストンを「イングランドのリービッヒ」と呼び、極めて好意的に評価しているが（MEGA III/4: 232）、マルクスは手紙を書く前に、すでにジョンストンの『農芸化学・地質学講義』（一八四七年）と『農芸化学・地質学問答式入門』（一八四九年、以下『問答』）を読み、丁寧に抜粋していた。マルクスはジョンストンをリービッヒと同一視しているのだから、ジョンストン抜粋は同時にマルクスがリービッヒの『農芸化学』をどのように受容しようとしていたかについての手がかりを与えてくれるはずである。

ジョンストンはスコットランドの化学者・地質学者で、リービッヒと同様一九世紀の農芸化学の先駆者の一人として、ヨーロッパや北アメリカを旅し、実践と理論の両面から自然科学の応用による農業の発展に大きく貢献した。ジョンストンもまた植物の生育には有機物だけでは不十分であることを認識し、無機質が土壌へと定期的に補充されることが必要だと主張していた（Johnston 1847: 855 f.）。さらに、自然的条件に恵まれた土地を見つけるためには、地質や風化による影響を把握する地質調査が役に立つとジョンストンは考え、リンの含有量を示す「地質学地図」を作製することを提唱したのである（ebd.: 382; Johnston 1849: 44）。

それ以外にも、ジョンストンは土壌の「自然的特質と構成」は物理的・化学的手段によって改良可能であると述べている。「自然の違いは非常に大きい。だが、このような違いを生み出す状況を管理下にもたらすことで、違いを減らすことができる」(MEGA IV/9: 277)。つまり、耕作を通じた土地の改良可能性をジョンストンは説いていた。「農場経営者は土地そのもの
の性格を変えることができる。彼はその物理的性質と化学的構成のどちらも変更することができ、土地を自然的に生育している種以外の植物を育てるのに適した状態にすることができる――または選択次第では、同じ種をより豊富で、一層繁茂する状態にすることもできる」(ebd.: 299)。ここでは、リカードに直接言及していないものの、ジョンストンとリカードの見解の相違にマルクスは着目していたに違いない。

ここで重要なのは、不適当な土壌管理が土地を痩せさせてしまう危険性をジョンストンがはっきりと指摘しているという事実だ。だが、『問答』における土地疲弊に対する回答はリービッヒと同様の化学肥料の楽観主義を反映している。「しかしもし農場経営者が適当な時期に、適切な物質を適当量土壌に投入するならば、彼は土地の肥沃さをおそらく永遠に保つことができる。農場経営者は土地から取り去ったのと少なくとも同じだけは投入しなければならない。土地をより良いものにするためには、取り去るよりも多くを投入しなくてはならない」(MEGA IV/9: 380)。さらに、ジョンストンは、地力を保持、増強するために、物理的、化学的改良に加えて、外国から「グアノ」(ペルー太平洋岸などで豊富に発見された海鳥の糞が乾燥したもの)や「骨粉」といった長距離運搬に適した固形肥料を輸入することを提案していた(ebd.: 381)。だが後にみるように、こうした見解こそが、一八六〇年代になるとリービッヒの影響のもとでマルクスによって批判されるようになっていく。

いまや、マルクスがジョンストンを「イギリスのリービッヒ」と呼んだ理由は明らかだろう。リービッヒもジョンストンも植物の生育における無機質の重要性を強調しただけでなく、さらにより重要な

こととして、二人とも自然化学と技術学を用いた改良による将来の農業生産性の増大を確信していたのだ。収穫逓減の法則を批判しようとしていたマルクスにとって、リービッヒとジョンストンの理論はマルクスの楽観的な将来予測に科学的基礎を与えるものだった。こうして、農業における改良の自然的限界を強調するリカードやマルサスに対して、マルクスは農業の近代化による収穫逓増を信じるようになっていったのである。

もちろん、農業に自然的制約がまったくなく、集約化によって農業の生産性が無限に上がるとマルクスが考えていたわけではないだろう。しかしながら、リービッヒやジョンストンの影響のもとで、化学肥料やグアノ・骨粉を用いて地力を高めることに力点が置かれる以上、そこには土地の自然的限界や現実の土壌疲弊についての具体的分析を見つけることは難しい。その結果、『ロンドン・ノート』もしばしば楽観的な調子を帯びてしまう。リカードの非歴史的見解を批判するために、マルクスは土壌や地力の歴史性や社会性（とりわけその発展）を強調した一方で、自然的制約が軽視されがちになっているのである。こうして当時のマルクスの理論的枠組みにおいては、素材的世界の自然的制約と資本主義における素材的次元の変容の絡み合いを十分に扱うことができていない。ところが、一八六〇年代に入ると、マルクスの経済学批判はこの絡み合いを集中的に分析するようになり、掠奪農業による物質代謝の攪乱を資本主義の矛盾として展開するようになるのである。

資本家リービッヒの誇張

マルクスは一八六〇年代になって『資本論』の執筆に取り組んだ際にも、リービッヒを二度読んでいる。一度目が、一八六三年六月に抜粋した『農業における理論と実践』(一八五六年)であり、二度目が一八六五年に抜粋した『農芸化学』第七版(一八六二年)である。これらの抜粋は、マルクスとリービッヒの理論が時代の経過とともにどのように転換していったかを見極めるために、きわめて重要な位置を占めている[6]。前節でみたように、四〇年代のリービッヒは、工場での無機肥料の大量生産による土地疲弊問題の克服という楽観的な見方を有していた。ところが、無機質の重要性を誇張しているという批判が数多く寄せられるようになると、リービッヒはみずからの議論を戦略的に変更するようになっていく。この変更によって、リービッヒは一面では、土地疲弊の危険性を説くようになるのであるが、他面では、より力強く化学肥料がもつ全能的な効力を説くようになるのである。リービッヒのこうした両義性は、アンモニウム塩を肥料に加える必要があるかをめぐっての、当時の鉱物説と窒素説のあいだで繰り広げられた論争を参照することで理解できるようになる。そのことをマルクスのノートを参照しながら見ていこう。

リービッヒはすでに『農芸化学』第五版(一八四三年)において、植物の生育にとっての窒素の必要性

[6] これらの抜粋はそれぞれ、MEGA第四部第一七巻、第一八巻で刊行される。

についての見解に変更を加え、アンモニアは雨水を通じて土壌に供給されており、養分として十分存在していると主張するようになった(Liebig 1843: 368)。『農業における理論と実践』においても、リービッヒは同様の主張を繰り返しているが、マルクスはそのような変化に気が付いて、次のような一文を書き留めている。「十分すぎる小麦の収穫に必要な量よりも、さらには、非常にたくさんの肥料が投入された場合よりも、五〇〇~一〇〇〇倍の窒素を豊かな耕作地は含んでいる」(IISG, MEN, Sign. B. 93: 37)。大気中のアンモニアは雨水によって「常に、永遠に」土壌へと供給されるのであり、「枯渇することがない」というのである(ebd.: 38)。

リービッヒの見解がどれほど大きく変わったかは、『農芸化学』第四版と比較すれば一目瞭然である。マルクスが『ロンドン・ノート』で三重線を欄外に引いて強調している箇所で、リービッヒは次のように述べていた。「農業植物は、木や藪のような野生植物と同じ量の窒素を大気から受け取る。しかしながら、農業の目的のためにはそれは十分ではない」(MEGA IV/9: 189)。この段階ではまだ、リービッヒは収穫増大のために人為なアンモニウム塩を投入する必要性を認めていたわけである。ところが、一年後に刊行された『農芸化学』第五版では、該当箇所が反対の意味に変更されている。「農業植物は、木や藪のような野生植物と同じ量の窒素を大気から受け取る。そして、窒素はあらゆる農業の目的にとって完全に十分である」(Liebig 1843: 68)。

こうした突然の変更は、リービッヒが窒素の重要性を軽視しているという一連の批判を引き起こした。なかでも、ジョン・ベネット・ローズ――イングランドではじめて化学肥料製造で成功した人物――が、リービッヒの無機質説の一面性を厳しく批判した。そして、ジョセフ・ヘンリー・ギルバートと共同してロザムステッド試験場で行った実験を通じて、ローズはアンモニウム塩の投入が間違いなく収穫量を増やすことを証明したのである。リービッヒは特許を取得していた化学肥料（「リービッヒ肥料」）が失敗したこともあり――しかも、その原因は窒素成分が少なすぎたからであった――、ローズは窒素を含まない鉱物肥料は収穫高を増大させることはできないという確信を強めていった（Lawes 1847: 243 f.）。そして、農家はなによりも土壌における窒素の枯渇に注意しなくてはならないとローズは結論づけたのである。なぜなら「この過程における窒素との比較においては、鉱物物質は過剰であるから」である（Lawes/Gilbert 1851: 23）。こうして、鉱物説と窒素説のあいだで、土地疲弊の原因をめぐる論争が繰り広げられることになる。

収穫は土壌の窒素量に比例するというローズの主張に対して、『農業における理論と実践』のなかでリービッヒは自らの無機質説を擁護しようとする。それによると、アンモニウム塩の投入は一時的に収穫量を増やすことができるかもしれないが、長期間でみれば、総収穫高は変わることがないという。ここでの問題は、「時間という要因」である（IISG, MEN, Sign B 93: 39）。マルクスは、リービッヒの反論を丁寧に抜粋している。

> アンモニアと炭酸、あるいはアンモニアのみの投入によって、一年の収穫が二倍になるとしたら、その耕地は五〇年で、アンモニアなしの場合に一〇〇年間でもたらされるのと同量の収穫をもたらすだろう。耕地は五〇年で、アンモニアなしの場合に一〇〇年分に匹敵する土地の成分を引き渡し、失うに違いない。アンモニアの使用によって、耕地は全体としてはアンモニアなしの場合より

も多く生み出すわけではなく、一定の時間内に多くを生み出すのである。(ebd.: 39)

リービッヒは植物の生育のためには、あらゆる栄養分が最低限の量以上存在していなくてはならないと考えた（「リービッヒの最小律」）。だが、アンモニアと異なって、無機質が岩石の風化といった自然作用で植物に利用可能になるまでには、かなりの長い時間が必要となる。それゆえ、リービッヒは肥料を用いて失われた土壌の無機質を補充することが不可欠であり、最小養分律を満たすためにはアンモニアだけでは足りないと考えた。それどころか、アンモニウム塩を投入するだけでは、土地の消耗を早めることになってしまう。というのも、植物はより多くの収穫物を届ける際に、窒素と一緒に、そのほかの無機質も——それらの土壌における量はずっと限られているにもかかわらず——土壌から吸収してしまうからだ。したがって、「この場合収穫高は、間違いなく土壌にある鉱物養分の量に比例している」(IISG, MEN, Sign. B 93: 38)。それゆえ、「耕作による土地疲弊は土地が毎年収穫物に譲り渡した鉱物部分の量・総計に正比例するのだ」(ebd.)。アンモニウム塩の過剰な投入は一時的には収穫高を増やすとしても、そのことが無機質の不足を引き起こしてしまうことで、最小律が破られ、土地が疲弊してしまうというのである。

だが、ここで注意しなくてはならないのは、こうした土地疲弊の可能性の指摘は、リービッヒが近代農業を批判的に捉えるようになったことをまったく意味しないという点である。というのも、リービッヒの警告はあくまでも窒素説との論争という文脈によって規定された戦略的なものだからである。ここでの見解の変更が戦略的なのは、リービッヒは依然として化学肥料の大量生産によって土地疲弊の問題が完全に克服可能だと考えているためだ。化学は新しい可能性を切り拓いているのであり、動物の糞尿を集めなくとも、より効率的に土壌の養分を補充することができるようになるとリービッヒは信じている。たとえ当時の化学のレベルでは理想的な化学肥料を必要なだけ廉価に製造することが不可能であっても、じきに「農業にとっての新しい時代が開始する」はずだとリービッヒは考える。

ここで、リービッヒは単なる化学者ではなく、化学肥料の特許なども積極的に獲得している資本家でもあったことを思い出そう。リービッヒにとって鉱物説を擁護することは、単なる学問的な関心からだけでなく、鉱物肥料に投資していた資本家としての利害関心にとっても重要だったのである。それゆえ、リービッヒは四〇年代よりもさらに楽観的な調子で、次のように書いている。

> この肥料の利用は、現実には存在しなかった前提上に打ち立てられていたことを喜んで告白しよう。この肥料は農業における全面的な革命を目指している。堆肥は完全に要らなくなり、そして収穫物において取り去られるあらゆる鉱物部分は鉱物肥料によって補充されるだろう。現在のような輪作もなくなるはずだ。〔……〕肥料は、一つの同じ耕地で、休耕もなく、疲弊もなしに、同じ植物、クローバ、小麦などを、農場経営者の意志と必要にしたがって耕作するための手段を与えてくれるだろう。(Liebig 1856: 59 f.)

同時期に出版された『農芸化学の根本命題』においても、リービッヒは同様の予言を行っている。

われわれの時代の科学的農業にふさわしい課題は、作物を輪作する代わりに、適切な肥料の交代で置き換えることである。そうすることで農場経営者はみずからの各々の耕地で、その状況と目的に応じて、もっとも有利な利用ができる農作物を栽培できるようになる。(Liebig 1855: 35 f.)

化学肥料によって、休耕も輪作もなしに、そして、土壌ごとの特性も関係なしに、市場でもっとも有利に販売することのできる作物を最大限に育てることを可能にするのが、一九世紀の農業革命の目指すところであった。ここには、ローズとの論争の結果として、以前よりもさらに強まったリービッヒの楽観主義を見出すことができる。だが、ここに「鉱物肥料の過大評価」(Müller/Klemm 1988: 88) があるのは否定しがたい。なにより、自然の限界を認めずに、人間の欲求にしたがって自由に変容を加えることができるという道具的な自然把握のうちに、環境思想を見出すことはできない。

こうした状況を顧みれば、マルクスが一八六三年の段階でリービッヒを入念に読んでいたとしても、近代農業の否定的性格を「掠奪農業」として批判しなかったことは納得がいく。それゆえ、草稿のなかで、「均衡の攪乱」によって生じる土地疲弊の可能性に言及している箇所があったとしても (MEGA II/3: 1445)、全体的な議論の調子は依然として楽観的な印象を与えるのだ。物質代謝の攪乱を資本主義の中心的矛盾として展開するための土台をリービッヒに見出すことができなかったのだから、それもやむをえない。だが、こうした近代主義的な楽観論を大きく改めるきっかけとなるのも、やはりリービッヒであった。

『農芸化学』第七版における「掠奪農業」批判

『資本論』第三部草稿の「地代」章を書き上げた後に、マルクスは一八六六年二月十三日付のエンゲルス宛の手紙の中で、リービッヒとシェーンバインの農芸化学における功績は地代論にとって「すべての経済学者をまとめてもそれ以上に重要」だと述べ、近年の研究が「僕の研究を完全に確証しつつ、なしとげられた」ことを喜んでいる（MEW 31: 178）。マルクスは、地代論の執筆にあたって、リービッヒの著作から三度目の抜粋を行っているが、なにを見出したのだろうか？

一八六二年に刊行されたリービッヒの『農芸化学』第七版は、新たに書き下ろされた一〇〇ページ以上の序論を付け足している［7］。そのなかで、リービッヒは最大限の利潤を獲得するために土壌の無機質を奪い去り、農業の持続可能性を破壊してしまう「掠奪農業」に対する批判を全面的に展開した。本章の冒頭で引用したマルクスの発言に影響を与えているのは、例えば、次のような指摘である。「いかなる土地も継続的に穀物を輸出することだけによってではなく、人々が都市に集積する物質代謝の産物を無駄にして失ってしまうことで、貧しくならざるをえない」（MEGA IV/18: 129）。産業化による労働者人口の増大は食料需要を飛躍的に増大させたが、都市で消費される食料に含まれる土壌の栄養分はけっして

［7］ちなみに、『農芸化学』第七版には、北海道大学図書刊行会から出版された吉田武彦による翻訳が存在するが、極めて杜撰な翻訳であり、リービッヒの理解には役に立たない。

元の土壌に戻ってくることがない。また、農場経営者は利益をあげるために、休耕もせずに底土を掘り返しては連作し、すべての収穫物のみならず、肥料として販売できるならば、本来自らの土地へと戻されるべき干し草や骨粉も販売してしまう。こうして土壌養分の循環は乱され、持続可能性の条件は切り崩される。リービッヒはこうした短絡的な振舞いを「掠奪農業」として批判したのである。

つまり、リービッヒによれば、近代農業の生産力の上昇は見かけ上のものにすぎず、土地から掠奪する技術の進歩にほかならない。例えば、マルクスは次のような発言をさらにノートに書き留めている。

> 土地の耕作——ここでは灌漑や堆肥の利用も考慮されないといけない——によって目指される収穫高の上昇は、当然、持続性をもつことができない。より多くの収穫は、耕地の栄養が豊かになったということによってではなく、より早く貧しくするための技巧に依拠してもたらされているのである。(MEGA IV/18: 133)

今回は化学肥料という解決策を打ち出すことなく、さらに続けて、リービッヒは次のように述べる。「労働それ自体が土地をどんどん貧しくし、最終的には消耗させてしまうということは誰にとっても明らかである。労働によってなにも土地へ返さずに、常に穀物へと取り去ってしまうということを知っているのだから」(MEGA IV/18: 130)。掠奪農業は土壌の肥沃さを維持することなど考えずに、ただ最大限の利潤を獲得すべく、自然の無償の力を絞り尽くすのである。

ここで注目すべきは、リービッヒの掠奪農業批判は、かつてのような化学肥料による解決という楽観論を伴っていないという事実である。むしろ、リービッヒは土地から取り去った栄養分は必ず土地に戻さなくてはいけないという「充足律（Gesetz des Ersatzes）」を無視する振る舞いを、人類に対する罪としてはっきりと非難している。「今日の世代が自然の諸法則を破壊する権利をもっていると信じているとしたら、それはまさに最も賢明な自然法則の一つを侵害していることになる。すでに循環しているものは現在に属しているし、現在のものである。それに対して、土地がその胎内に隠しているものは、現在の財産ではない。というのも、それは将来の人類のものだからである」(MEGA IV/18: 133)。

「大工業」章の物質代謝の攪乱についての一節が、リービッヒのこうした記述に依拠していることは明らかだろう。リービッヒによれば、都市と農村の近代特有の関係が、自然の物質代謝のサイクルを阻害する敵対的なものになっているのである。「イングランドの多くの都市における水洗トイレの導入は、三五〇万人の食物の再生産のための条件を毎年再生不可能な形で無駄にするという結果」を引き起こしているという（MEGA IV/18: 142)。それゆえ、リービッヒは、都市の手洗い問題の解決に「農業と文明の発展がかかっている」とまで述べたのだった（ebd.: 134)。

この都市と農村の対立に注目すると、マルクスがなぜリービッヒを高く評価したかを理解することができる。『ド・イデ』以来マルクスがテーマにしてきた「都市と農村の対立」にまさに新たな自然科学的表現が与えられているのである。

物質的労働と精神的労働との分業の最たるものは、都市と農村の分離である。〔……〕都市と農村の対立は、私的所有の枠内においてのみ存在することができる。この対立は、個人が分業の下に、押

しつけられた特定の活動の下に、服従していることの顕著な表現である。(MEGA I/5: 7ᵢ)

しかも、リービッヒによれば、こうした都市と農村の対立は一国内での話にとどまらず、グアノや骨粉の輸入という形で、資本主義の「中心」と「周縁」との対立へ拡大していく。大量の資源輸出はイングランドの地力を維持する一方で――それも一時的な効果しかもたないが――、他国の持続可能な生産の条件が破壊されることで、物質代謝の亀裂は世界的な規模で深刻化することになる。

イギリスはあらゆる国の肥沃さの条件を掠奪する。イギリスはすでに、ライプツィヒ、ワーテルロー、クリミアの戦場を骨を求めてひっくり返し、シチリアの地下墓地に蓄積した何世代もの骸骨を使い果たし、さらに毎年三五〇万人の将来世代が回帰〔するための条件〕を破壊している。説得力ある理由もなく、自らのための持続的な効用もないのに、イギリスは吸血鬼のようにヨーロッパや世界の背中に張り付いて、心血を吸いつくそうとしている。(MEGA IV/18: 143)

リービッヒは掠奪のシステムを近代特有の問題として捉え、その解決策に、人類全体の存続がかかっているると問題提起したのであった。その結果、掠奪農業を資本主義社会の矛盾として把握するようになったマルクスは、リカードやマルサスの逓減法則についてもこれまでとは異なったアプローチを取るようになる。というのも、マルクスは以前のように単に楽観的な農業発展の可能性を対置することによって批判するのではなく、むしろ、自らの経済学批判の方法にならって、リカードが非歴史的なものとして定式化した法則からその外見をはぎ取って、逓減的な収穫を生むことになる資本主義的生産の歴史的特殊性を掠奪として明らかにするようになっているのだ。こうして、マルクスは、資本主義の破壊的な帰結として土地疲弊や自然資源の枯渇を研究するようになっていく。

さらに、同時期に作成されたジョンストンの『北アメリカについてのノート』からの抜粋もまたリービッヒ抜粋と同じ論調を帯びている。先に見たように『エコノミスト』誌の記事やケアリの著作を一八五一年に読んだ際には、マルクスは合衆国における土地疲弊の具体的状態にほとんど関心を払っていなかった。しかし、「これは掠奪農業の自然法則的な成り行きであり、北アメリカにおいてほど大規模で推し進められているところは他にない」(MEGA IV/18: 141) というリービッヒの指摘を抜粋したマルクスは、アメリカの状況についても大きな関心を寄せるようになる。

リービッヒはケアリからも影響を受けて、アメリカの掠奪農業のあり方を詳しく描いている。

北アメリカにおける農業の歴史は数えきれないほどの反駁不可能な事実を知らしめている。それらが描くのは、休耕や肥料なしに耕地から、穀物や商業用植物の収穫をえることができるのが、どれほどの比較的短い期間であるかということである。数世代にもならないうちに、数千年かけて蓄積されてきた土壌の植物栄養素の余剰はすでに枯渇し、肥料なしには割に合う収穫をもたらさなくなる。〔……〕コネチカット、マサチューセッツ、ロードアイランド、ニューハンプシャー、メイン、バーモントを合わせると、十年間で(一八四〇~一八五〇年)、小麦の収穫は半分になり、ジャガイモの収穫は三分の一減り、テネシー、ケンタッキー、ジョージア、アラバマならびにニューヨークで

も小麦の収穫は以前と比べると半分になっている。(MEGA IV/18: 138)

こうした記述に触発されて、普段旅行記の類いを読まないにもかかわらず (MEW 31: 178)、マルクスはジョンストンの旅行記『北アメリカについてのノート』を読み始める。しかも、この時は『ロンドン・ノート』とは異なり、掠奪農業によって急速に疲弊しつつある合衆国の現状を注意深く抜粋しているのだ。そのことは、後にノートを整理した際に、マルクスがジョンストンからの抜粋に、「北アメリカにおける疲弊のシステム」という特徴付けを与えていることからもわかる (MEGA II/4.3: 239)。そして、マルクスは次のような一文で、ジョンストンからの抜粋を始めている。「実際、北アメリカの一般的なシステムは、市場が見つけられて売ることのできるものは全て売り (干し草、穀物、ジャガイモなど)、そして土地へと何かを代わりに戻すための手間はまったくかけない」(MEGA IV/18: 311)。以前はケアリによる同様の指摘を抜粋していなかったことからも、マルクスの認識が大きく変わっていることがわかるだろう。

当時のアメリカにはまだ未開拓の土地が多く存在しており、利潤だけを求めるアメリカの農場経営者にとって土壌の適切な管理を伴う合理的な農業を営む動機は存在しなかった。なぜならば、「不注意で無思慮な農場経営の習慣が……こうして導入されるならば……古い土地を回復させるよりも、新しい土地を開墾し、作付けした方が安上がりでより多くの利潤をもたらすからである」(MEGA IV/18: 312)。結果として、農場経営者は子供のために土地を維持・改良するための関心も持っていない。「所有者は販売する際に希望する……価格を既に心のなかで決めている。そしてその金を使って、より西部に行くことで、彼自身と家族のためによりよい生活ができると考えている」からだ (ebd.)。ジョンストンはこうした状況のもとでは、遅かれ早かれ北アメリカの農業は「完全な疲弊状態」(MEGA IV/18: 317)に陥らざるをえないと結論づけたのだった。

農業が私的所有の独占のもとで営まれる以上、短期間で地力を搾り取る方がより大きな利潤をもたらす場合には、掠奪農業が社会で一般化してしまう。それはちょうど、工場の労働者たちが、肉体的・精神的疲弊など考慮されずに剰余価値を搾り取るために酷使された状況に似ている。さらに、資本は労働者の生活の破壊に対して補償を行わないのと同様に、土地の自然力も無償の力として酷使され、その疲弊に対しては必要な対策が取られない。一九世紀において大きな社会問題となっていた土地疲弊は、資本が素材的世界を無視して、持続的生産のための物質的条件を破壊していくという物質代謝の亀裂の顕現にほかならない。

だが、マルクスはジョンストンに全面的に賛同しているわけではない。なぜなら、こうした矛盾に直面した「非常に保守的な農芸化学者(!)」(MEGA II/4.2: 670)であるジョンストンは繰り返し、それが一時的な必要悪であると述べ、正当化を試みるからだ。「荒れ地を開墾しては新しい土地を疲弊させる農場経営者階級の移住は、新興国における農村の発展にとってある種の必然性をもっている。それは悔いるよりも喜ぶべきことである」(Johnston 1851: 54)。興味深いことに、北アメリカの疲弊のシステムの具体的叙述に注意を向けるマルクスは、この文章の直前で引用を止めている。また、ジョンストンが資本主義における技術の発展にともなって土地疲弊の問題が解決するという希望を繰り返すほかの部分についても抜粋を行っていないのである。

掠奪農業に反対して、マルクスは『資本論』のなかで、将来の世代のための地力の維持と持続的な改良をはっきりと要求している。

> より高度の経済的社会構成体の立場からは、個々の個人による地球の私的所有は、ある人間による他の人間の私的所有と同様にまったくばかげたものとして現れるであろう。一社会全体さえ、一国民でさえ、いな、同時代のすべての社会を一緒にしたものでさえ、大地の所有者ではない。それらは大地の占有者、土地の用益者にすぎないのであり、よき家長者たちとして、これを改良して次の世代に遺さなければならない。(MEGA II/4.2: 718)〔8〕

マルクスは自然化学の意識的応用による「合理的農業」の重要性を以前と同様にはっきりと認めている。他方で、マルクスが明確に強調するようになっているのは、短期的な農業生産性の増大はけっして「改良」として無批判的に賞賛されてはならないという点である。なぜなら、土地の素材的制限を無視した掠奪農業は土地を遅かれ早かれ疲弊させてしまうからである。つまり、持続可能なき生産性の増大は、「掠奪」なのである。それゆえ、「生産力」の概念には持続可能性という観点が含まれなくてはならない。

そう考えると、北アメリカの農業は生産力の発展を実現することができていない。北アメリカの大地を疲弊させているのは、けっして農業が前近代的なやり方で営まれているからではなく、むしろ資本主義的な利潤獲得のための生産が行われるために——リービッヒが述べているように——「荒削りな掠奪を掠奪の技巧」へと発展させたためである(MEGA IV/18: 141)。マルクスはリービッヒとジョンストンの主張をまとめて、『資本論』で次のように述べている。

資本主義のあらゆる進歩は、労働者から掠奪する技術における進歩であるだけでなく、同時に土地から掠奪する技巧における進歩でもあり、一定期間のあいだ土地の肥沃度を増大させるためのあらゆる進歩は、同時に、この肥沃度の持続的源泉を破壊するための進歩である。ある国が、たとえば北アメリカ合衆国のように、その発展の背景として大工業から出発すればするほど、この破壊過程はますます急速に進行する。(MEGA II/6: 477)

ジョンストンや『エコノミスト』誌の見解とは異なり、アメリカの掠奪農業は前資本主義的野蛮さの産物ではなく、むしろ資本主義的発展の産物なのである。マルクスは以上の議論を次のようにまとめ、資本主義の発展とともに事態が深刻化することを強調している。

大土地所有は労働力を、最後の地域――労働力の自然発生的なエネルギーがそこに避難し、それが諸国民の生命力の再生のための予備ファンドとしてそこで蓄えられる最後の地域――である農村そのものにおいて破壊する。両者、すなわち大工業と工業的に経営される農業とが手を取り合う。両者をはじめに区別するのが、前者がむしろ労働力、それゆえ人間の自然力を荒廃させ破滅させ、後

［8］ Benton (2007: 98) はこの一節にさえ、マルクスの自然支配へのプロメテウス主義的希望が表現されたものだとしているが、説得力を欠いている。

者がむしろ直接に土地の自然力を荒廃させ破滅させることであるとすれば、その後の進展においては、両者は手を取り合う。というのは、工業システムは農村でも労働者たちを衰弱させ、工業と商業のほうは農業に土地を疲弊させる諸手段を与えるからである。(MEGA II/4/2: 753)

ここには、以前のような楽観主義を見出すことはできない。それどころか、マルクスは、この破壊的な過程が資本主義の発展とともに世界的な規模で進行するようになることを警告している。この点について、最後に見ていきたい[9]。

環境帝国主義とグローバル環境危機

『資本論』で、マルクスは自然力の疲弊に対する対策の一つを挙げている。

日々ますます威嚇的に膨れ上がる労働運動を度外視すれば、この工場労働規制は、イギリスの畑地にグアノを注ぎ込んだのと同じ必然性によって、余儀なく行われたのである。この同じ盲目的な掠奪欲が、一方の場合に土地を疲弊させ、他方の場合には国民の生命力の根源をすでに襲っていた。(MEGA II/6: 245)

「盲目的な掠奪欲」に対する対策として労働日の制限をマルクスが高く評価していたことはすでに見た。資本家たちも、階級理性に従えば、労働者たちの再生産を不可能にするような掠奪を継続するわけにはいかず、標準労働日の制定を受け入れたのだった。同様に、イングランドの農場経営者たちは土地の肥沃さを維持するために、グアノを畑地に散布することを強いられる。だが、このことは、労働日規制のような社会的前進をもたらさない。むしろ、グアノの使用は、資本主義的農業経営の矛盾を深刻化してしまう。ここに、資本主義が乗り越えることのできない自然的限界が存在しているのであり、このことを定式化するにあたってもリービッヒが重要な役割を果たしている。

グアノとは南アメリカの沿岸部で採掘できる海鳥の糞や死骸などの堆積物であるが、それがヨーロッパに輸入されるようになったのには、アレクサンダー・フォン・フンボルトが関わっている。フンボルトは一八〇二年にペルーに滞在した時、現地の農民がグアノを肥料として使用しているのに気が付いた。ヨーロッパの農業にも利用できるのではないかと考えたフンボルトはチンチャ諸島からグアノの塊

［9］ 歴史的にみれば、地力疲弊の問題はハーバー・ボッシュ法によってアンモニアの大量生産が可能となり、窒素肥料の生産量が飛躍的に増大することによって「解決」されたといえる。だが、化学肥料への過度の依存は土地を硬化させ、排水性や保湿性を失わせるばかりでなく、害虫による被害を増大させることにもなる。また土壌に残った窒素化合物が環境中に流出することで赤潮を引き起したり、硝酸態窒素が環境汚染の原因となったりと、別の環境問題が生じている。なぜならば物質代謝の「亀裂」は修繕されることがなく、せいぜい別の問題へと「移転」されているに過ぎないからだ（Clark/York 2008）。同様の亀裂と移転をめぐる問題は、化石燃料やレアメタルといった採掘産業にも当てはまるだろう。価値が人間と自然の物質代謝を考慮することができない以上、持続可能な生産の実現は常に大きな困難に直面する。その限りで、マルクスの価値論と物質代謝論の融合は、資本主義という掠奪のシステムを批判するための方法論的基礎を提供しているのである。

を持ち帰り、農場で実験を行った。その目論みは当たり、リンや窒素といった成分を多く含むグアノはヨーロッパを地力疲弊から救う救世主として、大量に南アメリカから輸入されるようになったのである。そしてその後しばらくの間は、グアノによる農業経営はうまくいっているように見えた――グアノが枯渇してしまうまでは。

グアノの枯渇はすでに一八五〇年代初頭にイングランド議会において「八～九年で枯渇する」(MEGA IV/18: 141) とはっきりと警告されていたにもかかわらず、その後もグアノの浪費は続いた。グアノのイングランドへの輸入量は増え続け、一八五九年には、その量は年間二八万六千トンにまでなったのだった。その結果、『農芸化学』第七版「序論」では、リービッヒのグアノ使用に対する評価も変化を見せるようになっていく。第四版では、グアノの輸入をリービッヒはほとんど問題にしておらず、ジョンストンと同様、少量のグアノが貧しい土地を飛躍的に豊かにすることができると指摘していた (Liebig 1842: 75)。むしろ、グアノの有効性がそのなかに多く含まれる無機質のためであるとすれば、それはみずからの鉱物説の証明に役立つものだったのである。それに対して、第七版では、掠奪農業が単に地力を疲弊させるのみならず、南米の天然資源も急速に奪い尽くそうとする事態がはっきりと批判されるようになっている。リービッヒによれば、天然肥料の大量輸入によって地力を維持しようとする試みは、せいぜい土地疲弊をわずかばかり先の未来へと先延ばしできるにすぎない。生産規模の拡大とともに、必要となるグアノの量はますます増大するのであり、自然資源が回復する時間と資本が必要とする量の乖離が拡大していき、グアノの枯渇と土地疲弊は不可避な結果になると警告したのだ。

ここでの問題は、物質代謝の亀裂が世界規模の問題となっていることだ。グアノの枯渇に直面して、イングランドとアメリカ合衆国は貴重なグアノと硝石の資源をめぐってのペルー沖のみならず、南アメリカ大陸の諸島をめぐる領土争いを繰り広げるようになっていった。アメリカ議会は一八五六年にグアノ資源のある島の併合をアメリカ市民に認める「グアノ島法」を可決し、太平洋上の島々を占有したのである。こうした帝国主義的掠奪は、自然資源も食いつくし、生態系を攪乱していく。例えば、フンボルトペンギンはグアノのなかに巣を作る習性をもっているため、グアノの掠奪は、ペンギンの繁殖を著しく困難なものとした。さらには、グアノ採掘は海鳥の巣そのものも破壊してしまうことで、海鳥も激減してしまう。また、植民地下では深刻な経済的・政治的不平等が生まれ、グアノ採掘のために原住民の生活が破壊されたのみならず、中国人の苦力《クーリー》も劣悪な環境で働かせたのだった（Clark/Foster 2009: 318 ff.）。

物質の循環に亀裂の入った資本主義における掠奪と乱費のシステムは、生産力と輸送手段の発展とともに、世界市場上の商品交換と植民地支配を通じた暴力による収奪によって、ますます大量の自然資源を資本蓄積のために利用しようとする。だが、そうした自然資源の利用は、土地の肥沃度や自然資源をかつてない世界的規模で枯渇させ、より暴力的な争いを生み出す。最終的に、「環境帝国主義（ecological imperialism）」はグローバルな物質代謝の亀裂を生み出し、グアノ戦争や硝石戦争が勃発することとなったのである。

リービッヒが正しく予測したように、「グアノ帝国主義」と呼ばれるグアノ資源の掠奪は、土地の肥沃度の維持にはつながらず、グアノも枯渇した。エコロジー的観点からすれば、それは物質代謝の亀裂を世界規模へと拡張し、近代の矛盾を一層深刻化させたにすぎない。南米から奪われた大量のグアノは、北アメリカで小麦栽培のために使用され、最終的に小麦はイングランドの大都市へ輸出された。土壌養分は元の場所に戻ることなく、ロンドンで労働者たちによって食料として消費され、排せつ物はテムズ川に排水としてそのまま流された。その結果、ロンドンの街には汚臭が漂い、コレラも蔓延して、都市の生活環境を著しく悪化させたのだった（Liebig 1865）。

環境帝国主義の問題は、南米のグアノ採掘に限られない。リービッヒに言及しながら、マルクスは『資本論』で国際的な穀物取引から生じる危険性について次のように述べている。

こうして大土地所有は、社会的な物質代謝と自然的な、土地の自然諸法則に規定された物質代謝の連関のなかに修復不可能な亀裂を生じさせる諸条件を生み出すのであり、その結果、地力が浪費され、この浪費は商業を通じて自国の国境を越えて遠くまで広められる（リービッヒ）。（MEGA II/4.2: 752 f.）

マルクスは、都市人口の増大だけでなく、国際貿易の発達による物質代謝の亀裂を資本の内在的傾向性として把握している。つまり、マルクスは有限な資源の浪費が常態となることを予測していたのだ。世界的な物質代謝の亀裂の危険性を認識していたマルクスは、新たなリービッヒ研究を通じて、『ロンドン・ノート』の時よりもいっそう洗練されたリカード批判を展開するようになる。つまり、科学的根拠のない収穫逓減の法則を批判するのみならず、いまや、穀物価格上昇に対する解決策に見られるリカードの自然観そのものをマルクスは退けるのである（福冨 1989: 217 f.）。リカードは人口の増大に伴い穀物需要が増えるにつれ、劣等地の耕作が増大し、その結果として穀物価格が高騰し、その影響で労賃と地代が上昇することで、利潤率が低下するとした。こうした資本蓄積に対する自然的制限を取り除くために、リカードは穀物法の廃止を支持し、食物への需要増大には外国からの安価な穀物を輸入することで対応し、イングランド国内では、不毛な土地を耕すことよりも工業化を優先すべきだとしたのだった。

マルクスは以前から、リカードの議論が追加的資本の生産性の相対的減少を論じる際に、「土壌の根源的な、不滅の力」を想定し（Ricardo 1951: 67）、土地疲弊の問題を扱っていないことを問題視していたが、この点を十分に展開することはしなかった（MEGA II/3: 888）。だが、『資本論』ではリービッヒに言及しながら、穀物の国際取引が国境を超えた地力の乱費にほかならないことをはっきりと批判するようになっている。リカードの考えるように北アメリカや東欧からの穀物輸入は英国の経済発展を一時的に助けるかもしれないが、都市と農業の対立という資本主義の根本的矛盾を解決することはない。むしろ、穀物などの国際輸送は土壌養分の循環をより一層困難にし、地力の乱費を促進することで、人間と自然の物質代謝に世界規模の「修復不可能な亀裂」を作り出してしまう。資本蓄積への際限のない欲求が、人間が自然との合理的で、持続可能な関わり合いを取り結ぶことを妨げる限りにおいて、資本主義の対抗策は利潤を増やしはしても、物質代謝の亀裂をけっして縫合することができない。資本の論理に従って生み出された世界は、最終的には素材的世界の限界に衝突し、深刻な環境危機を引き起こすのである。

マルクスの分析によれば、こうした問題は、農業生産物と原料が継続的に中心部に向かって運び出される周縁部においてこそ、よりはっきりと現れてくる。例えば、『資本論』で指摘されるのは、アイルランドの植民地支配から生じる土地疲弊である。「生産物がエーカーあたり相対的に減少しているとすれば、忘れてはならないのは、イングランドがここ一世紀半このかたアイルランドの土地を間接的に輸出した――その耕作者に土地成分の補充手段すらも与えずに――ということである」(MEGA II/6: 637)。アイルランドにおいては、人々の耕作地がエンクロージャーによって、強制的に利潤の高い牧場へと転化させられる一方で、急速な人口減少は多くの土地が耕作されずに放置される状況を生み出した。そして収穫物はイングランドへ輸出されることで、地力は低下し続けたのである。一九世紀の「農業革命」の成果はアイルランドでは深刻な貧困の増大であった。

農業革命の第一幕は、作業地に設けられた小屋を、最大の規模で、また上から与えられた標語に従ってでもいるかのように、取り払うことであった。こうして多くの労働者は、村や都市に避難場所を求めることを余儀なくされた。この行く先で彼らは、廃品のように、屋根裏部屋や穴や地下室や、最悪地区の避難場所に投げ込まれた。〔……〕男たちはいまや、付近の借地農業経営者のもとで仕事を求めなければならず、しかも日ぎめでのみ、したがってもっとも心もとない賃金形態で雇われる。(MEGA II/8: 662)

物質代謝の亀裂に基づく生産性の「進歩」は、資本主義の周縁では人々の生活の破壊に結び付いている。人口が減少する一方で、牛の数は増えていき、数多くの移民を生み出しただけでなく、アイルランド人のあいだに、聴覚障害、視覚障害、さらには精神疾患などをもたらしたのだった(Herres 2012)。それでもこうした農業革命は剰余生産物と地代を増やしたという限りで、資本の観点からすれば、「成功」

だったのである。

だが、その非合理性は明らかだろう。牧草地への転換によって、それまで土地を管理してきた借地人たちが追い出されてしまい、さらにイングランドへの酪農生産物の輸出が継続することで、土壌疲弊は加速的に悪化していった（Slater/McDonough 2008: 169 f.）。こうした状況を前に、マルクスはリービッヒの理論をアイルランドの現状分析へ適用して、次のように述べている。「したがって結果は、現地民が徐々に追い出されていくこと、そして、国民の生命の源泉、つまり土壌が徐々に衰え、疲弊していくことである」（MEGA I/21: 19）。イングランドの植民支配は「アイルランドにイングランドの農業の戯画」を作り出したが（ebd.: 28）、それは、工業化を伴わない土地疲弊と人口の窮乏化にすぎなかったのである。

同様の事態はインドにおいても生じている。イングランドの支配はインドの伝統的共同体を破壊したが、近代化の肯定的な面はここでも実現されなかった。

ここ〔インド〕では、生産様式の広範な基盤が小農業と家内工業との統一によって形成されており、その場合インドではさらに、自給の共同体の形態が加わる。インドでは、イギリス人は、これらの小さな経済的共同体を粉砕するために、支配者および地代生活者として、彼らの直接的な政治的権力と経済的権力とを同時に行使した。（MEGA II/4.2: 407）

ベンガル州においても、この「経済的実験」を通じて、「イングランドの大土地所有の戯画」がもたらされたが（MEGA II/4.2: 407）、その結果はアイルランドと同様、近代化なき、伝統的共同体の解体であった。さらに、共同体の解体とともに、伝統的な農地管理をめぐる知や慣習が失われていく。例えば、インドにおいては、水の貯蔵と灌漑についての知が解体され、一八六六年にはイギリス人による不適切な水の管理が原因で、オリッサにおいて「一〇〇万人以上のヒンズー人の生命を犠牲にした」大規模の飢饉が生じることとなったのである(MEGA II/6: 483)。

リカードやマルサスとは異なった形で、マルクスは資本主義的生産関係の「進歩」が、どのような破壊的な帰結を生み出すかに細心の注意を払っていた。海外から穀物を輸入するだけでは、国内の矛盾は一時的に緩和されるかもしれないが、世界的な規模で見た場合、むしろ物質代謝の亀裂は深くなり、その矛盾を克服しようとする資本の試みは、より残酷で、暴力的な形で現れ出てくる。この矛盾を直視しない限りで、リカードの解決策は自民族中心主義的な見方にとらわれている。かつて、マルクスは『ニューヨーク・デイリー・トリビューン』で刊行された悪名高いインド論のなかで、イギリスの植民地支配がもたらす肯定的な作用を指摘していた(Ghosh 1984)。だが、『資本論』においては、そのような「偉大なる資本の文明化作用」についての賛美は影を潜め、むしろ、資本の支配が否定的で破壊的な帰結こそがはっきりと批判されるようになっているのである。

それゆえ、マルクスは自然のもつ素材的限界内での持続的生産を可能にするための条件は資本主義そのものの克服にあると唱えた。「歴史の教訓は、農業を別の見地から考察してもわかるように、ブルジョア的制度は合理的農業に反抗し、農業はブルジョア的制度と相容れない(ブルジョア的制度は農業の技術的発展を促進するとはいえ)ということであり、自らの労働する小農の手か、アソシエイトした生産者たちの管理を要するということである」(MEGA II/4.2: 191)。ここでもはっきりと述べられているように、マルクスの解決策は、「アソシエイトした生産者たち」による合理的で、意識的な物質代謝の管理であり、「都市と農村の対立」の克服である。

もちろん、マルクスは近代の自然科学と技術学が、たとえば化学肥料や排水設備などを改良することで、合理的な物質代謝の管理のための物質的条件を準備することをはっきりと評価している。しかしながら資本主義においては、その自然科学やテクノロジーの発展そのものが自然の無償の力を搾り取るために一面的に発展させられる傾向があるために、その適用はむしろ地力や資源の乱費を促進してしまう。その結果、「交代する人間の世代の連鎖の譲ることのできない生存と再生産の条件としての土地」(MEGA II/4.2: 752) を意識的、合理的に扱う可能性は奪い去られてしまうのだ。この自然からの疎外が資本主義システムの正統性を長期的には揺るがさずにはいないことを、マルクスは資本による素材的世界の包摂の矛盾として把握し、より主体的で、自覚的な自然との物質代謝の管理を目指す「並外れた意識」(MEGA II/3: 2287) が実践レベルで形成されることを構想していたのである。

それゆえ、これまで何度も繰り返されてきた「生産力至上主義」や「プロメテウス主義」といった批判とは反対に、『資本論』でむしろ強調されているのは、独自の素材的制限を持つ外的自然に人間の生存が本質的に依存しているからこそ、社会はその制限に沿って意識的な生産を行わなければならないということである。社会と自然の自由な共生的な発展を可能にするというエコ社会主義の基本原則がこうして『資本論』にも根づいていることがわかる。それに対して、人間と自然の物質代謝を大きく攪乱し、人類の生存条件を脅かしているにもかかわらず有効な対策をさらなる技術の進歩以外には見いだすことのできない資本主義こそが、プロメテウス主義に陥っているのである。

以上のように、マルクスの持続可能な農業観の形成にとって、リービッヒやジョンストンによる化学や地質学は重要な役割を果たした。こうして、かつての楽観主義と決別したマルクスは、『資本論』第一巻の刊行後も、より一層熱心に自然科学を研究し、さまざまな自然破壊や資源枯渇の問題についての知見を深めようとしたのである。しかし、マルクスはその知見を『資本論』へと十分に取り込むことができないままに力尽きてしまった。したがって、『資本論』第一巻において展開されているエコロジー的観点が晩年の自然科学研究によっていかにして深められたかを知るための手がかりは抜粋ノートの中にいまも眠ったままである。その理論的意義をMEGA第四部のさらなる刊行を契機に明らかにし、マルクスの物質代謝論を展開することは、二一世紀のマルクス研究に課された理論的・実践的課題であるといえる。そこで、第三部ではこの課題に取り組んでいくことにしたい。

第三部

晩期マルクスの物質代謝論へ

第五章　エコロジーノートと物質代謝論の新地平

前章では、『資本論』刊行以前の抜粋ノートを検討することで、マルクスが若い頃の生産力至上主義を捨て去り、資本主義による自然の掠奪によって生じる物質代謝の「亀裂」を資本主義の矛盾として把握するようになった過程を再構築した。リービッヒ研究の成果が、すでに『資本論』第一巻において、自然資源の枯渇や地力の疲弊に対する批判として展開されるようになっていたのである。だがそれだけにとどまらず、マルクスは『資本論』第二部、第三部においても、「資本の回転」「利潤率」「地代」といった様々なテーマとの関連で、資本主義の矛盾が自然との関連においてどのような形で現れてくるかを分析しようとしていた。それゆえ、一八六八年以降により熱心に自然科学研究に取り組んだという事実は『資本論』からの逃避」ではなく、経済学批判をエコロジーという領域においてよりいっそう深める狙いがあったといえる（Vollgraf 1994）。とはいえ、残念なことに『資本論』第二部、第三部は未完のままに終わってしまい、そのエコロジカルな視座も完全には取り入れられることはなかった。だが、マルクスは膨大な抜粋ノートを残している。つまり、抜粋ノートそのものを検討することでしか見えてこない、晩年のマルクスの物質代謝論が存在するのである。

そこで第五章では、MEGA第四部門第一八巻で刊行される一八六八年の自然科学抜粋ノートを検討し、マルクスの環境思想のさらなる発展を追想していく。この時期の抜粋ノートは『資本論』第一巻の出版前後の期間におけるマルクスの問題関心の急速な変化・転回を記録しており、晩年のマルクスが生物学、化学、地質学といった自然科学を熱心に勉強しなければならなかった理由の一端を垣間見せてくれる。それゆえ、これらのノートの内容をまったく検討せずに、マルクスのエコロジーがもつ意義を評価するのは早急である。事実、一八六八年のノートは、もし『資本論』が完成したなら、マルクスは人間と自然の物質代謝の攪乱という問題を資本主義の根本矛盾として扱ったという推測を根拠づけてくれるように思われる。裏を返せば、エコロジーがマルクスの経済学批判にとって中心的な位置を占めることが見逃されてきた一因は、先行研究がこれらの抜粋ノートを無視し続けてきたからにすぎない。ここでの鍵となるのが、ドイツ・ミュンヘンの農学者で、リービッヒの論敵であったフラースからの抜粋ノートである。

『資本論』とリービッヒ——再考

マルクスが『資本論』において展開した「掠奪農業」批判はリービッヒから大きな影響を受けて、資本主義的生産様式が「人間と土地とのあいだの物質代謝を〔……〕攪乱する」ことを指摘した（MEGA II/6: 476）。そして、この節につけられた注のなかで、マルクスはリービッヒの功績を絶賛したのだった。

「自然科学の立場からの近代農業の否定的側面の展開は、リービッヒの不朽の功績の一つである」。それゆえ、フォスターらはリービッヒの近代農業批判を「物質代謝の亀裂」論の理論モデルとして扱ってきたのである（Foster et al. 2011）。

とはいえ、先行研究は『資本論』第四版に依拠した現行版しか参照しておらず、『資本論』第一版（一八六七年）に注意を払ってこなかった。実は、第一版ではさらに続けて次のように言われている。「農業史にかんする彼〔＝リービッヒ〕の歴史上の概観も、粗雑な誤りがないわけではないが、現代のあらゆる経済学者の諸著作を合わせたよりも多くの光明を含んでいる」(MEGA II/5: 410、強調引用者)。『資本論』を注意深く読んでいる読者は、この文章が現行版と異なっていることに気がつくかもしれない［1］。実は、マルクスは一八七二・七三年の『資本論』第二版において、該当箇所を次のように変更しているのだ。「農業史にかんする彼の歴史上の概観も、粗雑な誤りがないわけではないが、光明を含んでいる」(MEGA II/6: 477、強調引用者)。つまり、マルクスは「現代のあらゆる経済学者の諸著作を合わせたよりも多くの」という部分を削除したのである。なぜマルクスは経済学との関連でリービッヒを絶賛していた箇所を控えめな表現に変更したのだろうか？

もちろん、こうした変更は些細なものであると考える人もいるかもしれない。リービッヒの専門分野ではない経済学に関する評価を改めることはそれほど重要ではなく、むしろ、農芸化学における貢献を

［1］とはいえ、MEGA編集者であるカール＝エーリッヒ・フォルグラーフが最近になってこの点を指摘するまで、この事実は看過されてきた（MEGA II/4.3: 461）。

しっかりと強調することの方が重要だというわけだ。だが、ここで注意しておかねばならないのは、当時、リービッヒによる掠奪農業批判は地代論や人口論との関連で経済学者たちによっても熱心に議論されていたという時代的背景であり、さらには、リービッヒ自身も自らの経済学への貢献を強調していたという事実だろう［2］。例えば、ロッシャーも『国民経済学体系』第二巻『農業および関連する基本産業の国民経済学』第四版（一八六五年）に新たに付け加えた注のなかで、「リービッヒの歴史的主張の多くが非常に疑わしく〔……〕、経済学的に重要ないくつかの事実を見逃しているとしても、それでもこの偉大な自然学者の名は、アレクサンダー・フンボルトの名と同様に、国民経済学史上においても名誉ある地位を占め続けるだろう」と述べている（Roscher 1865: 66、強調引用者）。マルクスはロッシャーの著作を一八六五年に読んだ結果として、リービッヒの『農芸化学』第七版を手に取った可能性が高いが、両者の似通った見解は当時の経済学者たちに共通するリービッヒに対する評価の一つを反映しているといえる。

リービッヒの掠奪農業批判がマルクスにとって重要だったのは、土地の生産力の低下をリカードやマルサスのように非歴史的な収穫逓減の法則として説明するのではなく、土壌から一方的に養分を取り去るだけの非合理的な資本主義的農業を「人間と大地との物質代謝の攪乱」として批判するための自然科学的基礎づけを提示したからであった。マルクスは地力の疲弊を資本主義的生産の矛盾として把握できるようになったと考え、『資本論』第一版の注で『農芸化学』を絶賛したのである。にもかかわらず、マルクスは第二版でリービッヒ評価を控えめなものに変更したのだ。マルクスはリービッヒの農芸化学、あるいは経済学上の貢献について何らかの疑念を持つようになったのだろうか？　だとすれば、それはいったいなぜなのだろうか？

実際、マルクスは『資本論』を刊行してからそれほど時間も経っていない一八六八年一月三日付のエンゲルス宛の手紙のなかで、化学者の友人カール・ショルレンマーに最新の農芸化学についての文献、とりわけ、リービッヒの論争をめぐる最新の文献を教えてくれるよう頼んだのだった。

ショルレンマーに、農芸化学の最新最良の本（ドイツ語のもの）はどれか、聞いてもらえないだろうか？　さらに、鉱物肥料論者と窒素肥料論者とのあいだの論争問題は今どうなっているのか、についても（最後に僕がこの問題を研究してから、ドイツではいろいろ新しいものが現れたのだ）。リービッヒの土地疲弊論にたいする反論を書いた近頃のドイツ人たちについて、ショルレンマーはなにか知っていないだろうか？　ミュンヘンの農学者フラース（ミュンヘン大学教授）の沖積理論を彼は知っているだろうか？　地代にかんする章のために、少なくともある程度までは、この問題の最近の事情を知っておきたいのだ。（MEW 32: 5）

この手紙は重要である。ここでのマルクスの要望は、当時の関心が何であったかを教えてくれるからだ。その質問からも明らかなように、マルクスは単に最新の農芸化学についての情報を得ようとしてい

［2］　実際、リービッヒ自身も「序説」の一節に「国民経済学と農業」というタイトルを付けて、その関連を意識している（Liebig 1862a: 134）。

ただけでなく、リービッヒの「鉱物説」や「土地疲弊論」に対する「反論」について知ろうとしているのである。そうしたなかでフラースの「沖積理論（Alluvionstheorie）」なるものへの関心が出てきているのがわかる。

事実、ヨーロッパ文明没落の危険性に警鐘を鳴らすリービッヒの土地疲弊論は、その妥当性をめぐって激しい論争を引き起こし、マルクスやロッシャー以外の経済学者たちもこの論争に加わった。リービッヒと同時代のドイツの農学者ユリウス・アウは当時の状況を次のように描いている。「リービッヒによって提起された問題は、あらゆる教養ある実践人たちのあいだでの時の話題となっていた。ほどなくして、ほぼすべての農業関連の集会の議題にあがるようになり、同時に、文筆家や出版社の投機にとってたくさんのもうけをもたらす源泉になったのだった」（Au 1869: 85）。

その際、一部の経済学者たちはリービッヒの警告に賛同したが、なかでも、ケアリは農業生産における土壌養分の浪費を批判し、そのような無責任な「大地からの掠奪」は将来の世代に対する深刻な「犯罪」であると訴えた。リービッヒはケアリの理論を知っており〔3〕、著作においてもケアリの本から長い引用を行っている。また、ケアリは、アメリカの農学者でありジョージ・E・ウェリングから引用している。「大地から養分という資本ストックを掠奪するために用いられる労働は、無駄にされる労働よりも悪質なものである。〔……〕人間は土地の借地人にすぎないのであり、将来にやってくるその他の借地人にとっての価値を減らしてしまう場合には罪を犯しているのである」（Carey 1858: 55; Waring 1999 [1857]: 306; Foster 2000: 152 f.）。前章でもみたように、ケアリは、生産者と消費者が近くに住んでいる場合には、地力は疲弊するどころか、人口の増大とともに、肥沃さを増すことができると考えていた。だが、現実には、アメリカの農業経営は広大な大陸に散らばった遠方の都市への輸送により、土壌から取った養分を元の土地に戻すことは困難になっているのみならず、イングランドへの穀物輸出によって、充足律を満たすことは不可能になっていたのである。

それゆえ、ケアリの掠奪農業批判はイギリスの帝国主義批判と結びついており、『資本論』と同じように、アイルランドやインドにおける土地疲弊を、植民地支配の問題と絡めて論じている。

アイルランドを横断する輸送設備はここ半世紀で大幅に増大した。だが、その改良が進むたびに、飢饉と伝染病の数と勢力が増したのである。〔……〕そのような改良のたびに、アソシエーションの力は減少し――土壌はより急速に貧しくなっていった――そして、いまや労働者たちは若き日々を過ごした故郷から逃げ出している。〔……〕いま、鉄道がインドの人々のために――インドの人々によってではない――建設されている。しかし、その結果はアイルランドで観察された結果と同じものにならざるをえない。鉄道建設の目的は、土地が生み出す原料のさらなる輸出の促進であり、貿易の中心化作用をよりいっそう拡張することである。土地疲弊の深刻化に続くのは、土地占有者たちのアソシエーションの力の減退であり、商業のより急速な減退である。(Carey 1858a: Bd. I, 367 f.)

〔3〕 ケアリとリービッヒは、デューリングが一八五九年にケアリをヨーロッパに招待した際に、個人的な面識を持つようになっていた（Kaplan 1931: 15)。

ケアリは、鉄道などのより廉価な輸送手段が発達することで、インドやアイルランドなどの周辺国からのイギリスへの輸出が増大し、土地疲弊の傾向性が強まり、さらには、自国での工業化が行われなくなることを警告している。ケアリは、「犯罪よりももっと酷いもの」として、短期的な利得のために周辺国の土地を荒らしてしまう植民地支配の不合理性を厳しく批判したのだった（Carey 1858a Bd I: 371）。『農芸化学』第七版を読んだ際に、マルクスがこうした連関に気が付いていたかは定かではないが、両者がリービッヒの議論を重要視していたのだから、その類似性は納得がいく。

だが、ケアリとリービッヒの理論的連関は一八六八年の初めにオイゲン・デューリングの著作を読んだ際に――それはデューリングが『資本論』についてのはじめての書評を書いたことをきっかけにするものであった――、マルクスにも明確に意識されるようになったに違いない。ベルリン大学の私講師だったデューリングは、フランスのフレデリック・バスティアと並んで、ヨーロッパでケアリの思想を熱心に支持した一人である。デューリングはリービッヒの理論をケアリの経済学体系に取り込み、生産者と消費者が互いに近距離に居住する自給自足的なタウン・コミュニティの構築と保護貿易の必要性を説いたのだった。つまり、長距離輸送がなければ、土壌の養分は再び元の土地に戻すことができ、地力が疲弊することなしに、農業と工業の調和した発展が実現するというわけである。その際に、デューリングは、リービッヒの土地疲弊論が「ケアリの体系の支柱を成している」と述べ（Dühring 1865: XV）、次のように続けた。

例えばアメリカではすでに極めて切迫したものになっているが、土地疲弊も自国の労働の保護と養成に照準を合わせた貿易政策によってしか継続的に対抗できない。なぜなら一国民のさまざまな設備の調和的発展が地域に根付いた固有の経済活動につながるのであり、それは物質の自然的循環を促進し、土地から取られたものを返すことで、植物の栄養が土地に返されるようになるからである。(ebd.: XIII)

『資本論』第三部草稿のなかで、マルクスは、農業と工業の対立の彼岸において、「アソシエイトした生産者たちが合理的に自然との物質代謝を制御する」ことを未来社会が実現しなくてはならない実践的課題として定式化していた(MEGA II/4/2: 838)。ところが、デューリングも同様の仕方で、浪費的な近代社会の生産に対する「唯一の対策」として、都市と農村の分離を克服したうえで実現されるべき「意識的な物質分配(Stoffvertheilung)の制御」を要求したのである(Dühring 1866: 230)。この文章を読んだ際、マルクスは自らの草稿における表現との近さに驚いたことだろう。もちろん、こうした類似性は、両者がリービッヒの「掠奪農業」批判から強い影響を受けていたことによるものである。よく知られているように、その後、マルクスのデューリングに対する態度は、政治的な理由から批判的なものになっていくが、そのこともまたマルクスが自らのリービッヒ受容を考え直すきっかけを与えたに違いない(Vollgraf 1987: 235)。また、マルクスはケアリを評価していなかった。それゆえ、マルクスは自然の物質代謝の攪乱をめぐる批判をはっきりとケアリやデューリングから区別した形で展開する必要性を痛感するようになっていく。そこでマルクスはすでに一八六八年には様々な観点からリービッヒの掠奪農業論を検討しようとし、その中で物質代謝論を大きく発展させることになる。

リービッヒと「マルサスの亡霊」

リービッヒの土地疲弊論が当時経済学者によって盛んに論じられていたのには、実際に土地疲弊が当時の大きな社会問題となっていたからだけでなく、それがマルサスの過剰人口論を復興させたという理由がある。デューリングの表現を借りれば、リービッヒはマルサスの食糧不足と過剰人口をめぐる古い言説に自然科学的な装いを与えることで、「マルサスの亡霊」(Dühring 1865: 67) を甦らせたのである〔4〕。マルクスがリービッヒの土地疲弊論についての反論をより丁寧に研究しなくてはならないと考えたきっかけの一つは、リービッヒの警告にマルサス主義的な主張が見え隠れすることに――『資本論』第一版刊行後に冷静になってから――気が付いたからなのである。

『農芸化学』第七版では、イギリス帝国主義が「吸血鬼」として批判されているが、充足律を無視し続けるイギリスの農業の在り方を問題視したリービッヒは飢えと戦争に満ちた暗いヨーロッパの未来を予言している。

あと数年でグアノ資源が枯渇し、そうなれば、生命条件の保持に配慮するよう人間に命ずる自然法則の存在を実証し、その法則の侵害がどのように報復するかを実証するのには、科学的、あるいはこう言ってもよいが、理論的説明も必要としないであろう。諸民族は自己保存のために、均衡に達するまで悲惨な戦争の中で絶え間なく相互に傷つけ合い、殲滅し合うことを余儀なくされるだろうし、一八一六年と一八一七年のような二カ年が続いた時には――どうかそんなことにはならないでほしいが――それを経験する人々は数十万人の死者が路上に斃れているのを見るだろう。(Liebig 1862a: 125 f.)

この段落のうちに、リービッヒのマルサス主義をはっきりと見て取ることができる。こうした「悲観的見方」(Arnd 1864: 56) が、土地疲弊による文明崩壊の危険性を誇張しているとして、様々な方面から批判されるようになったのである。

だが、このマルサス主義に基づく文明に対するショッキングな警告こそが、忘れかけられていた『農芸化学』の名声を再び蘇らせた論点にほかならない――実際、リービッヒは知名度回復のために意図的にそうした主張を行ったのである (Finlay 1991)。とはいえ、デューリングにとって、このマルサス主義はそれほど問題含みではなかった。というのも、ケアリの経済学体系が文明の発展とともにより優等な土地が耕作されるという法則を明らかにしたことによって、すでに「マルサスの亡霊を無のうちへと消散させた」と信じていたからだ (Dühring 1865: 67)。それゆえ、ケアリとデューリングにとって必要なのは、保護貿易を通じて国内産業の発展を促進することであり、解決策は関税の導入であった〔5〕。前章でみたように、マルクスもリカードの穀物輸入という解決策を批判していたが、他方で、マルクスはケアリ

〔4〕 デューリング自身は「マルサスの亡霊」という語をリービッヒには向けていない。それに対して、カール・アルント (Arnd 1864) は「土地疲弊の亡霊」という言葉でリービッヒを批判した。
〔5〕 とはいえ、リービッヒ本人は穀物の輸出禁止をどこにも掲げていない。

らの根拠なき関税万能論を受け入れることももちろんできなかったのである〔6〕。

こうしたなかで、マルクスはリービッヒの『農芸化学』に対して批判的な態度をとる著者による一連の著作も読み始め、抜粋を作成した〔7〕。例えば、ドイツの哲学者フリードリヒ・アルベルト・ランゲは、『社会問題についてのジョン・スチュアート・ミルの見解とケアリによる社会科学革命と称されるもの』（一八六六年）のなかで、デューリングによるリービッヒとケアリの受容を批判した。マルクスは一八六八年にこの本からの抜粋を行っているが、ランゲが地代と土地疲弊の問題を取り扱っている第四章に抜粋された箇所が集中しているのは偶然ではないだろう。マルクスがノートに記録しているように、ランゲの理解によれば、デューリングとケアリがイングランドとの貿易を諸悪の根源とみなし、その対策として「保護関税」を究極的な「万能薬」としたのだった。マルクスはランゲによるケアリの理想的な社会的発展の道にかんする主張についての要約を丁寧に抜粋している。

それに対して、よく吟味された保護関税が導入されるなら、農地の横に工場が建つ。工業の廃棄物とより密集した人口の排泄物からなる豊かな肥料によって、土壌肥沃度はより大きく、持続的なものになる。合理的農業が発展し、農業は森林を開拓し、沼地を干拓するための手段を獲得する。ようするに、地力の高い低地などの肥沃な土地を征服するための手段を獲得するなどなど。（MEGA IV/18: 377）

だが、ケアリらは「工業」が有する「集中化の傾向」を見逃しているとランゲは考える。つまり、国内産業の保護をしたところで、その発展もまた都市と農村の対立を生みだし、大衆が「土地とのつながり……から切り離され」、窮乏化するとランゲは批判した（MEGA IV/18: 377）。保護関税以外には、経済的自由主義の原則を堅持し、労働組合などにも反対するケアリの解決策によっては、「状況は良くなるところか、よりいっそう悪くさえなる」(ebd.) とさえ、ランゲは述べている。こうした楽観主義の背景には、ケアリが自然の限界を十分深刻には捉えておらず、保護関税さえ導入されれば、地力が無制約的に上がっていくかのような想定があるのである。

ただ他方で、ランゲは「リービッヒの理論の自然科学的な正しさにもかかわらず」、掠奪農業は「国民経済学」の観点からは正当化されると述べたのだった（Lange 1866: 203）。同様の考え方は広く普及しており、ドイツの経済学者であるアウの著作にも見出すことができる。マルクスはアウの『補助肥料の国民・私経済的重要性』(一八六九年）を所有しており、多くの欄外線やコメントを書き込んでいる（MEGA IV/32: Nr. 42)。アウもまたリービッヒの土地疲弊の警告がもつ重要性を認めているが、その理論が「絶対的」自然法則とみなされることについては疑問を呈し、ロシア、ポーランド、小アジアには当てはまらない「相対的」法則にすぎないとした。というのも、それらの地域で営まれている粗放的な農業においては、「充

［6］　一八六九年一一月にマルクスはエンゲルスに「ケアリは最もよく知られている事実を無視している」とケアリのアメリカの農業に関する分析についての低い評価を伝えたのだった（MEW 32: 402)。
［7］　興味深いことに、リービッヒが『農芸化学』第七版で高く評価し、マルクスも抜粋を作成していたヘルマン・マロンは一八六二年以降見解を変えて、「土地疲弊の亡霊」という論文でリービッヒを厳しく批判するようになっている（Maron 1863: 161)。

足律」を厳密に守らずとも、持続可能な農業が行われているからである（Au 1869: 179）。

しかし、アウはリービッヒの主要な関心が西ヨーロッパの資本主義的農業経営であることを忘れているように思われる。さらに、アウは市場の価格調整メカニズムを無批判的に受け入れてしまっている。つまり、それ以上は土地の耕作による利益が上がらなくなるような点を前にして、掠奪農業に対する社会的な自主規制が働くというのである。それゆえ、そのメカニズムによるブレーキが働くまでは充足律を遵守する必要がないという考え方は、「大洪水よ、我が亡きあとに来たれ！　とけっして同じものではない」という（Au 1869: 210）。したがって、「リービッヒの充足律が順守されなかったとしても、公益にとっての危険はない」(ebd.: 212）とアウは言うのだ。結局、掠奪農業批判の重要性は十分に認められず、ランゲやアウのリービッヒ受容において残ったのは、地力は無限には増大させることはできないという平凡な事実に過ぎない。こうして、彼らの理論はマルサス主義的な過剰人口論とリカード的な収穫逓減の法則に逆戻りすることになる。

マルクスはアウの本にしばしば「間抜け！（*Asinus!*）」とコメントし、様々な段落に疑問符をつけている。また、マルクスはランゲのこともあまり評価しておらず、そのことは一八七〇年七月二七日のクーゲルマン宛の手紙におけるランゲのマルサス主義的な歴史の説明についての皮肉たっぷりのコメントからも窺える（MEW 32: 685）。アウやランゲはロッシャーから影響を受けているが、ロッシャーによれば、掠奪農業は「自然科学の立場」からは批判されるべきであるが、「経済学の立場」からは、それが利潤を生む限りで正当化されうるという。つまり、掠奪は、元の土壌の肥沃さを回復するためのコストが高価になりすぎる前に止めさえすればよく、しかもそれは市場の価格変動が調整してくれるというのだ

（Roscher 1865: 65）。それに対して、マルクスは第三部草稿で、資本主義のもとでは、「市場価格への依存」によって、「土地――共同の永遠の所有としての、交替する人間諸世代の連鎖の譲ることのできない生存および再生産の条件としての土地――の自覚的、合理的な取り扱いの代わりに、地力の搾取と浪費とが現れる」と述べたのだった（MEGA II/4.2: 752）。他方で、マルクスはケアリやデューリングを支持することもできなかったのであり、こうした状況下で独自の掠奪農業批判を展開するために、自然科学をより熱心に研究しなくてはならないと感じたとしても不思議ではない。

以上の考察をまとめると、マルクスははじめ、リービッヒの近代農業の破壊的影響についての記述がリカードやマルサスが想定した収穫逓減の法則に対する批判として使えると考えていた。だが一八六八年以降、土地疲弊論をめぐる論争がマルサス主義的論調を帯びるにつれ、マルクスはリービッヒの理論に暗に含まれる帰結にも注意を払うようになっていく。そうした流れの中で、『資本論』第一版における「農業史にかんする彼の歴史上の概観も〔……〕、現代の全経済学者の諸著作を合わせたよりも多くの光明を含んでいる」という評価が誇張であったかもしれないと考えるようになったのである。先のショルレンマーへの質問には、すでにそのようなマルクスの不安が表れていたのだ。

さて、同年二月に受け取ったショルレンマーからの返答は次のようなものであった。

過去数年の農芸化学の進展については、文献が手に入っていなかったため、ほとんど追うことができていない。一八六六年の化学の進展についての年誌はまだ完全には出版されておらず、農芸化学を含む分冊を受け取るのは来月になる。フラースの沖積理論については、君以上には知らない。

〔……〕ローズとギルバートの様々な論考がある。彼らは昨年王国協会の賞をもらっている。それについて詳しくは、王国協会会報第一六巻第九二冊を見てほしい。そこには彼らの著作目録も収められている。(IISG, MEN, Sign. D 3986)

ショルレンマーはローズとギルバートによるリービッヒ批判を挙げているが、これは前章でもみたように、マルクスがすでに一八六三年に取り組んでいたものである。さらに、ショルレンマーはフラースの「沖積理論」についての評価は何も知らないという。おそらく、こうした返答はマルクスにとっては期待外れのものであっただろう。そこで、マルクスは自分でさらなる文献探しを始めるのである。

フラースの物質代謝論との出会い

リービッヒのマルサス主義的傾向が『資本論』第二版における変更の背景にある消極的理由だとするなら、より積極的な理由も存在する。つまり、マルクスは自らの経済学体系にとってリービッヒと同程度に重要な科学者に出会ったのである。そのうちの一人が、マルクスが一八六八年初頭に読んだドイツの農学者フラースである。

フラースの名前が最初にマルクスのノートに出てくるのは、一八六七年一二月から翌年一月の間に書き留められた『農業危機とその治癒手段』(一八六六年)というリービッヒの土地疲弊論に対する論駁書のタイトルについてのメモ書きである（MEGA IV/18: 359）。そして、その後マルクスは一連のフラースの著作を熱心に研究したのだった（MEGA IV/32: 435–437）［8］。

フラースの著作を熱心に読んだ直後に、マルクスは一八六八年三月二五日のエンゲルス宛の手紙でその高い評価を伝えている。

> フラースの『時間における気候と植物界、両者の歴史』（一八四七年）は非常に面白い。というのは、歴史的な時間のなかで気候も植物も変化するということの論証としてだ。彼は、ダーウィン以前にダーウィン主義者であり、歴史的な時間のなかで種そのものを発生させている。だが、同時に農学者でもある。彼は次のようなことを主張している。すなわち、耕作が進むにつれて――その程度に応じて――農民によってあんなに愛好される「湿潤さ」が失われていって（したがってまた植物も南から北に移って）、最後にステップの形成が現れる、ということである。耕作の最初の作用は有益だが、結局は森林伐採などによって荒廃させる、うんぬん、というわけだ。この男は、化学者や農学者などであるとともに、博学な言語学者でもある（彼はいくつかのギリシャ語の本を書いている）。彼の結論は、耕作は――もしそれが自然発生的に前進していって意識的に支配されないならば（この意識的な支配にはもちろん彼はブルジョアとして思い至らないのだが）――荒廃を後に残す、ということだ。ペルシ

［8］『農業危機とその治療手段』からの抜粋は残っておらず、蔵書としても残っていない。それゆえWerchan/Skambraks (1982) によって作成された紛失本のリストに入っている。

アヤメソポタミアなど、そしてギリシャのように。したがってまたやはり無意識的な社会主義的傾向だ！〔……〕彼の農業の歴史も重要だ。〔……〕農業について新しいものを、そして最新のものを、精密に調べる必要がある。自然学派は化学学派に対立している。（MEW 32: 52 f.）

なるほど、これが唯一のフラースについてのまとまったマルクスの言及である。だが、フラースの理論が「無意識的な社会主義的傾向」を有していると言われているのは、なによりも注日に値する。なぜなら、フラースの著作とマルクスの抜粋ノートや自家用本への欄外書込みを読み較べることで、マルクスがどのような「意識的な」社会主義的傾向をもっていたかについての手がかりが得られるからである。そして、それは一八六八年以降のマルクスの自然科学研究に通底する問題意識なはずである。

まず興味深いのは、マルクスがフラースの「農業の歴史」についての考察を「重要」だとみなしている点である。この表現だけでは、マルクスがフラースの農業史をリービッヒの「農業史にかんする歴史上の概観」よりも重要であるとしているかどうかは定かではない。だが、ここで注意すべきなのは、最後の一文が示すように、フラース（「自然学派」）がリービッヒの鉱物説（「化学学派」）を批判していることについて、マルクスがはっきりと気が付いている点である。

ここで言われている「自然学派」と「化学学派」の対立とは、より正確には、フラースの「沖積理論」と、リービッヒの「鉱物肥料」のみならず、ローズおよびギルバートの「窒素肥料」も含めた「化学肥料理論」との間で行われた論争を指している。先に引用された一月の手紙では、「窒素肥料」と「鉱物肥料」のどちらがより効果的な肥料であるかをめぐっての対立に関心を持ち、「少なくともある程度までは、この問題の最近の事情を知っておきたい」とマルクスは書いていた。それに対して、自然科学関連の著作を集中的に読み漁った二ヶ月半後の手紙では、マルクスは、「自然学派」と「化学学派」という別の対立に着目し、「農業について新しいものを、そして最新のものを、精密に調べる必要がある」と述べ、これまで以上に本格的に自然科学を研究しなくてはならないことを認めているのである。つまり、フラースの著作への取り組みがマルクスの問題関心を拡大しているのだが、実はフラースは一八六〇年代以降、リービッヒ批判の急先鋒であった。それゆえ、「社会主義的傾向」を見出すほどのマルクスのフラースに対する高評価は『資本論』第一版におけるリービッヒの絶賛とのあいだに緊張関係を生み出さずにはいない。マルクスはフラースに何を見出したのだろうか？

フラースが「自然学派」と「化学学派」という対立を指摘したのは、『歴史的・百科事典的農業論概説』（一八四八年）においてであった（Fraas 1848: 64）。そして、その内容をさらに批判的に展開したのが、『農業危機とその治癒手段』である。『農業危機とその治癒手段』が刊行された時点では、もともと良好であったフラースとリービッヒの関係は非常に悪化していた。というのも、フラースはミュンヘン大学の教授でありながら、リービッヒの誘いを受ける形で、一八五五年からはバイエルンの実験農場の専門アドバイザーも兼任していたのだが、一八六四年に突然リービッヒがミュンヘンの農業生産者と教育者たちの後進性を批判したからである。リービッヒの批判にフラースはすぐに応酬し、両者の関係は急速に冷え込んでいく（Zehetmair 1995: 178 ff.）。その結果、一八五〇年代にはまだ抑えていたリービッヒとの見解の差異を、一八六四年以降になると、はっきりと非難するようになっていくのである。

例えば、『農業の本質』（一八五七年）においては、フラースは農業のさらなる発展を目指した「学問間の協力」を訴えている。そのためには、「農業的自然研究」は単に農具や耕作方法を「改良」するだけでなく、様々な実験を通じて、現象を「調査」しなくてはならない。そのような課題に応えている人物として、フラースはリービッヒを挙げており、その評価の高さが窺い知れる（Fraas 1857: Bd. I, ii.）。事実、本文中でもリービッヒの化学分析や鉱物説は度々肯定的に言及されている。とはいえ、フラースは単にリービッヒを信奉して、追従していたわけではなく、リービッヒの分析では土壌や肥料の「自然的」要素についての考察が十分でないことを繰り返し指摘している。そこで、リービッヒの「農芸化学（Agriculturchemie）」を補う形で、フラースは「農芸自然学（Agriculturphysik）」を展開し、土壌の形成や植物の生育にとって不可欠な自然的条件である気象・気候の作用に注意を向けたのだった。つまり、気候と植物の生育の関係性への着目にフラースの理論の独自性があり、マルクスの抜粋もこの点に着目しているのだ。

フラースによれば、岩石の風化による土壌形成においては、「寒暖や乾湿の変動」、「大気中の酸素」、「アンモニアと二酸化炭素を含む水」、「生きた有機体」の運動などの化学的・物理的運動が大きな役割を担う。そのため、地質を化学的に分析するだけでは実用的な観点にとっては不十分である。というのも、「どの塩が、毎年どれだけ、特定の耕作地から利用可能となり、それがどの時期に生じ、そしてどの程度の溶解性をもっているかを知ることが、塩の追加的補給の必要性についての問いに答えを出すことができるためには重要だからである」(MEGA IV/18: 414)。例えば、化学分析によって土壌が多くの鉱物を含んでいることがわかっても、それらが極めてゆっくりとしか風化しないなら、その土地は肥料なしには多くの収穫を生むことはない。逆に、気候条件が恵まれている「温暖あるいは熱帯の国々における土地のより大きな肥沃さは」、土壌から失われる無機質が「岩石種のより大きな風化作用によって」補充されることから説明されるのである（ebd.）。それゆえ、無機質が収穫増大のために「絶対に必要」だとしても、土壌の化学分析はそれを化学肥料によって追加的に投入すべきかどうかを判断するための十分な判断根拠とはならない。例えば同じ化学成分からなる土壌でも、「気候次第では」、結果は大きく変わるからだ。特定の土壌を要するような植物種でも、気候的条件に恵まれれば、異なった土壌成分のもとでも育つようになるとフラースは述べている（ebd.: 431）。それゆえ、化学肥料は「気候的条件の補正」（ebd.: 429）としてその役割を認識する必要がある。

作物にとって恵まれた気候的関係が欠いており、それを補完することができないその度合いに応じて、土壌の養分源を開拓しないといけないのであり、つまりより多く肥料を与えないといけない。穀物を育てる際により多く肥料を与えないといけないのは、穀物が牧草よりも多くの灰分（鉱物成分）を必要とするからではない。むしろ、穀物が私たちの気候に馴染みのないものだからであり、人工的・自然的に測定された植物の生長時間のあいだに、土壌の塩や大気中の気体を私たちが望むような多量の有機物へと結合できるためには、十分な暖かさがないからなのである。（MEGA IV/18: 459）

とはいえ、フラースはリービッヒの化学分析の意義を完全に退けているわけではない。とりわけ、リービッヒがリン酸の重要性を発見したことを高く評価している（Fraas 1857: Bd. I, 132）。フラースが気にかけているのは、農芸化学の重要性だけが一面的に過大評価されることの危険性である。なぜなら植物による土壌成分の浸透と吸収は「気候条件に比例する形で進行する」からである（MEGA IV/13: 474）。その限りで、気候の影響の分析は、土壌の化学的分析と並んで、農学において重要な地位を占めなくてはならないというのだ。

また、それに対応する形で、リービッヒが指摘する土地疲弊の問題も気候条件を考慮にいれることで、修正しなくてはならないとフラースは考える。実際、肥料を投入しなくとも、土地が疲弊することなく、何年にもわたって多くの収穫をもたらす事例があるからである。例えば、マルクスが抜粋しているのは、以下のような一節である。

> 南ヨーロッパでは、穀物（大麦）は輪作さえもなしに、長年にわたって毎年同じ土地で、肥料もない作業のもとで、多くの収穫とともに耕作されている——トウモロコシや綿花ではすでに必ずしもそうでもなく、メロンではそうはいかないとしても。……穀物は気候の恩恵をより多く求めるその度合いのために、冷温帯においては土地疲弊作物となる。トウモロコシ、モロコシ、小麦、大麦、ライムギ、燕麦はとりわけそうであり、豆類、ソバはそれほどでもなく、クローバ・私たちのイネ科植物、アスパラガスなどはまったくもってそうでない。暖かな温帯では、トウモロコシ、コメ、モロコシを除けば、穀物や豆類はもはや土地疲弊作物ではない。タバコもほとんど土地疲弊作物ではないのであり、しばしば肥料なしで耕作される。（MEGA IV/18: 470）

したがって、気候条件次第では、肥料を毎年散布しなかったとしても、土地が疲弊しないこともある。

具体例として、熱帯などの温暖な地域での伝統的農業が持続可能なものであったことをフラースは指摘している。ここで興味深いのは、リービッヒが中国や日本の伝統的農業が人間や家畜の糞尿を丹念に集め、堆肥を再び畑に肥料として戻していたことを持続可能な農業のあり方として高く評価するのに対して、フラースが自然の力そのものによって土壌養分の補充が行われるような伝統的農業の在り方に着目している点である。次節で見るように、この点が、土地疲弊問題への解決策にも両者の違いを生むことになる。

『農業の本質』第二巻の最後の二頁では、フラースはリービッヒの『化学通信』で論じられた土地疲弊の問題に触れている。そこでもまた、恵まれた気候条件をもつ「ギリシャや小アジアのような古代文明があった国々では、肥料なしでも畑から実りある収穫が獲得されている」ことが指摘され、そのほかにも、様々な伝統的農業が持続可能性を有することが指摘されている（MEGA IV/18: 529）。リービッヒのような土地疲弊の傾向性を文明発展の自然法則としてあまりに早急に一般化することの危険性にフラースはすでに五〇年代から気が付いていた。だが他方で、フラースはまだ後に展開するような激しい批判をリービッヒに浴びせていない。この段階では、フラースはあくまでもリービッヒの農芸化学を自らの理論で補完しようとしていたのである。

> 近年、農芸化学は耕地の富を表わす未知量部分の規定に関して多くの説明を農業のために与えている。とはいえ、農芸化学が土壌の活動と呼ぶ部分は、まだほとんど研究されていない領域のままである。この領域は、農芸自然学として――とはいえ、そうした呼び方では十分に包括的なものになっ

ていないかもしれないが――農業の学問的努力の近い将来を成すかもしれない。(Fraas 1857: Bd. I, 357)

フラースが要求しているのは、農芸化学を農芸自然学で置き換えることではない。そのことは、次のような発言からもわかる。「植物栄養の供給論だけでなく、農芸化学、農芸自然学、生理学を用いて、いたるところに豊富に存在している植物栄養を適切に利用できるよう処理すること、これが農学の近い将来の課題をなす」(Fraas 1857: Bd. I, 368)。フラースによれば、農芸化学は農学の一分野である。それは農業の発展には欠かすことができないものだとしても、化学的分析の絶対視は避けなくてはならない。必要なのは、学問間の協働なのである。マルクスは該当箇所を抜粋していないものの、こうした議論は本全体にわたって繰り返されており、マルクスが気候の影響の重要性を認識していたことは間違いない。だが、このリービッヒとフラースの理論的差異が六〇年代になると、より激しい論争として展開されることになる。

フラースの沖積理論

リービッヒとの関係が悪化した後に出版された『農業危機とその治癒手段』では、それ以前の著作とは異なり、より全面的な農芸化学批判が展開されるようになっている。フラースはリービッヒの土地疲弊理論を「静寂主義(Quietismus)」と呼び、穀物価格の低廉化がもたらす農業危機を一時的なものとして過小評価し、等閑視する態度を非難している。それによれば、リービッヒは、「低い穀物価格の真の究極原因とされる過剰生産は、掠奪農業論が示すように〔……〕疲弊と補充の理論を無視することによって、じきに終わりを迎える」と考えているが（Fraas 1866: 53）、そのような見立ては誤っているのみならず、西ヨーロッパの農業が直面する真の危機から目を背けさせ、迫りくる危機を深刻化させるという。

たしかに、リービッヒが警告するように充足律を無視し続ければ、「いつかは」世界中の土地が疲弊してしまうだろう。だが、ドナウ川沿の穀倉地帯や、北アメリカや南ロシアの広大な土地がすべて疲弊して、穀物価格が上昇するまでには、相当な時間がかかるはずである。それゆえ、そのような世界的土地疲弊の危機が訪れるよりもずっと以前に、ドイツに代表される西ヨーロッパの農業は、そうした海外の穀倉地帯で生産される廉価な農業生産物との価格競争に耐えることができなくなってしまうとフラースは考えた。というのも、かつては、ドイツと「いわゆる疲弊知らずの国々」の間にある長距離輸送が価格調整の防御壁として機能していたが、物理的な障壁は鉄道という廉価な輸送手段の発達によって取り払われてしまったからである。

そのため、フラースはリービッヒと真逆の結論にいたる。ヨーロッパの農業危機は土地疲弊による過少生産ではなく、むしろ「土地がより豊かで、より廉価に生産できる諸国からの大規模な穀物輸出が台頭することによって生じる」過剰生産だというのである（Fraas 1866: 81）。西ヨーロッパの産業資本主義における労働者たちの増大する欲求に対応するため、廉価な穀物の輸入は「慢性的」なものになっていく。「廉価の時期はますます増大するに違いなく、そのことは〔西ヨーロッパの〕生産者たちにとって極めて破滅的な作用」をもたらす（ebd.: 87）。それゆえ、ドイツの農業を守るためには、農業改革が必要である。

生き残るために残された道は一つしかないのであり、そのスローガンは「安く生産せよ！」（ebd.: vi）である。ところが、リービッヒはそのような対抗策を提示することなしに、土地疲弊による収穫減少とそれに伴う穀物価格の高騰を予測するだけで、緊急の対策を取るための妨げになっているとフラースは考えたのだった。

もちろん、フラースは土地疲弊の危険性を否定しているわけではない。ここで問題なのは、「人口が増大し、農地がその力を維持すべきだとすれば、収穫物とともに取り去られてしまう、土壌のうちに枯渇するような仕方で存在している鉱物類はすべて農地に戻されなくてはならないという、それ自体としては正しい命題の誇張」である（Fraas 1866: 141）。リービッヒの充足律は正しいとしても、ここでフラースが疑っているのは、人間の手によって——化学肥料を散布することによって——、無機質を補填しなくてはいけないという暗黙の想定である。リービッヒが『農芸化学』第七版において、以前の楽観主義を修正し、化学肥料の万能性についての見解を修正するようになると、リービッヒは一気に悲観的な見方に陥って、マルサス主義に後退しまった。なぜなら、化学肥料の使用が必要であるという結論にいたりながらも、そのコストが高すぎるために、ほかの有効な解決策を見出せなかったからである。だが、地力を長年にわたって維持し、増大すらさせてきた農業実践を考慮しないままに、そのような悲観主義に陥るのは早急な判断だとフラースはリービッヒを批判する。

それに対して、フラースは自然の力そのものをうまく利用することで、より安価で持続可能な方法を模索した。そして、そのような方法はすでに現実のうちに存在しているという。

ところが、すでに述べたように、自然が完全な充足をもたらしてくれる。それは、風化、沖積、灌漑、雨や流星塵に含まれる天からの恵み、堆肥や糞尿一般に含まれる廃棄物の利用によって行われる。（Fraas 1866: 142 f.）

ところが、「一度、疲弊という前提が受け入れられてしまうと、残りは自動的に帰結したのであり、最初の前提を熱烈な支持者に面と向かって反論しようという気には誰もならなかった」(ebd.: 141)。実際、リービッヒはみずからが特許を取った化学肥料を宣伝するために、土地疲弊論を戦略的に利用したのであった。その際には、自然の力も、農家の努力もリービッヒによって適切な扱いを受けていないのであり、そのような誇張をフラースは厳しく批判したのである。

それゆえ、フラースはリービッヒの掠奪農業や土壌疲弊についての警告を受け入れながらも、悲観主義に陥ることなく、さらなる地力向上の可能性を探究しようとする。「近年の植物栄養論の最重要の帰結は、収穫物によって耕作地から取られた土壌養分を充足する必要性についての、今では一般的に受け入れられるようになっている古い確信ではなく、土壌養分を増やすための多くの源泉を開拓することである」(Fraas 1866: 156)。その一つが、マルクスが手紙に書き留めていた、自然そのものの力を利用した「沖積理論」である。この理論のうちに、マルクスは人間と自然の物質代謝を意識的に管理するための、まったく異なった道を見つけることとなったのだ。

チャールズ・ライエルの定義を借りるなら、沖積とは「湖や海の下に沈んだままになっていない地上に、普通の河流、洪水、その他の原因によって流され、上流から運ばれてきた土、砂、礫、石、あるいはは他の運ばれてきた物質」からなる（Lyell 1833: Bd. 3, Appendix, 61）。堆積物質は上流から浸食した岩石によるものであり、これらの物質には植物の生育にとって必要な無機質が豊富に含まれている。それゆえ、沖積物質が定期的に供給される地域（例えば、ドナウ川の沖積平野、ナイル川、ポー川、ミシシッピ川河口の三角州）では化学肥料を用いなくとも毎年大きな収穫が望めるという。こうした自然のうちに存在する実例にヒントを見つけたフラースは「人工沖積（künstliches Alluvion）」を構築することを提唱し、河川の流れを一時的な堰によって止め、耕作地を河川の水で浸し、必要な無機質を土壌に供給することを、安価で半永久的な土壌養分充足の方法として推奨したのである。『農業の本質』を読んだマルクスは、人工沖積についての記述に注意を払っており、それが「もっともラディカルな農業のための方法」であるというフラースの指摘をノートに書き留めている（MEGA IV/18: 416）。同時に、フラースは高価であるにもかかわらず短期間の効果しか発揮しない化学肥料への過度な依存に警鐘を鳴らしたのだった。

沖積理論が重要なのは、自然そのものの力を農業の生産性増大のために利用しなくてはならないというフラース独自の見解を反映しているからである。その確信は「自然そのものが〔……〕この道を手本として示している」（Fraas 1857: Bd. I, 19）という発言にもあらわれている。フラースが認識しているのは、人間の自然への介入可能性の限界であり、自然の働きをうまく使うことなしには、土地の肥沃度を維持することはできないという事実である。そのことは、フラースが化学肥料に副次的な役割しか認めておらず、むしろ化学肥料が高コストで、しかもその効果が短期間しか持続しないことを指摘していることからもわかる。「土地疲弊に対する治癒手段は化学肥料のうちにはない」のである（Fraas 1866: 155）。

化学肥料は、正しく、必要に応じた構成と形で用いられるなら、そしてそれが収支計算に合うならば、収穫物増大のための卓越した手段である。しかし、化学肥料は概して土地疲弊を防ぐことはけっしてできない。というのも、その構成物は、a)土壌風化、b)灌漑や沖積、c)家畜の自然的肥料、堆肥、糞尿によって得られるものよりもずっと高価だからである。(Fraas 1866: 141 f.)

先にも述べたように、フラースによれば、化学肥料は万能薬ではなく、「気候条件の補正」にすぎない。リービッヒの化学肥料論が前提していた楽観主義との違いは明らかだろう。フラースは人工沖積のような、自然の力を用いて、ほぼ「無制限」に追加的費用なしに農業生産性を上げていくことを求めている。「灌漑、とりわけ人工沖積にこそ、ヨーロッパ農業の未来はかかっている。というのも、それはより僅かな費用で同じものを生産することを可能にするからである。進歩が求めるのは廉価な生産であり、より高価な生産ではない」(Fraas 1866: 164)。化学肥料はより高価な生産しかもたらさないが、それでは海外との競争に生き残ることはできない。持続可能な農業は、すでに存在している自然的物質代謝の力を用いることでしか可能とならないのであり、その方が化学肥料よりも効率的だというのだ。

フラースを読むことで、マルクスが新しい持続可能な農業の可能性を知るようになったことは明らかだろう。しかもそれは、リービッヒの「土地疲弊論」や「化学肥料理論」を決定的な仕方で相対化するような形で、展開されたものであった。フラース自身が、窒素肥料論者と鉱物肥料論者による土地疲弊論争のパラダイムをはっきりと批判しているのであり、マルクスの関心が「鉱物肥料論者と窒素肥料論者」との論争から、「自然学派」と「化学学派」の対立に移っていったのも偶然ではない。実際、マルクスの発言は次のようなフラースの見解を反映しているのだ。「そこ〔土地疲弊論〕には、窒素説と鉱物説の宥和がある。そもそもどちらの理論も、「発見者たち」によって極端な理論にまで押し進められてしまったのだ。肥料評価の唯一の基準として窒素含有量が掲げられ、他方では、同じ目的のためにリン酸が掲げられ、両者が公式文書の地位を示すようになっている」(Fraas 1866: 141)。フラースによれば、窒素説と鉱物説は、どちらも窒素やリン酸といった土壌内の特定の物質の不足が土壌の疲弊を引き起こすことばかりを警告し、コストの高い化学肥料を繰り返し大量投入するという前提そのものの合理性を疑うことはなかった。それに対して、フラースの沖積理論は人間と自然の物質代謝の管理についての第三の道を提示した。つまり、化学肥料に過度に依存しない自然の力を有効活用した、持続可能な農業経営を提起したのであり、そのビジョンこそが、リービッヒに取り憑いた「マルサスの亡霊」を追い払おうと格闘していたマルクスにとって、画期的な意義を持っていたのである。

気候変動と文明の危機

だが、フラースがマルクスの物質代謝論にとってもたらした影響はそれだけではない。マルクスの手紙で最も高く評価されているのは、『時間における気候と植物界』という著作であり、そこにどのような「社会主義的傾向」が潜んでいるかを検討しなくてはならない。

『時間における気候と植物界』はフラースが王宮付属庭園の園長とアテネ大学植物学部の教授としてギ

リシャに滞在した期間（一八三五〜一八四二年）の研究をもとに執筆した著作である。そのなかで、フラースは、長期間にわたるゆっくりとした気候変動と植物相の変化や、さらには、そうした変化が人間の生活にもたらす否定的影響についての歴史的考察を展開している。

さて、『時間における気候と植物界』の古代文明没落についての説明は、リービッヒ『農芸化学』における同テーマについての記述との対比で興味深い。リービッヒは掠奪農業批判を主に近代的農業経営との連関で扱っており、またリービッヒの歴史的説明は疑わしいというロッシャーの指摘がすでにあったために（Roscher 1865: 66）、マルクスは前資本主義社会についての該当箇所を抜粋しなかった。それに対して、フラースからの抜粋は、前資本主義社会における人間と自然の関係に多大なる関心を払っており、マルクスはフラースの歴史的説明には信頼を置いていたように思われる。そこで、フラースとリービッヒの農業史観を対比するためにも、まずはリービッヒの議論を概観しておこう。

『農芸化学』第七版に加えられた序論は、前資本主義社会の歴史的変遷を、掠奪農業がもたらす帰結として描いている。「諸国民の興隆と没落は一つの同じ法則によって決められている」。国の肥沃さの条件の掠奪がその没落を引き起こす」というわけだ（Liebig 1862a: 110）。リービッヒは、かつて文明が栄えていた地域が、今日では砂漠になっていることを指摘する。「かつて強大な帝国が栄え、高密度の人口が土壌から食糧と富とを得ていたところの同じの耕地が、今日では耕作に見合うだけの実りをもたらさない」状態になっているというのだ（ebd.: 109）。こうした古代文明の荒廃は戦争や疫病によるものではないとリービッヒは考える。むしろ、「掠奪農業による土地疲弊」が諸国民の没落の「唯一の原因」であり、過剰人口と食糧不足を引き起こす土地疲弊の問題こそが文明発展の限界を規定するというのである。

例えば、リービッヒによれば、古代ギリシャでは紀元前七〇〇年頃には、人口減少と大規模の移住が始まっており、その結果、スパルタの国家は、プラタイアの戦い（紀元前四七九年）の際には八千人の兵士を動員することができたにもかかわらず、アリストテレス（紀元前三八四～紀元前三二二年）の時代には、戦争に適した成人男性を千人程度しか集めることができない状態になっていたという。さらに、その百五十年後には、ギリシャの土地疲弊はより一層深刻化し、ラコニアにあった百都市のうち、スパルタ以外には、三十程度の村落しか残っていなかったと、ストラボンは嘆いている（Liebig 1862c: 96）。

古代ローマも土地疲弊のために、同じ運命を辿ったとリービッヒは主張する。大カトー（紀元前二三四～紀元前一四九年）が『農業論』において語っているのは、収穫高の減少ではなく、ローマの耕地の肥沃さである。しかし、カエサル（紀元前一〇〇年～紀元前四四年）のもとで実施された財産調査では、すでに人口減少が確認されており、アウグストゥス（紀元前六三～一四年）治下では、ギリシャと同様に、兵役に適した健康な男子が不足するようになり、紀元九年には「トイトブルクの森でウァルス指揮下の小兵団が壊滅したことによって、首都とその支配者が不安と恐怖に陥った」（Liebig 1862a: 98）。また、ローマへの穀物輸入は増加の一途をたどり、住民たちは恒常的に物価の高騰と食糧難に苦しんだという。

以上のような考察から、リービッヒは次のように結論づける。

ローマ帝国が繁栄と強大な権力のあらゆる徴候を外に向かって示している間にも、すでに害虫は国家の生命力の源泉を枯渇させるのに忙しかったのであるが、その害虫は二世紀にわたり、〔現代の〕ヨーロッパ諸国で同じ活動を開始している。〔……〕尊大にも、自らの祭壇を作り、神々として崇められようとした最高権力者の力も、哲学者の叡智も、法学の奥深い知識も、最も優れた軍司令官の勇気も、非常に恐ろしい、極めてよく組織された軍隊も、自然法則の作用に抗して、何をすることができたというのか！　すべての偉大さと強大さは、卑小と弱小へ成り下がり、最後には昔の輝きのわずかながらの光さえも失ってしまったのである！（Liebig 1862a: 99）

この引用からも明らかなように、リービッヒにとって、土地の肥沃さこそが社会の発展を規定する最終審級であり、土壌から栄養を取り去るだけの掠奪農業が文明を没落させる。こうした文明の危機は、近代以降のヨーロッパにおいても、短期的な利得のみを追求する資本主義的農業経営によって進行中であると、リービッヒは警告する。こうして、充足律の不履行は必然的に食糧不足や絶対的過剰人口を生み出してしまうというリービッヒの予測が「マルサスの亡霊」を蘇らせたのである。

フラースもまた、かつて文明が栄えた肥沃な地域——ペルシア、メソポタミア、エジプト——が、現在では荒野になっている事実を前に、その原因を解明しようとする。だが、その結論はリービッヒから大きく異なっている。つまり、人間によって自然発生的に営まれる耕作と森林伐採が自然的物質代謝の攪乱を引き起こし、そのことから生じる気候の変化が、砂漠化の原因だというのだ。フラースによれば、植物の生育によって、気温と湿度の変動が及ぼす影響力は土壌内の化学的構成よりも重要である。なぜならば、土壌成分はまずもって植物に養分が供給可能な状態にならねばならないが、岩石が物理的・化学的作用を通じて風化する際には、雨風、湿度、気温などの気候的要素が中心的役割を担うからである。フラースは様々な植物の例を用いながら、長期間にゆっくりと進行する気候変動と植物相の変容度合いが、当時一般に考えられていたものよりも、はるかに大きいことを例証していく。空気の乾燥と、気温の上昇、極端な寒暖の変化といった古代文明を襲った気候の変化が、それまで営まれてきた農作物の栽培を徐々に困難なものとし、文明繁栄のための物質的基礎を瓦解させたというのである。

当時は、まだ一般的には人間の気候に対する影響は過小評価されがちであったことを考えれば――気候の変化は極めてゆっくりと進行していくために、なかなか気がつかれることがなかった〔9〕――、こうした主張はマルクスに強い印象を与えたに違いない。フラースは、「植物界」が何世紀にもわたる気候の変化を記録していることに着目し、古典古代の文献を読み漁り、植物相の変化から気候変動のプロセスを描こうとする。しかも、フラースによれば、そうした変化は、農耕を営む文明社会が人間と自然の物質代謝を攪乱した結果なのであり、最終的には人間がみずからの生存条件を脅かすことになる。『時間における気候と植物界』において、気候変動がもたらす長期的影響を過小評価してはならないとフラースは繰り返し強調する。なぜなら人間によって引き起こされる気候条件の変化は、元来自生していた植物の植生にとって不利な形でしか作用せず、しかも、けっして元の状態を回復することができないからだ。

一地域の自然植生の大規模な損傷は、植生の全体的特色に根本的な変化をもたらすのであり、この変化した新しい自然の状態は、その地域と住民にとって、けっして以前ほどに好ましいものではない。さらに、住民自身も新しい自然の状態とともに変化する。そのような地方の自然の状態の大規模な変化が、将来的に様々な影響をもたらさないでいるということは、極めて稀であるし、広域にわたって、多くの地域との連関で変化が生じる場合には、けっして影響なしでは済まない。ましてや、元の状態が回復されることはない。（Fraas 1847: XII）

植生の条件は、気温と湿度によって規定されているため、もし同じ植物が、時代を隔てて、南から北へ、あるいは、平野部から山岳部へとその分布地を移している場合、そのことは平野部の気温が上がり、湿度が低下していることの証拠となる。もし新しい気候に適応することができなければ、その植物種は地域から消滅することになるし、あるいは、適応できる場合にも、以前よりも少量の水分や栄養分を効率的に吸収できるように、葉を尖らせたり、根を地中深くまで伸ばしたりすることが必要となるかもしれない。場合によっては、外観上のあまりにも大きな変化によって、同一種であることがわからなくなることさえあるとはいえ、こうした変化も気候の変化を示す重要な手がかりとなる。さらには、新しい気候条件に合わせて、元々は見られなかった植物が他地域から入ってくる。しかしながら、フラースによれば、こうした新しい植物が旧来の植物に完全に取って代わることはない。むしろ、気温が上がり、雨量が減る結果、かつては様々な品種が繁茂していた地域の植生的多様性は徐々に失われ、短草草原（ステップ）が形成されるようになっていく。もちろん、こうした変化はその土地で伝統的に営まれていた耕作に対しても、悪影響を及ぼすことになる。

マルクスがエンゲルス宛の手紙のなかで説明しているように、フラースのポイントは、森林伐採が地

［9］　フラースがそのような例として言及しているのはフンボルト（Humboldt 1831）である。

域の気温と乾燥の上昇の主な原因となっているということだ。マルクスが自分のノートに抜粋しているのは、例えば、次のような一節である。

一地域における森林伐採は、とりわけ、その地域が非常に乾燥した、砂質の土壌からなり、あるいは、さらに、石灰質の土壌からなる場合には、気温を上げる顕著な原因として数えられる。……土壌の性状が降水量を制約するのであり、そのことから、ここで言われている気候上の影響が生じるのは自明である。植生に覆われた、つまり、樹木が生い茂った地域は、不毛な地域よりも、湿度をよりしっかりと保ち、太陽光によって熱せられることもより少ない。こうして、樹木が生い茂った地域は降雨もより多く吸収し、それゆえ、その地域自身が涼しいだけでなく、周辺の暑い領域にも爽快な涼しい空気の流れを広める。気温と地表物質の様々な熱伝導力が大気中の蒸気の分散をまったくもって変えるのである。(MEGA IV/18: 622)

マルクスは、続けて、フンボルトの指摘を書き留めている。「森林がまばらな状態か、あるいは存在しないところでは、大気の温度と乾燥度が必ず増大する」(MEGA IV/18: 622)。森林がなくなってしまうと、一地方全体の気候条件が変わり、ステップが形成され、小川が細くなり、渓谷は小さくなっていく。こうした変化は、文明にどのような影響をもたらしてきたのだろうか? マルクスの抜粋ノートは、気温と乾燥の増大がもたらす植物相の変化ならびに文明荒廃の歴史的変遷についてのフラースの具体的叙述を丁寧に追っているが、その要点を簡潔にまとめながら、マルクスの関心を明らかにしていこう。

メソポタミア文明はチグリス川とユーフラテス川の間に広がっていた肥沃な沖積平野に位置し、数多くの用水路、開渠を整備することで、農業が盛んに営まれていた。だが、フラースによれば、いまでは、「すっかり荒廃し、荒れ果てており、村落もなく、移り住む人もおらず、乾ききった荒涼状態である！干からびた状態で放置された数え切れないほどの用水路と開渠が張り巡った、非常に肥沃であった沖積土壌を、現在では、木質のオカヒジキ属や、ケッパーの蔓、ミモザの藪が覆っている。しかし、そこはかつて「エデンの園」があった場所なのだ」(MEGA IV/18: 623 f.)。フラースは、この荒廃の原因が気候の変化から説明できると述べる。

だが、大規模の気候変動が生じ、それによって植生が変化させられたことを最もはっきりと証明するのは、とりわけ、古代には世界の最も肥沃な地帯であった場所で四方に広がっているステップの形成ならびに完全な砂漠への移行である。肥沃なカラケネ王国に特有な、目の粗い、塩を含んだ、洪水の度に砂礫と沈泥に覆われる土壌は、継続的に水に浸り、泥に覆われ、〔塩分を〕溶け出させることも行われなくなるとすぐに、ある特有の変化に晒されるようになる。それは、〔ヨーゼフ・〕ルセガーが描いているように、エジプト・ナイル川の沈泥の分解や、私たち自身が観察できるような、ギリシャの沿岸部で生じている事態に似ている。塩と砂礫が多くなり、ステップの植物相が姿を現すようになるのだ。(MEGA IV/18: 624)

さらにフラースによれば、アルメニアで、「かつては十ヶ月に及ぶ冬と二ヶ月だけの夏」があったことについての言及があるという（Fraas 1847: 24）。こうして、以前と現在の土地の肥沃さや季節の変化を比較すれば、相当程度の気候変動があったことは疑いえないと、フラースは結論づける。

続いて、マルクスはパレスチナについて若干の抜粋を行い、その後、フラースのエジプトについての説明に注意を払っている。現在では砂漠気候に属するエジプトにおいても、気候と植物世界の大変動があったとフラースは指摘している。エジプトの「多くの耕作植物が南から北へ移動」していることからわかるのは、「現在の下エジプトの気候（それは上エジプトの気候とまったく異なっている）は、古代には、ずっと南にまで広がっていた」ということである（MEGA IV/18: 625）。乾燥の増大や、砂漠化による寒暖の急激な変化は、耕作可能地帯を沿岸地域へと追いやってしまった。だが、本来、ナイル川中流地域は、「百の門を持つ都市テーベがすでに八千年前に」形成され、「最古の民族農耕の所在地」だったのである（ebd.）。

ナイル川とアトバラ川に挟まれ、ピラミッドや寺院が多く見られるメロエ島の文明は、農作物に恵まれていたのみならず、隊商交易の中心地としても栄えていた。フラースは、ギリシャ人とローマ人によるメロエの生活についての記述をまとめており、マルクスはそれを抜粋している。

メロエは諸民族によって囲まれており、部分的には居住も行われている。古代人（アガタルキデス、ストラボン）の伝えるところによれば、これらの諸民族は、農耕の営みに従事するつもりがない。彼らは、紅海沿岸部のトログロディタイ〔穴居民〕として、また、ペルシア湾南東部でネアルコスが出会ったような、アラビア湾のイクテュオパゴイ〔魚を食う人々〕として、さらには、小麦のパンを汚物とみなすマクロビオイ〔長命族〕として、要するに、古代エチオピアの「神々から愛された」住人として、われわれによって讃えられている民族である。(MEGA IV/18: 625 f.)

しかし、古代ギリシャ人たちが語っているような、実り多い自然の恵みは、メロエ文明の跡地、今日でいえばスーダンに広がる砂漠気候において、もはや見出すことができない。ここでも、人々の生活が引き起こす気温上昇と乾燥の増大が、文明を荒野へ変えてしまったのである。「植物世界は、適切な気温帯で自生しようとする限り、耕作とともに南から北へと継続的に押しやられていくが、最終的に、自生地域は一層影響力を持つようになる気候構造の要因によってさらに狭められていき、しばしば、植物は絶滅に近い状態に追いやられてしまう」(MEGA IV/18: 626)。

例えば、哲学者であり、植物学者でもあったテオプラストス（紀元前三七一〜紀元前二八七年）によれば、エジプトではアカシアが生い茂っていたという。しかし、気候変動の結果、一九世紀のエジプトではアカシアの発育状態が悪くなっていた。他方で、現在では、エジプトで幅広く観察されるイナゴ豆は、テオプラストスの時代には生育していなかったとされる。さらに、エジプトにおける植物相の変化を証明するのは、エジプトの農業が綿花栽培に依存するようになっており、「エジプトからの最重要の輸出のほとんどが綿花に関連する」という事実だとフラースは述べる。「綿花を育てることができるのは、冠水しない場所だけである。かつての睡蓮を育てていた沼地に住んでいた人々と、今日の綿花を栽培している農民のなんたる違いだろうか！」(MEGA IV/18: 626)。

エジプトが綿花を輸出できるようになったことは、気候条件が変化したとしても、新しい植物相が生い茂ることを意味しているのだろうか？　そして、そのことがエジプト人の生活や経済にとっての慰めとなるだろうか？　フラースは、そうした楽観的予測は誤りであると考える。なぜなら綿花の栽培さえも、もしこのままの変化が継続するならば、将来的には保証されないからだ。「水量が減り続け、岸辺が著しくせり上がっていくならば、エジプトの肥沃さが人工灌漑を行うことができる非常に小さい地域に……制限されてしまう日が最終的にやってくるだろう」(MEGA IV/18: 426)。

さて、フラースにとって、最も重要な研究材料はギリシャである。というのも、古代ギリシャは今日まで残存する多くの資料を残しているだけでなく、ギリシャの事例は、地理的観点からも、近代以降のヨーロッパ諸国の気候変動を考察する上で示唆的だからだ。フラースによれば、ギリシャもまたメソポタミアやエジプトの文明と同様の気候と植物世界の歴史的変容を被っている。フラースの著作は多様な側面からこの問題を扱っているが、ここでも、森林伐採こそがとりわけ重要な要因であり、そのことはマルクスの自家用本への欄外書込みを見てもわかる。フラースが述べているように、文明の生活は、家屋や船舶建設の材料として、また鉄や砂糖を生産する燃料として、例外なく大量の木材を消費する。さらに、ヤギや羊の飼育には拓けた平野がなければならないし、農家もまた藪を燃やして田畑の肥料にするだろう。皮をなめし加工するためには、樹皮や木質部のタンニンが必要である。こうして、文明の発展とともに木材の消費量は確実に増大するのであり、造林や既存の森林の維持は端的に「実行不可能」(Fraas 1847: 67) になっていく。

森林伐採が無計画に行われた結果、古代ギリシャ人が語っている森林は、近代ギリシャにおいて、もはや見ることができなくなっている。ストラボンの証言によれば、「かつてキプロス人は採掘作業によっても、造船によっても、平野部の森林を根こそぎにすることができなかったため、彼らは、一区画の土地を伐採し、耕作したものには誰でもその土地を自由に使わせたと、エラトステネスは述べている」(Fraas 1847: 63、マルクスの欄外線)〔10〕。だが、フラースの時代には、ギリシャの景観はまったく違う状態になってしまっていた。「しかしながら、現在ギリシャには、簡単にアクセスできる地域に森林はもはや存在しない」(ebd., マルクスの欄外線)。「森林が生い茂っているのは、より標高の高い山岳部であり、これまで林業が不可能とされ、森林の利用が極めて困難な地域においてだけである」(ebd: 65, マルクスの欄外線)。しかし、そうした地域の森林が消失するのも時間の問題であった。

森林伐採の結果として平野部で乾燥した気候が支配的になるにつれ、土着の植物は山岳部へと追いやられる（もちろん、山岳部の気候条件に適応できる場合のみであるが）。「古代のオーク種のうち、耕作による数多くの攻撃と破壊から生きのびたものは、傷つけられた状態ながらも、そのほとんどが、まだ豊かな水が湧き出て、空気もずっと湿っている高い山々の峡谷の日陰へと引っ込んだ」(Fraas 1847: 63 f., マルクスの欄外線)。テオプラストスが平野に生育していると述べたオーク、カエデ、トネリコなどは、フラースの時代には、どれも山岳部へと押しやられてしまっていた。代わりに、平野部では「硬い葉、繊毛に覆われ、棘の生えた藪」が生い茂るようになっているが(ebd.)、そうした植物はサバナ気候やステップ気候に特徴的な植物相に近い。

〔10〕 マルクスは『時間における気候と植物界』を読み進めるうちに、その重要性を確信したのか、本を購入し、直接書き込むようになる。そこで、線が引いてある箇所について、抜粋ノートと同様に検討していく。

こうした森林伐採による気候の変化が、古代ギリシャの伝統的農業を困難なものにしていったとフラースは考える。フラースによれば、かつては、緑草で覆われた低地で、大規模な牛の放牧が行われており、小麦や大麦が冬穀・夏穀として植えられ、十分な収穫をもたらしていた。しかし、「そこではいまや、かろうじてその地域の三分の二が肥料をけっして与えられない土壌の状態で、数多くの雑草と地力を分け合う劣悪な耕作の冬穀に委ねられている。夏の間、耕地は必然的に休閑となる」(Fraas 1847: 96, マルクスの欄外線)。こうした気候変動はギリシャの人々の生活に否定的な影響しかもたらさなかった。というのも、ほかの作物の栽培が新たに成功するようになるほどの大きな気候と土壌性質の変化が生じるわけではないからである。

以上の描写から、フラースとリービッヒの歴史観の違いは明らかであろう。不合理的な自然との付き合いの結果生じる物質代謝の攪乱が文明の物質的基礎を掘り崩すという点で、両者の見解は一致している。しかし、その根源的な原因は、フラースによれば、充足律を無視したことによる土壌内のミネラル物質の不足ではなく、過剰な森林伐採による地域全体の気候変動なのである。この点については現在でも見解が分かれており、どちらが正しいかを決めることはできない[11]。重要なのは、マルクスの物質代謝の攪乱論が——リービッヒの土地疲弊論の絶対視では終わらずに——一八六八年以降、さらに拡大していったという事実である。それにはどういった理論的な含意があるだろうか?

素材的世界の限界としての気候変動

マルクスは労働過程を、労働によって媒介された人間と自然の物質代謝として把握したが、労働を通じて、人間は自然を二重に変容させる。一方で、人間は目的を持って意識的に自然に関わり、様々な欲求を充足することができる。こうした意識的で目的論的なプロセスは人間に特徴的なものであるとマルクスは考えていた。だが、他方で、人間は意識的な生産活動を通じて、自然を意図しない形で大きく変容してしまう。それは、耕作と森林伐採が植物相や気候に与える影響を考えれば明らかだろう。フラースが詳述しているように、労働の結果、耕地は荒れ果て、最終的には文明自体が没落するような結果をもたらしてきたのである。つまり、人間が、単に自然を受動的な道具として扱う場合には、自然の物質代謝が攪乱され、長い歴史的な時間のもとで矛盾が集積されると、最終的には予期せぬ形で人間自身に襲いかかる。フラースは、この危険性をはっきりと警告している。

人間は、自分たちが大いに依存している、彼らを取り囲む自然を、みずから様々な形で変容し、しかも、一般に考えられるよりもはるかに大規模に変容する。人間はこの自然そのものを大きく変えることができるが、その結果、後になってから、自然は、人間のより高貴で、精神的で、物理的な

[11] 例えば、Radkau (2012) の議論を参照せよ。

尊厳を獲得するために必要な手段として機能することを完全にやめてしまい、自然の原初的最高権力という極の正反対に位置する、物理的障害という対極に人間を直面させる。しかも、それは克服の希望なき障害である。(Fraas 1847: 59)

自然を道具化して扱う、全体としては無意識的にしか制御されていない社会的生産は、生産行為そのものが本質的に依存している自然が、実際には完全に恣意的な操作の対象ではないということを忘れ、最終的には、生産活動そのものを不可能にする不測の事態を引き起こしてしまう。こうして、文明は「荒廃を後に残」してきたのだった。

マルクスの「経済学批判」との連関、とりわけ「素材」と「形態」の絡み合いの分析との関連で、フラースの歴史研究が興味深いのは、『時間における気候と植物界』が、リービッヒに依拠した「物質代謝論」を超えるような理論的地平を切り拓くように思われるからである。『資本論』のなかで、マルクスがリービッヒ受容を通じて描いていたのは、資本主義的生産が歴史貫通的な人間と自然の物質代謝のあり方を大きく変容するという洞察であった。物質代謝が価値形成的活動としての抽象的人間的労働によって媒介され、生産過程が価値増殖過程の観点から徹底的に再編成されることから、人間と自然の関わり合いに「亀裂」が生じてくる。労働は歴史貫通的に人間と自然の物質代謝の媒介項であったが、この労働の資本主義社会における特殊な社会的形態規定が、物質代謝を攪乱するのだ。資本の際限なき価値の追求は、物質代謝に深い「修復不可能な亀裂」を生むのであり(MEGA II/4.2: 753)、その具体的事例こそが、リービッヒの警告した都市と農村の対立に起因する「掠奪農業」と「土地疲弊」の問題であった。

もちろん、『資本論』第二版「大工業」章の議論が示すように、マルクスはリービッヒの「掠奪農業」についての理論を依然として高く評価している。だが、それにもかかわらず、マルクスが一八六八年以降にフラースを研究し、「化学学派」と「自然学派」の対立を知るようになったことの重要性を過小評価してはならない。そこでは、リービッヒの土壌の化学分析からは見えてこなかった、気候変動という、より大きな矛盾が警告されているからである。その結果、物質代謝の攪乱の問題を、森林伐採、さらにはほかの環境問題との連関で、一層深く研究しなければならないとマルクスが感じるようになったとしてもなんら不思議ではない。

フラースが主に扱っているのは古代文明についてであるが、『時間における気候と植物界』は、近代社会の生産活動が森林伐採を一層早めることを指摘しており、マルクスも一九世紀のヨーロッパ諸国で森林が急速に減少していることについてのフラースの発言をノートに書き留めている。「今やフランスには以前の森林面積の十二分の一程度の森林しかない。イングランドでは六九の森林のうち、大きい森林は四つだけになっている。イタリアや南西のヨーロッパ半島では、かつては平野でさえもしばしば見られたような立木数は、今となっては、山岳部でさえ見ることができなくなっている」(MEGA IV/18: 621)。フラースが予測するヨーロッパの未来は暗い。文明の発展はより多くの木材を必要とするようになるだけでなく、技術の進歩は、増大した需要を充足すべく、以前には利用できなかった山岳部の森林さえも伐採するようになっていくからである。こうして、長期的には、耕作の一般的な自然的条件は悪化していくことになると、フラースは考えていた。唯一の対策は、不要な伐採をできるだけ控えることでしかない。本の結論部でフラースは次のように述べている。

人工灌漑、多くの新しい耕作植物の導入、耕作方法そのものの変化、人工造林などを用いて、人間は〔気候変動の〕悪弊に力強く抵抗するだろう。しかし、悪弊を完全に取り除くことはけっしてできないし、ましてやその原因を完全に除去することなどできない。文明化して、人口の多い国家は、必然的に自然を傷つける装飾を草原や森林に対して行うことになるし、森林の代わりに耕地を必要とし、沼や湿地を干上がらせ、湿気を保つ泥炭や森林を燃やすことになる。要するに、そうした補完物なしには、国家は現在の国家の姿になることができないのである。しかし自然の状態が有害な影響をもたらしていない限りでは、必要に迫られなければ、こうした自然の状態の変化はけっして企てられるべきでなく、つまり、最も影響力の強い山岳部は極めて切迫していない限り、伐採されるべきでない。(Fraas 1847: 136)

過度な伐採によって禿山になってしまえば、ヨーロッパ諸国にも深刻な影響がでることになるとフラースは警告する。だが、文明生活が大量の木材消費を必要とする以上、自らの主張は受け入れられないだろうと考えていたフラースは、時折、悲観的な一般化を行うのだった。「草原や森林にもっともはっきりと見られる自然の装飾にとっての最大の敵は、商業と産業を伴った耕作である」(Fraas 1847: 68)。

それに対して、マルクスは、フラースと異なり、人間と自然の持続可能な関係性を構築しようとする。それは将来社会において、アソシエイトした生産者たちが、人間と自然の物質代謝を意識的に制御することで実現されなくてはならない。しかし、「この意識的な支配にはもちろん彼〔フラース〕はブルジョワとして思い至らない」のだ。フラースの「ブルジョア」らしさとは、未来社会において解決が要求される資本主義社会の深刻な矛盾を直視しているにもかかわらず、近代社会のエコロジー危機を文明論的に、超歴史的な形で論じる傾向があるということに尽きる。それに対して、マルクス自身は意識的な社会主義的傾向を持って、フラースの古代社会研究のなかに、現代資本主義社会の矛盾が投影されていることを見て取り、その克服を社会主義の実践的課題として措定したのだった。そして、マルクスは、環境問題という疎外の経験から、より持続的な社会的生産と人間の発達を意識的に実現しようとする主体的運動が生じてくる可能性を見定めようとしたのである。もちろん、当時のマルクスは具体的な代替案を有していたわけではなく、だからこそより一層熱心に環境問題を研究しようとしたのであった。

もう一点、フラースとの関連で重要なのは、マルクスがエコロジー危機の問題を単に資本主義が無から作り出した問題として見ていないという点である[12]。そのような（ロマン主義的）エコロジー問題の把握は、一面的な経済決定論に陥ってしまうことになるだろう。実際には、フラースが論じているように、人間と自然の物質代謝における緊張関係は、両者の関係が常に無意識的なものにとどまっていた以上、いわば、歴史貫通的に存在しているのであり、その限りで矛盾は素材的なものである。しかしながら、フラースのように文明論に陥ることもまた一面的である。つまり、こうした素材的な緊張関係そのものが、資本主義的生産のもとで生産過程全体が剰余価値生産の観点から再編成されることで、特殊な歴史的規定性を受け取るのである。その結果、素材世界の攪乱はより一層深刻化し、資本主義的生産が拡大

［12］ Dunayevskaya (1991: 180 f.) が、ジェンダーとの関連で同様のポイントを強調している。

するのに伴い、環境危機もグローバルな規模で深刻化していく。

その限りで、技術の発展と生産力の発展が今日引き起こしている環境破壊や自然資源の枯渇は、量だけでなく、質においても、前資本主義社会の状態と大きく異なっている。資本主義社会は、目先に迫っている環境破壊が引き起こす破局にもかかわらず、自然の無償力をますます使い尽くし、より廉価な商品を大量生産し、消費させることなしには、存続することができない。マルクスの経済学批判の方法は、このような社会的生産から生じる素材的世界の攪乱を、資本の論理が引き起こした矛盾として、その歴史的特殊性を把握することにある。ここで重要なのは、単に経済的形態規定の社会性を明らかにするだけでなく、そうした形態規定を素材的世界との関連で把握することがマルクスの問題意識であったということである。そして、この絡み合いの分析のために、経済学の研究と並行して、素材的世界の特質を自然科学によって解明しようとしていたのだ〔13〕。

なるほど、一八六八年以降に執筆された『資本論』草稿群において、マルクスはフラースに直接言及していない。しかしながら、いくつかの示唆的な記述が残っている。例えば、一八六八年の初めに、マルクスはジョン・タケット『労働人口の過去と現在の状態についての歴史』を読み、ノートに重要な数か所の頁数を書き留めているが、その一つのなかでタケットは次のように述べている。「我々の先祖の怠慢さが木を育てることを怠ったのみならず、多くの場合、若い植物で十分に置き換えることがなかったために森林破壊を引き起こしたことは、後悔の種であるように思われる。〔……〕冷たい風を防ぐものがないため、そこで飼育される家畜は成長が阻害され、植物はしばしば火災で焼け焦がされたか、棒で叩きのめされたような外観となっている」(MEGA IV/18: 456)。こうした議論が、工業・農業・畜産に対して森林のもつ経済学的な役割をマルクスに認識させるようになったのである。

また、フラースの影響は、一八六八年から七〇年にかけて執筆された『資本論』第二部第二草稿のなかにもはっきりと記録されている。すでに第三部主要草稿のなかで、私的所有のもとで森林の管理はうまくいかず、国家所有のもとでのみ多少の持続可能性が担保されることをマルクスは指摘していた（MEGA II/4.2: 670）。第二部第二稿においては、フリードリヒ・キルヒホーフ『農業経営提要』（一八五二年）から数多くの引用を行い、資本の論理と林業に特有の自然的諸制約が両立不可能であることを指摘している。それによると、資本の回転をできるだけ短縮しようとする内的な衝動と森林の生育に必要な長い時間が両者の間に緊張を生み出す。長い引用の後、マルクス自身が次のように議論をまとめている。「文化および産業一般の発達は、昔からきわめて能動的に森林を破壊するものとして実証されてきたが、それに比べれば、この発達が逆に森林の保全および生産のためにしてきたいっさいのことがらは、まったく微々たるものである」（MEGA II/11: 203）。フラースやタケットの議論を念頭に置けば、ここでマルクスは単に木材の不足という経済的な問題だけでなく、気候変動を伴うより大きなエコロジカルな問題を意識していたことがわかる[14]。

本書の序文でも触れたが、マルクスとエンゲルスはかつて『共産党宣言』において、資本の文明化作

[13] それに対して、Grundmann (1991: 83) はフラースに言及するものも、「どのような社会形態のうちにも」存在する次元と絡めてのみ、マルクスのエコロジーを論じようとしてしまい、経済学批判の形態規定の重要性を見失っている。ほかにフラースに触れている先行研究としては、Fetscher (1985: 125) があるが、こちらも内容的な展開はほとんどない。

用を強調し、「自然力の征服」の一例として、「数大陸全体の開墾」を挙げており（MEW 4: 467）、そのような近代ブルジョア的生産の「賛美」は、マルクスのプロメテウス主義を体現するものとして、繰り返し批判されてきた。例えばミシェル・レヴィは次のように批判している。「ブルジョアジーの生産力を発展させる前例なき能力に敬意を払いながら、マルクスとエンゲルスは「人間による自然力の征服」や近代のブルジョア的生産による「数大陸全体の開墾」を手放しで賛美した」(Löwy 1998: 20)［15］。

だが、そのような一般化は誤っている。本章の考察が示すように、マルクスは単純なプロメテウス主義的立場に止まることはなかったということが、一八六八年の抜粋ノートからはっきりわかるだろう。さらに、マルクスはフラースを読んだ後にも、様々な自然科学についての文献をより一層熱心に研究し、リービッヒの「掠奪農業」批判を超えるような形で、人間と自然の物質代謝の攪乱の問題を理論的に発展させようと努力したのだった。その際に、マルクスは、単に生産力の上昇を賛美し、人間による自然の絶対的支配の確立を唱えたわけではなく、人間の自然からの疎外を克服し、「人間が自然との物質代謝を合理的に制御する」(MEGA II/4.2: 838) こと、つまり、より持続可能な生産の実現を一貫して求めていたのである。それこそがマルクスの意識的な「エコ社会主義的傾向」なのだ。

とはいえ、一八六八年以降の研究にもかかわらず、マルクスは『資本論』を完成させることができず、抜粋の成果を草稿に反映させることもほとんどできなかった。だが、一八六八年のノートには、リービッヒとフラースの論争をきっかけとしたマルクスの問題関心の深化が記録されているだけでなく、一八七〇年代の数多くの抜粋ノートにも、これまで十分に注目されてこなかった「資本主義とエコロジー」という未知の領域がさらに広がっているのである。そして、そのさらなる解明こそが二一世紀のマルクス研究にとっての課題となるだろう。

〔14〕ムスト（2018: 209 f.）は、こうした流れのうちに、一八六八年に開催された第一インター・ブリュッセル大会で採択された決議文を位置づけている。その決議文では次のように言われている。「私的個人への森の譲渡が、水源地や、そしてもちろん、良質な土壌の保全、ならびに人々の健康と生活のために必要な森林の破壊を引き起こしていることを考慮すれば、森林は社会の所有物であり続けるべきだと大会は考える」(MEGA I/21: 1955)。マルクスはブリュッセル大会に参加していないため、どれほどの影響があったかについては必ずしもあきらかではない（小谷1982)。とはいえ、ここでの決議文は、当時社会主義者たちのあいだで森林伐採が重要な問題として考えられていたことを示している。

〔15〕だが、レヴィは最近の論文で（Löwy 2017: 11)、『マンスリー・レビュー』に掲載された拙稿（Saito 2016）に言及しながら、旧来のマルクスのエコロジーについて批判的な見解を改めている。マルクスのエコロジーをめぐって『マンスリー・レビュー』と対立してきた『資本主義・自然・社会主義』にこうした論文が載ったことは、新たな対話の可能性を示唆している。

第六章　利潤、弾力性、自然

　前章では、マルクスの環境思想が一八六八年以降さらに深まっていった事実を確認した。それによって、抜粋ノートから明らかとなる新しい知見に基づいて、『資本論』第一巻刊行後の経済学批判と物質代謝論の発展をより正確に再構成していく可能性が切り拓かれたのである。

　とはいえ、本書の冒頭でも指摘したように、マルクスの『資本論』第二部、第三部は未完であり、その完成形は誰も知ることがない。未刊部分はマルクスの死後にエンゲルスによる編集で第二巻、第三巻として出版されることになったわけだが、エンゲルスの編集作業も当然のことながら多大な困難に直面することとなった。もちろん、バラバラの草稿状態にあった未完の作品を一つの完結した体系になんとかまとめあげ、「マルクス主義」を労働者運動のうちに普及させようとするエンゲルスの試みは現実問題としては「成功した」と言えるかもしれない。だが他方で、そのような編集作業はマルクスの理論的不整合さに対する多くの批判をすぐに呼び起こすこととなったのである（Böhm-Bawerk 1896; Tugan-Baranowsky 1901; Bortkiewicz 1952 [1907]）。論争は今日まで百年以上にわたって続いているが、その結果は必ずしも有意義だったとはいえないものが多い。その理由の一つには、エンゲルスの編集のせいもあって、マルクス本人の意図が正しく理解されないままに論争が進められてきたことが挙げられる。エンゲルスの甚大な努力なしにはマルクスの思想がこれほど広まることもなかったことを考えれば、その功績は疑いえないものであったとはいえ、「未完の体系」を「閉じた体系」にすることの限界ははっきりと認められなくてはならない（大谷2016）。

そうしたなかで、MEGA第二部門における『資本論』草稿の刊行が二〇一二年に完了したことは、過去の論争を新たな角度から見直す機会を与えてくれている。マルクス自身の草稿がそのままの姿ですべて刊行されることで、『資本論』の「作者」であるマルクスとその「編集者」であるエンゲルスの違いを批判的に検討することが可能となったからである（Roth 2002）。なかでもとりわけ重要なのが、『資本論』第二部、第三部の草稿を含む第二部門第四巻（II/4.1、II/4.2、II/4.3）、第一一巻（II/11）ならびに第一四巻（II/14）の諸巻であり、その中にはエンゲルスによって採用されなかった文章も多く含まれている。もちろん、これらの草稿を使えば、エンゲルスによる「歪曲」から解放されて、旧来の論争をすべて解決できるといいたいわけではない。未完な体系が未完であり続けることには変わりはないからだ。実際、新草稿の刊行によって、マルクスの経済学批判が、その乗り越えの対象である古典派からの理論的残滓のせいで、「曖昧さ」に囚われているという信念がむしろ強化され（Heinrich 1999）、草稿には「根本的な欠陥」や「混乱」が充ちているという新たな批判を呼ぶようになっているほどである（Stedman Jones 2016: 398）。だが、マルクスの思考を明らかにするために使うことのできる資料が増えたことは間違いのない事実であり、それにもかかわらずMEGAで刊行された草稿がしかるべき研究対象になっていないことは極めて残念なことである［1］。そこで以下では、これらの草稿を抜粋ノートとの関連で考察し、とりわけ六八年以降の環境思想の発展を再構成していきたい。

そこで注目したいのが、「利潤率の傾向的低下法則」である。マルクス経済学の歴史において、「転形問題」と並んで批判されることが最も多いのが、この法則である（Sweezy 1942; Robinson 1942; Okishio 1961）。実際、余りにも多くの批判のために、この法則はマルクス主義者の間でさえも不人気となっていたが、近年では長引く低成長の問題を利潤率の低下から説明しようと試みる研究が新たに出てきている（Carchedi 2011; Kliman 2012; 小西 2014; Roberts 2016）［2］。そのような研究によれば、マルクスの意図はこれまで正しく理解されておらず、そもそも法則は「鉄則」としての利潤率低下の必然性を明らかにしようとしたのではなく、当時、スミスやリカードによっても認められていた利潤率の低下という現象の原因を明らかにしようとするものであった。その限りで、マルクスは利潤率が特定の条件下では低下しない可能性を排除しておらず、利潤率の規定における「生きた矛盾」の存在を認めていたというのである。

マルクスによれば、この法則の矛盾した外見は資本の「弾力性」に依拠するものであり、それは究極的には素材的世界の弾力性に基づいている。資本は現実的な、素材的担い手を必要とするのであり、その際限のない価値増殖への欲動は担い手の素材的性質によって不可避に制約を受ける。つまり、資本は素材的世界を利用することでみずからの弾力性を増大していくが、そのような利用には「克服できない

［1］実際、近年刊行されたＭＥＧＡ第二部の草稿については、以下で触れるハインリッヒやステッドマン・ジョーンズ以外には、大谷禎之介（2018）の研究がある程度である。

［2］転形問題についても、近年では、その理論的一貫性を擁護する論考がＴＳＳＩ（時間的単一体系解釈）という名のもとで刊行されるようになっている。ＴＳＳＩについては、Kliman (2006) や Carchedi (1992) を見よ。

限界」が存在するのである。それゆえ、この問題を考えるためには、利潤率の傾向的低下を単なる数式問題に解消してしまってはならないのであり、資本の素材的側面も考察する必要がある。そのため、マルクスは一八六八年以降、素材的側面が資本に課す制限についてより熱心に研究したのである。現行版の『資本論』にこうした知見は十分に反映されてはいないが、草稿や抜粋ノートに着目することで、より包括的に利潤率の議論を扱うことができるようになるのである。

資本の有機的構成と剰余価値率

マルクスは利潤率（r）を剰余価値（m）の不変資本（c）と可変資本（v）の総和に対する比率として定義している。

$$r = \frac{m}{c+v}$$

この式の右辺の分子と分母をともにvで割ると、次のようになる。

$$r = \frac{\frac{m}{v}}{\frac{c}{v}+1}$$

それゆえ、利潤率には「剰余価値率」(m/v) と「資本の有機的構成」(c/v) という二つの変数があることとになる。

マルクスが唱えたのは、資本主義の発展とともに利潤率が長期的に下落していくということであり、その根拠は生産力の上昇が機械による労働者たちの置き換えを引き起こすことで、資本の有機的構成が高度化するというものであった。「死んだ労働」（不変資本）が「生きた労働」（可変資本）とは独立に作動するようになっていくことで、剰余価値の生産は停滞するようになっていく。マルクスによれば、資本主義の矛盾とは、資本主義が総体的剰余価値の生産のためにもたらす技術革新そのものが、（剰余）価値の唯一の源泉である人間労働を生産過程から取り除いてしまうことにある。「したがって、一般的利潤率の低下の漸進的傾向は労働の社会的生産力の継続的発展に対する資本主義的生産様式に特有の表現にすぎない」（MEGA II/4.2: 287）。資本の生産性の増大が労働の社会的生産性の増大に対する制約になってしまう限りで、資本の限界は資本そのものだというのである。そしてマルクスはこの傾向性の重要性を次のように強調したのだった。「資本主義的生産の進行に伴って利潤率は低下する傾向をもつという法則〔……〕こそが経済学の最も重要な法則なのである」（MEGA II/3: 1632）。

マルクスがこれだけ法則の重要性を強調しており、さらには利潤率低下の必然性が資本主義崩壊の必然性との関連で理解されたために、この法則に対する様々な反論が行われたのは当然だったといえる。なかでも最も有名な批判の一つがセルゲイ・ボルトケヴィッチによって提起され、ポール・スウィージーによって広められた反証である。「利潤率低下法則についてのマルクス自身の証明は誤っているが、それは主に、労働の生産性と剰余価値率の数学的関係を無視したことによるものである」とボルトケヴィッチは述べる（Bortkiewicz 1952 [1906–7]: 73）。その際のポイントは、資本の有機的構成の高度化はたしかに利潤率を低下させるが、生産性の増大は剰余価値率の増大も伴っているということである。だが、マルクスの論証は、有機的構成が常に剰余価値率よりも早く上昇することを証明していないというのだ。最近でもハインリッヒ（Heinrich 1999: 329）が同様の批判を繰り返し、利潤率低下の法則は「根拠づけられない」と結論づけている。というのも、「重要なのは、二つの量のうちのどちらがより早く変動するかという点であり、それを私たちは知らない」からである（Heinrich 2013a: 23, 25）。

ボルトケヴィッチと比較した際のハインリッヒの独自性は、MEGAで刊行されたマルクスの草稿を考慮しながら、この問題について再論している点にある（Heinrich 2013b: 165）。ハインリッヒは、MEGA第二部門第四巻第三分冊や第一四巻で刊行された草稿のうちに利潤率をめぐる様々な計算が含まれている点に着目しているのだ。とりわけ一八七〇年代の草稿は、利潤率が下がっているケースだけでなく、上昇する場合も扱っており注目に値するとハインリッヒは述べる。というのもマルクスがこうした計算を通じて、利潤率が上昇する現実的可能性をよりはっきりと認識するようになったというのだ。そして、この変化の重要性を強調するために、ハインリッヒは、『資本論』第二版の自家用本にマルクスが第三版のために書き加えた覚書きを参照している。そこでは、資本の価値構成が上昇する場合においてさえも、利潤率が上昇する可能性を指摘されているというのだ（ebd.）〔3〕。さらに、ハインリッヒは、マルクスが七〇年代以降、恐慌を論じる時にも、利潤率の低下に言及しなくなっているという興味深い事実を付け加える。これらの「証拠」から、七〇年代の「マルクスは利潤率の法則についての大いなる疑念に苛まれていた」とハインリッヒは結論づけるのである（Heinrich 2013a: 28）。

さて、利潤率の規定に際して二つの変数があるというのは古くから指摘されている問題であるが、先行研究のなかではロマン・ロスドルスキー（Rosdolsky 1977: ch. 16, 17, 26）による応答がよく知られている。ロスドルスキーによれば、利潤率の最大値は以下のように規定されている。

$$r = \frac{s}{C+v} < \frac{s}{C} < \frac{s+v}{C}$$

一番右の状態が、必要労働時間がゼロで、一日に生み出される価値がすべて剰余価値になる、利潤率がもっとも高い状態である。このことが示すのは、剰余価値率の大きさにかかわらず、不変資本の価値が生きた労働が生み出す価値よりも早く増大するなら、利潤率の最大値は必ず減少していくということである。そして、この最大値の減少に規定される形で、実際の利潤率も低下していくというわけだ。ここでのロスドルスキーの想定は十分にあり得るものである。というのも、アンワー・シャイクが指摘するように、機械化とは、「機械の拡張的使用によって」生産力を上げるために、生きた労働に対して死んだ労働の比率を増やしていくことにほかならないからだ（Shaikh 1978: 239）。もちろん、こうした「蓋然性」だけでは、ボルトケヴィッチやハインリッヒの主張を完全に反証することにはならない。とはいえ、近年の実証研究が示すように、その傾向性を認識することで、この法則は現状分析にとっての導きの糸として十分に機能することができるのである。

［3］　該当箇所でマルクスは次のように書いている。「後段のためにここに一言する――拡大がただ量的なものにすぎないなら、同じ事業部門の大小の資本については、利潤は前貸資本の大きさに比例する。量的拡大が質的に作用するなら、それと同時により大きな資本にとっての利潤率が上昇する」（MEGA II/8: 591）。

そこで、以下でまず検討してみたいのは、マルクスが利潤率が低下しなくなるという可能性を七〇年代になってからはじめて認識するようになったというハインリッヒの主張の妥当性である。ハインリッヒは様々な論拠を挙げているが、草稿のなかに見られる利潤率をめぐる「反作用」や「生きた矛盾」の議論は、マルクスがそれよりも前からこの法則を柔軟なものとして把握していた事実を示唆している。この点について、節を改めてより詳しく検討していこう。

資本の「生きた矛盾」

マルクスによれば、矛盾含みの関係性はあらゆる制約を乗り越えようとする資本に特徴的な性質である。久留間（1965: 221 f.）が指摘するように、『要綱』においてマルクスはこのような「生きた矛盾」を扱っている。

> 資本はその本性に従って、労働と価値創造とに対する制限を措定するのであって、この制限は、労働と価値創造とを無限度に拡大しようとする資本の傾向とは矛盾している。そして、資本は自己に特有の制限を措定するとともに、他方でいかなる制限をも乗り越えて突き進むのだから、それは生きた矛盾なのである。（MEGA II/1: 334）

資本が価値増殖を目指すとき、資本は様々な障害にぶつかる。マルクスによれば、みずからがこうした障害を作り出している以上、資本は繰り返し、不可避に障害に直面し、その度に新たな障害を乗り越えなくてはならない。マルクスはこの絶え間ない運動を「生きた矛盾」と呼んだのである。

同じ論理構造は利潤率についてもあてはまる（宮田 2011: 62）。資本の目的は自己価値増殖を最大限にすることである。この目標を達成するために、競争のもとで、生産力を上げ、機械化を進めていくわけだが、ここでもまた自らが生み出す障害に繰り返しぶつかりながら、それを反作用で乗り越えようとする。その現れの一つが資本の有機的構成の高度化にともなう利潤率の減少と相対的過剰人口の形成による賃金低下を通じた利潤率の上昇である。

さらにここで反対作用として働く要因が「同じ原因から利潤率の減少と絶対的利潤量の増加が同時に生じるという二面的な法則」である。マルクスはこの点について次のように述べている。

> 社会的労働の生産力のこの同じ発展――総資本に比べての可変資本の相対的減少とそれにともなう加速的蓄積となって現れるこの同じ諸法則（しかし、他方では、この蓄積が反作用的に労働の生産力の発展および不変資本あるいは総資本に対する可変資本のいっそうの相対的減少の出発点となる）――が、一時的な諸変動を度外視すれば、使用総労働力の累進的増加において表され、剰余価値それゆえ利潤の絶対的分量のいっそう大きな増大において表される。（MEGA II/4.2: 294）

利潤率の傾向的低下は利潤量の増大と並行して進むというわけだ。マルクスは同じ点を繰り返し指摘している。「労働の社会的生産力の同じ発展が、一方では累進的な利潤率の下落傾向となって現れ、他方では取得される剰余価値または利潤の絶対的総量の恒常的な増大において表される」(MEGA II/4.2: 298)。利潤率の低下は、投下資本量を増やすことによる利潤量の増大によって補われるのであり、それは資本が自らの制限を克服しようとする際の一つの方法なのである（前畑 2006）。

もちろん、利潤量の増大は常に起こるわけではない。そのためには、総資本増大の割合が、利潤率減少の割合よりも大きくなくてはならないのだ。そうでなければ、利潤率の低下は利潤量の減少をもたらすだろう。それゆえ、個々の資本家は利潤量を増大させるためにより「加速的蓄積」をするように強いられるのであり、このことが資本の「集積」をもたらす。「利潤率の下落につれて、労働の生産的充用のために、つまり、搾取のためにそもそも必要とされる〔……〕資本の最小限（個々の資本家の手中に必要とされる生産手段の集積度）は増大する。それと同時に集積も増大する。なぜなら一定の限界内では、利潤率の低い大資本のほうが利潤率の高い小資本よりも急速に蓄積するからである」(MEGA II/4.2: 324 f.)。この試みがうまくいく限りでは、利潤率の低下は資本家にその影響をそれほど感じさせない。さらに、この過程を通じて、より高度な有機的構成は生産過程から労働者を遊離して、相対的過剰人口を生み出す一方で、資本の集積はそうした過剰人口の吸収を促す。ここでも、正反対の作用が同時的に働いているのであり、「生きた矛盾」が利潤率の傾向的低下法則においても作用しているのがわかる。

加えて、利潤率の低下がもたらす「集積」と「集中」は、利潤率を上昇させる一連の要因と並行して進行する。まず資本は労働日を延長することで絶対的剰余価値の生産を行うことができるし、機械化を通じて労働強度を高めることもできるだろう。また、生産力の増大は労働力の価値を下げ、相対的剰余価値の生産を可能にする。さらに、生産力の増大は不変資本を廉価にし、資本の有機的構成を下げる。相対的過剰人口の創出も、労働者間の競争を高めることで、労働力の価格を下げ、剰余価値率を上昇させる機能を持つ。最後に、マルクスは不変資本の節約についても論じている（明石2016）。例えば、「生産手段の集積」は、建物、機械、暖房などは労働者の人数の増大に比例して増大しないので、固定資本部分が節約される。ここに原料などのリサイクルを付け加えることもできるだろう。このように、資本の集中は生産や流通の方法を改良することでより効率的蓄積を行うための条件を準備する。こうした様々な条件が利潤率の低下法則を「傾向的なもの」にするのであり、利潤率の低下は景気循環のなかで、アップダウンを繰り返しながら、長期的に確認されるものなのである。

一八六四・六五年の『資本論』第三部草稿におけるこのような議論を考慮するなら、七〇年代にはじめて利潤率が上昇する可能性を真面目に検討するようになったというハインリッヒの指摘が誇張であることがわかるだろう。なるほど、マルクスの一八七〇年代の草稿は、利潤率が上昇する可能性を示唆するような計算も含んでいる。しかし、草稿に編集者がつけたタイトルからもはっきりとわかるように、それらの計算は「剰余価値率と利潤率、数学的に扱った場合」を扱うものである（MEGA II/14: 19）。つまり、マルクスは計算の中でc、v、mの値を適当に変えながら、それらの変数がどのような影響を利潤率と剰余価値率にもたらすかを数式として検討しているだけであり、その際には、現実における資本の技術的・素材的な変容は捨象されたままである。その限りで、これらの計算は非常に抽象的な性格のものであり、現実の資本主義の発展法則にこれらの変数の増減が対応しているか、あるいはそもそものような増減が実際に可能なのかといった問題は考慮されていないのである。

しかも、同じ草稿内におけるハインリッヒが触れていない別の一節では、マルクスは利潤率低下の法則を依然として維持しているように思われる。「すでに〔『資本論』〕第一巻で検討されたように、可変資本部分における漸進的な割合の減少はパーセントで計算された剰余価値量を減少させる傾向、それはまた利潤率＝m/Cを減少させる傾向を示している」(MEGA II/14: 28)〔4〕。この発言においては、ハインリッヒが指摘するような「疑念」は見て取ることができないのであり、ハインリッヒの主張をそのまま受け取ることは難しい。

繰り返せば、マルクスの目的は利潤率の低下とそれによる資本主義崩壊の必然性を示すことではなく、むしろ、資本蓄積の動態的過程を分析するための方法を確立することであった。その際、マルクスは何度も、利潤率低下の法則の二つの側面が「一つの矛盾を含んでおり、この矛盾は矛盾した諸傾向および諸現象として表される」と指摘している (MEGA II/4.2: 323)。資本の「生きた矛盾」のために、対立する現象が同時的に現れるのであり、こうした矛盾した外見を利潤率低下の法則から説明することを目指したのである。そして、「生きた矛盾」に基づいた傾向性として認識することによって、利潤率が低下していない場合にも、なぜ利潤率が低下しないのかを問うことが可能となる。この意味で、マルクスの理論は現状分析のための方法論的基礎を与えてくれるのである。

資本の弾力性とその限界

だが、以上の事実は必ずしもハインリッヒの議論の重要性を否定しない。というのも、七〇年代以降マルクスが利潤率の低下法則について言及しないというハインリッヒの主張は事実であり、たしかにそこになんらかの変化があるように思われるからである。それゆえ、前節で検討した内容に基づいて、問いを新たに立て直さなくてはならない。それは次のようなものだ。初めから利潤率低下法則を傾向的なものとして捉えていたにもかかわらず、なぜマルクスは七〇年代に利潤率の議論を強調しなくなったのだろうか？　ここで晩期マルクスの沈黙を理解しようとするなら、数学的証明は一面的だろう。資本蓄積は単なる量的運動ではなく、資本の集中・集積にともなう担い手の質的・素材的変化をともなって生じるものだからである。資本は現実において恣意的に価値増殖ができるわけではなく、不可避にその担い手によって制約を受けている。だからこそ、晩年のマルクスは純粋に数学的な計算を行う一方で、資本主義的生産の素材的側面を研究したのである。

　マルクスは資本主義が繰り返し恐慌に直面しても崩壊することなく、再びその息を吹き返す事態を目の当たりにする中で、資本の力がいかに弾力的であるかに着目するようになっていった。資本は、「たえず革命をもたらすものであり、生産諸力の発展、諸欲求の拡大、生産の多様性、自然諸力と精神諸力の

［4］　ここではJが前貸資本を表している。

開発利用ならびに交換を妨げるような、いっさいの制限をとりはらっていく」(MEGA II/1: 322)。こうして、素材的世界を内延的・外延的に徹底利用することで、様々な障害に対応するための弾力性を増していくのだ。たしかに、マルクスは資本主義が恐慌によって崩壊するだろうという予測を『共産党宣言』においては持っていたし、一八五七年の恐慌前にも依然としてそうした想定が見受けられる。だが、一八五七年の恐慌も資本主義が乗り越えるなかで、マルクスは資本の弾力的な力能に依拠した資本主義システムがもつ強靭さを認識し、その源泉を分析するようになっていくのである。

『資本論』第一巻では、マルクスは次のように「資本の弾力性」を定義している。

> さらに、すでに見たように、機能資本の大きさが与えられていても、その資本に合体される労働力、科学、および土地（これは、経済学的には人間の関与なしに自然に現存するいっさいの労働対象と解すべきである）は、一定の限界内では、資本そのものの大きさにはかかわりのない作用範囲を資本に許すような、資本の弾力的な力能を形成する。(MEGA II/6: 558)

さらに、『資本論』第二部草稿のなかで、マルクスは資本の弾力性について次のようにまとめている。

> 明らかなのは、前貸資本〔……〕は、生産資本に転化したあと、生産的な力能を含んでおり、この力能は、前貸資本の価値制限によって制限を与えられているのではなく、一定の活動範囲内では、外延的または内延的に異なる作用をすることができる、ということだけである。生産諸要素――生産

諸手段および労働力――の価格が与えられていれば、商品として現存するこれらの生産要素の一定分量を買うために必要な貨幣資本の大きさは一定である。〔……〕しかし、この資本が価値形成者および生産物形成者として作用する範囲は弾力的で、可変的である。(MEGA II/11: 346)

資本はより柔軟な生産を行うために、素材的世界を徹底的に利用していく。その変化は、素材的特性によって様々な形を取る。例えば、労働力は弾力的であり、利潤率を上げるために、同じ賃金のままでより長い時間働かせたり、より労働強度を高めたりすることも可能である(MEGA II/11: 344)。市場における競争下では、総資本を増やすことがすぐにはできないかもしれないが、そのような場合にも、労働力の弾力性が市場の需要の変動に合わせた、調整弁となってくれるのである。需要が突然上昇した場合には、追加の賃金支払いなしで、長時間労働させることができるだろう。あるいは、労働者を強度の高い労働に慣れさせることもできるし、大工業が生み出す様々な技術革新にも労働者は柔軟性をもって適応できるのである。

さらに資本は科学的進歩や新技術開発によって弾力性を獲得し、自然の「無償の恵み」を領有することで、生産性を増大させていく。こうした自然の無償性はそれ自体で資本にとって大きな魅力であるが、自然は弾力的でもある。資本は自らが生み出す廃棄物に対して支払いをしなくとも、それがすぐに生産が依拠する自然的条件を悪化させることはない。環境は生産や消費から生じる様々な否定的帰結を弾力的に吸収してくれるのだ。

とりわけ、農業と採取産業は自然の弾力性についての具体例を提供してくれる。例えば、土壌は穀物が収穫されたのちにもその養分を返さなくても、翌年も収穫をもたらしてくれるだろうし、石炭や石油も短期間であれば、需要に合わせて、比例的な追加費用を要さずに生産量の増大を可能にしてくれる。マルクスはそうした可能性を「先取り（Anticipation）」と呼んでいた。

> 将来の先取り——現実の先取りは、一般に富の生産においては、ただ労働者と土地とに関してのみ行われる。この両者にあっては、早すぎる過労や消耗によって、支出と収入との均衡の攪乱によって、将来が現実に先取りされ、そして荒廃させられることが可能である。それはどちらの場合にも資本主義的生産において行われる。（MEGA II/3: 1145）

とはいえ、資本にとっての問題は、みずからの弾力性が究極的には労働力と自然力の弾力性に依存しており、素材的限界を持っていることである。つまり、一度これらの限界を超えてしまうなら、弾力性は伸び切ったバネのようにその機能を失ってしまう。マルクスはこの点について、過度に延長された労働時間との関連で次のように述べている。

> 機械の大規模な使用、生産諸手段の集積、およびその使用の節約を可能にするものは、労働者たちの結合および彼らの協業であるが、それと同様に、密閉されて、暖房の効き過ぎなどの作業場でのこの大量の人々の集団労働こそ、——労働時間の短縮や特別の予防策によって埋め合わされない場合には、——一方では経営者にとって利潤増大の源泉であるが、他方ではまた、同時に労働者たち

> の早死、より一層の衰退、生命および健康の浪費の原因でもある。（MEGA II/4/2: 140）

不変資本の節約は安全対策や衛生対策のための出費を節約することでも実現可能である。また、長時間労働や低賃金なども可変資本の節約となるだろう。だが、こうした労働条件の変容は客観的限界を持つのであり、そこには、「克服することのできない限界」（MEGA II/4.2: 322）が存在する。労働者の肉体的・精神的能力の掠奪は資本そのものが依存している素材的担い手の質を悪化させてしまうことで、生産過程そのものにも悪影響がもたらされ、資本の望んでいる結果が得られない状態になる可能性があるのだ。

同様の形で、資本が自然の素材的性質に依存しているのが明らかになるのは、「不変資本の節約」との関連で、マルクスが「利潤率は原料の質に依存している」と述べている箇所である。

> ここで唯一重要なのは、一方で特定の量の労働にとって技術的に必要とされる（特定の量の生きた労働と結合するための）搾取手段の量であり、他方では、効率性であり、それは機械などにおいては自明であるが（つまり、そのことについてはすぐに思いつくが）、原料などの質においても役割を果たすものである。（MEGA II/4.2: 117）

原料はその質に応じて、不変資本の節約への貢献度合いが大きく異なる。この質への依存性が資本蓄積にとってとりわけ顕著な問題として感じられるようになるのは、資本がその担い手の質的性格を無視してしまうことで、自然力の質そのものが低下してしまう場合である。例えば、羊毛や綿花の品質が下がってしまうなら、同じ商品を生産するために、より多くの原料が必要となったり、完成品の品質が下がったりする。あるいは、土地疲弊の事例でも見たように、場合によっては、質の悪化のみならず、生産物の量的な減少さえもともなうことがある。リービッヒが警告したように、掠奪農業は、先取りによって一時的な生産量の増大を可能にするものの、先取りが長期的に行われる場合には、人間と自然の物質代謝を攪乱し、生産のための物質的条件を切り崩すことになる。

以上のような生産の自然的条件の悪化は利潤率にも影響を及ぼすことになるとマルクスは指摘している。「農業における社会的生産力の増加は自然力の衰退を埋め合わせるにすぎないか、または埋め合わせることさえなく――この埋め合わせはいつも一時的に作用するだけである――、そのため農業では技術の発展にもかかわらず、生産物は安くならず、ただそのいっそうの高騰がさまたげられるだけであるということがありうる」(MEGA II/4.2: 709)。農業と採取産業は人間が容易には変えることができない気候・土壌成分・降雨量などの自然的条件に大きく依存している。そのことを無視する慢性的な掠奪は、予期しないような不作や枯渇をもたらす可能性があるのであり、それは利潤率にとっても否定的な影響を与えるのだ(Perelman 1987: 48)。

さらに、利潤率低下への反作用としての資本の集積も問題をよりいっそう深刻化させる。生産規模の加速的拡大は、原料と補助材料の投入量を増やすことになるが、自然による供給が資本蓄積のペースについていける保証はどこにもないからだ。「労働の生産性は自然的諸条件とも結びついており、この自然的諸条件は、生産性――社会的諸条件に依存する限りでの――が増加するのに比例して豊度を小さくしていくこともよくある。それだからこそ、これらの異なる部面において、こちらでは進歩が、あちらでは後退が、という相反する運動が生じるのである。たとえば、あらゆる原料の大部分の分量を左右する単なる季節の影響、森林・炭鉱・鉄鉱山の荒廃を考えてみればよい」(MEGA II/4.2: 333 f.)。新しい機械の導入は生産力を突如二倍、三倍にするかもしれない。その結果、必要とされる原料・補助材料は比例的に増大するだろう。だが、そのような変化は自然のサイクルとはまったく無関係のところで生じているのであり、自然の方は同じペースで供給量を増やすことはできない(Lebowitz 2005: 138)。自然力の「先取り」が一時的には需要の突発的増大を賄うことができるかもしれないが、長期的には自然条件の枯渇や悪化をもたらしてしまう。その結果供給が絶たれたり、価格が高騰したりするなら、最終的には、資本の価値増殖に大きな影響を与えることになる。

> 原料の価格が高騰すれば、(労賃などの控除後に)原料の価格を商品の価値から補填することなどは不可能であろう。それゆえ、激しい価格変動は、再生産過程における中断など、大きな衝突、さらに破局を引き起こす。つまり、このような価値変動にさらされるのは、とくに本来の農業生産物(植物・動物界に属する原料)〔……〕である。ここでは、同じ分量の労働が、制御できない自然の諸事情、季節の順不順などの結果、非常に異なる分量の使用価値のうちに現れることができ、それに応じて、これらの使用価値の一定量が非常に異なる価格を持つことになるであろう。(MEGA II/4.2: 188 f.)

恐慌の瞬間には、資本の自然への依存性が明らかとなる。資本による掠奪が自明の前提条件として扱ってきた素材そのものを破壊した後で、収益性に影響が出るようになってから、資本ははじめて問題の深刻さに気がつくのである。にもかかわらず、資本はこうした限界を受け入れずに、絶えず新たな障害を乗り越えようとし、世界中を駆け回って、新たな使用価値や原料を開拓し、新しい技術を開発していく。だが、それは単に資本の文明化作用と結びついた「全般的な有用性の体系」を世界規模で打ち立てるわけではなく、環境帝国主義という形で、人々を抑圧し、さらには人間と自然の物質代謝に「修復不可能な亀裂」を引き起こす。つまり、資本が絶えず限界を超えようとすることによって、むしろ環境危機を深刻化させ、持続可能な発展を不可能なものとするのである。ここでも、資本の限界は資本そのものであることが判明するのだ。

抜粋ノートと自然の弾力性

このようにマルクスの利潤率の研究とエコロジー研究は密接な関係性をもっている。その分析は『資本論』草稿においては部分的にしか展開されていないとはいえ、抜粋ノートを調べると地代論以外の箇所でも――利潤率や資本の回転との関連で――マルクスが新たな視点を取り入れようとしていたことがわかるのである。

例えば、一八六八年の第三部草稿でも、様々な利潤率の計算が行われているが、そのなかで、マルクスが技術的な進歩による生産性の増大は農業や採取産業における生産性の減少を補うことしかできないか、あるいはそれさえもできないと述べていることは注目に値する。「労働の生産性の増大は、農業や採取産業などの特定の場合のように、おそらくは生産性の低下する自然的条件にとっての不十分な補完としてしか役立たない」(MEGA II/4.3: 80)。先にも述べたように、この草稿では、マルクスの関心はあくまでも数学的な計算にとどまっており、具体的な状況についての叙述を展開していないが、並行して作成されていた抜粋ノートはマルクスがここで言われているようなテーマに強い関心をもって取り組んでいたことを示唆している。

　前章でみたように、マルクスは一八六八年以降、農業における土壌疲弊だけでなく、様々な持続可能性の問題に関心を持つようになっていった。森林伐採との関連で言えば、マルクスはM・L・ムニエ『フランスの農業』を一八六五年に読んでいる。『資本論』第三部草稿で利用された箇所では、マルクスがとりわけムニエの土地価格の説明に関心を持っていたかのように見えるが、それだけではない。ムニエはアルプス山脈やピレネー山脈での過度の放牧や森林伐採が地域の気候を変えてしまい、さらには禿山になったせいで洪水が増え、土壌の養分が洗い流されることで地域の農業や生活に破壊的影響がもたらされた事実を指摘しており、該当箇所をマルクスは抜粋していた（MEGA IV/18: 195-198）。こうした知見はフラースを読むことでさらに深められ、資本の回転との関連で、過剰な森林伐採がもたらす否定的帰結が展開されることになる。

　同時期に、マルクスの関心は畜産へも拡大していった。一八六五・六六年に、マルクスはレオンス・ド・ラヴェルニュ著『イングランド・スコットランド・アイルランドの農村経済』（一八五五年）を読んだが、この作品はフランスと比較した際のイングランドの農業の優越性を熱心に説いている。その実例として、ラヴェルニュはイングランドの畜産家ロバート・ベイクウェルが生み出した飼育方法を挙げている。それは「選択の体系」に基づくものであり、交配と選択によって、羊がより早く育ち、より多くの肉をつけることを可能にするというものであった（Lavergne 1855: 19 f.）。マルクスはこの「改良」についての一連の文章を抜粋した後に、極めて否定的なコメントをつけている。「早熟、全般的に弱々しく、骨の欠如、たくさんの脂肪と肉の発達など。これらすべては人工的な産物である。反吐が出る！」（MEGA IV/18: 234）。私的なノートでの率直なコメントは、マルクスが無批判的に技術の発展を信奉していたというイメージを覆してくれるだろう。資本にとっての有用性という観点からのみ、自然的過程に介入することに対して、マルクスはそれを掠奪という観点から批判しているのである。

『資本論』出版後の一八六八年に、マルクスはドイツの農学者ヴィルヘルム・ハムの著作『イングランドの農業用具と機械』（一八四五年）で同じテーマに帰ってくる。ハムはラヴェルニュの著作をドイツ語に翻訳するほどのラヴェルニュの熱心な支持者であった。それゆえ、ここでもまた交配や飼育方法の改良による畜産業の生産性増大について、イングランドの事例が称賛されている。だが、そうした「改良」についての記述を抜粋した後に、マルクスは次のようなコメントを書き留めている。

この牢屋のなかで動物たちは生まれ、殺される日までそのなかにいる。問題は次のようなことだ。このシステムが、飼育システムと結びついて、動物を単なる肉と脂肪の塊に変えるために、異常な形で成長させ、その骨を抑えつけるが、しかし以前は〔一八四八年より前〕解放された空気のもとに可能な限り留まることによって〔悪影響は〕緩和されていたのであり、最終的には、生命力を大いに損

ねる原因になるのではないか？（MEGA IV/18: 303）

同様の懸念は、ヘルマン・ゼッテガスト『北ドイツの牧羊飼育は、外国との競争に抗して、いかなる方向に向かうべきか』の自家用本においても見出すことができる。羊毛を最大限にしようとした場合には羊の体格が衰えてしまうという指摘にマルクスは赤線を引いているのだ（フォルグラーフ 2016: 256）。

一九世紀の初頭から、ベイクウェルによって交配されたニューレスターはアイルランドに持ち込まれ、現地の羊と交配されることでロスコモンやゴールウェーが生まれた（Dohner 2001: 121）。もちろん、こうした「改良」はアイルランドの農業生産性をイングランドのために増大する目的で行われたのである。マルクスはイングランドにおける資本蓄積のためにアイルランドの労働者階級の生活のみならず、地域の生態系が変容されることにも気が付いており、外観上の生産力の増大にもかかわらず、動物の健康や生活が資本にとっての有用性へと従属させられ、破壊される環境帝国主義を批判しようとした。マルクスにとって、人間と自然の物質代謝を持続可能な形で維持する可能性を掘り崩すような生産力の増大は「発展」ではなく、「掠奪」にほかならない。生産力至上主義としてマルクスはしばしば批判されてきたが、「生産力」概念は、人間と自然の物質代謝の意識的な管理を実現するための主体的能力を含むものとして理解されなければならないのである。

その後、マルクスが畜産の問題に『資本論』第二部第二稿の草稿で触れた際には、林業と同じ理由から、資本と自然の間に緊張関係が生じると指摘している。つまり、家畜の生産にかかる時間が資本にとっては長すぎるのだ。ここでは、マルクスはウィリアム・ウォルター・グッド『政治、農業、商業上の誤謬』（一八六六年）から引用している。

このような理由から、農業は経済学諸原則によって規制されることを思い出すならば、以前は飼育のために酪農地帯から南部に送られてきた子牛が、いまやバーミンガム、マンチェスター、リヴァプールや他の近郊の大きな町の食肉処理場において、生後一週間や一〇日で大量に生贄にされる。……子牛を飼育するように助言されると、これらの小農場経営者らはこう言うだろう。「乳で飼育することが割に合うことはよくわかっている。だが、そのためにはまずわれわれの財布に手をつけなければならないが、それができない。そして、酪農ですぐに金を回収するかわりに、金を回収するまでに長いこと待たなければならない。（MEGA II/11: 188）

飼育期間がベイクウェルやほかの畜産家がもたらす発明によってどれだけ短縮されようとも、短い資本の回転を実現するために、牛や羊はより一層早熟な状態で殺されるだけである。資本の論理が生産力を十分に発展させることができず、むしろ自然の力を濫用することで自然の物質代謝を攪乱してしまい、「農業の大きな損害」をもたらすという認識を、マルクスが様々な角度から展開しようとしていたことがわかるだろう（MEGA II/11: 187）。

以上の例は一八六八年のノートに含まれている抜粋である。マルクスは『資本論』の執筆と並行しながら――とりわけ流動資本や固定資本との関連で――、これらのテーマの研究を行っていたのであり、一八七〇・八〇年代に入っても作業を継続した。それゆえ、マルクスが自然科学研究の成果を地代論のみならず、資本の回転や利潤率との関係で、しかもエコロジカルな観点から扱おうとしていたことは十分に想像できる。

実際、一八七〇年代の抜粋ノートを見てみると、マルクスの関心が継続していることがわかる。晩年の一八七八年には、ジョンストン『農芸化学と地質学の要素』、ジョン・イーツ『商業の原料の自然史』、ジョセフ・ジュークス『学生用地質学の手引き』などからかなり詳しいノートを作成し、自然的条件における変化がもたらす経済的影響を考察している。例えば、新しい鉱山から採掘される鉄の質に着目し、鉄への需要が増大するにつれて、より悪い条件の鉱山でも採掘が継続されるようになると述べている。「不利な（自然的）条件にもかかわらず、アイルランドからイングランドやスコットランドへの鉄鉱石の輸出が生じたのは、需要がかなり増大したせいである。このことは、より優良な採取領域からより劣等な採取領域へ進められていく過程を示している」（MEGA IV/266: 8）こうした発言は、あたかもマルクスがリカードの収穫逓減の法則を受け入れたかのように見えるかもしれない。だが他方で、マルクスはより進歩した技術や科学が採取産業においても登場し、生産性を大幅に高めている事実も認識していた。マルクスは一八八一年にはアメリカにおける石炭の掘削機の発達が、採掘の速度を大幅に上昇させ、労働者たちを遊離する可能性に着目していたのである（MEW 35: 195; フォルグラーフ 2016: 273）。

そのうえで、地質学が生産性向上のために持つ「実践的意義」について強調したのだった。「無知のために、甚大な貨幣額が石炭採掘だけをとっても無駄になっている。ジュークスの知るところだけでも、こうして無駄に支出された貨幣総額はイギリスにおける地質学調査一年分の費用をまかなうのに足りるような額である」（MEGA IV/26: 478）。それゆえ、「イギリスにおける地質学の実践的応用にとっての主要な点の一つは、軽率な計画に貨幣を無駄に支出するのを防ぎ、その貨幣をより成功の見込みがある所に向けることである」(MEGA IV/26: 642)。こうして、地質学は利潤をもたらすような投資の確率を上げるだろう。さらに、新しい機械や技術の発展は、これまでは利用することのできなかった新しい物質の採取・利用を可能にする。マルクスは括弧のなかにみずからのコメントを挿入しながら、次のように述べている。「スコットランドの町全体は花崗岩の上に建っており（これは労働手段の改良がようやく労働対象を原料へ転換したことについての例である）、この岩石を切出し、下準備するための機械の改良とともに、花崗岩の利用はイングランドで大きく拡大した」(MEGA IV/26: 15)。

　農業の発展については、ジョンストンも一方では掠奪が進み、土地疲弊がもたらされるが、他方では、農業の進歩はこれまで不毛だった土地をより生産力が高い状態へ改良すると指摘している。「この岩層の粘土質の土地は耕作するのが難しく、費用もかかる〔……〕粘土の上にある砂を含んだ石灰岩の土壌も貧しい。しかし、その土壌がその下にある粘土と混ぜられるなら、素晴らしい耕作地が生まれる」。ジョンストンはさらに次のように述べている。「最近、いくつかの地域では（クロイドン）、上層の白亜の耕作地をより深く鋤で耕し、それによって、この上の白亜をその下にある白亜と六～八インチほど混ぜることによって、穀物と豆にとってずっと生産的な土壌へ変えられた」(MEGA IV/26: 78 f.)。新たな耕作機械や科学的知見が広がると、不毛だった地域は耕作地に適した状態に変化する場合がある。マルクスはかつて「土地疲弊の真の自然的諸原因は差額地代について書いたすべての経済学者に、その当時の農芸化学の水準のために知られていなかった」と述べていた（MEGA II/4.2: 723）。それに対して、晩年のマルクス自身は熱心にそうした具体的事例について研究していったのである。

これらの事実から、まさに自然という領域においても、マルクスは掠奪と改良という正反対の傾向性が生み出す、「生きた矛盾」を展開しようとしていたことがわかる。マルクスの態度は、単に数式上の利潤率の傾向的低下を論じる論争とは対照的である。なぜならマルクスは様々な反作用する傾向をその素材的弾力性に着目しながら、把握しようと試みていたからである。それゆえ、ハインリッヒが指摘するように、晩年のマルクスが利潤率の傾向的低下に言及することがなくなったとしたら、それはマルクスが資本の弾力性により大きな力能を見出したからであり、その力能を経験的次元でより一層詳しく研究する必要を認識していたからだ、と言える。マルクスによれば、利潤率の変動は資本の素材的担い手と密接に関連しているのであり、両者を切り離して考察することはできない。資本の価値増殖と蓄積は単なる抽象的な価値の運動ではなく、生産過程において具現化されなくてはならないのであり、利潤率の計算において重要な価値構成の割合が「資本の有機的構成」と呼ばれるのは、まさにそうした素材的側面も包括した価値と技術の連関を表現するためなのである。

環境危機と経済危機

今日でもしばしばマルクスが経済的領域を「特権視」し、それゆえ経済決定論に陥ったというステレオタイプを耳にすることがある（Fraser 2014: 56）。だが、もはやそのような批判は少なくとも専門家の間では受け入れられなくなっている。マルクスの研究が人種・エコロジー・ジェンダーを包括する幅広いものであり、資本主義分析の方法論的基礎として依然として重要であることは繰り返し示されているからだ（Burkett 1999; Anderson 2010; Brown 2012）。事実、そうした流れの中で、環境の領域においても、経済決定論に陥ることなく、資本主義の危機を論じようとする試みが様々に展開されてきた。

なかでも有名な議論の一つが自然の「過少生産」に基づくオコンナーの議論である（O'Connor 1998: 129）。オコンナーによれば、資本は持続可能性の条件を考慮にいれることを拒むために、長期的には自然的条件の悪化が不可避に資本のコストを上昇させずにはいられないという。自然の力は産業の発展についていくことができず、工業が求める原料を供給することができないために、生産費用は上昇を続ける。これが「資本主義の第二の矛盾」であり、不変資本費用の上昇が利潤率を低下させるというものだ。ローザ・ルクセンブルクに代表されるような需要不足に着目した「過少消費説」が支配的だったのに対して、オコンナーの議論は恐慌を「コストの面」から生じる「自然の過少生産」の問題として定式化したのである〔5〕。

こうした議論は、近年ジェーソン・W・ムーア（Moore 2015）が「エコロジカルな剰余低下の傾向」として自然の過少生産説をリニューアルし、経済危機について論じることによって、再び注目を浴びるようになっている。ムーアにとって物質代謝の攪乱という問題が経済危機の枠組みで論じられるのは、それが生産費用の上昇に起因するものだからだ。その結果生じる利潤率の低下が資本主義システムを不安定にするというわけだ〔6〕。それゆえ、ムーアの焦点は「廉価な自然」（Cheap Nature）――「労働力」「原料」「エネルギー」「食糧」――の終焉であり、自然の過少生産がもたらす利潤の危機と抵抗運動の発生という社会システムの正当性の危機なのである。

だが、もし増大する費用が究極的な問題であるとすれば、さらなる技術革新とイノベーションによる費用の減少こそが解決策ということにならないだろうか。そして、これは資本が好む解決策にほかならない。それに対して、マルクスはそのような費用の増大が資本の支配体制に致命的な危機をもたらすとは考えていなかった。むしろ、障害を乗り越えようとする絶え間ない試みが資本主義の時間稼ぎを可能にするものの、他方で、価値増殖の論理と自然的条件の素材的論理の間の緊張関係を高めていくことを強調していたのである。例えば、石油価格の上昇は、タールサンドや、フラッキング、シェールガスといったより地球温暖化にとって有害な採掘方法や資源への資本投資を可能にしてしまう。資本主義社会はすでに化石燃料なしには成り立たない生産システムを構築しているため、石油の価格上昇は、資本にとってむしろチャンスなのである。あるいは、気候変動に直面しても、資本は熱波や干ばつに強い遺伝子組み換え作物を販売したり、台風や洪水用の災害保険やシェルターを商品化したりすることで、さらなるビジネスチャンスを見出すことができる。それこそが「惨事便乗型資本主義」(Klein 2008) の戦略にほかならない。要するに、資本の適応能力は甚大であり、資本主義的生産は仮に地球の大部分が人間やほかの動物の生存にとって適さないような状態になったとしても継続可能なのである。だからこそ、バーケットは次のように述べている。「大胆にいうなら、資本は原理的にどのような自然的条件のもとでも、

［5］その際、オコンナーはマルクス自身が展開していない問題をさらに発展させたものとして、みずからの「資本主義の第二の矛盾」を捉えている（O'connor 1998: 160)。

［6］ムーアは「物質代謝の亀裂」という概念を「デカルト主義」であるとして批判している。この点に対する応答としては、斎藤（2017）を参照されたい。

つまり、それがどれだけ悪化していたとしても、人類が完全に絶滅しない限り、蓄積を継続することができる」(Burkett 2014 [1999]: 196)。つまり、市場メカニズム自然の状態を価格にフィードバックすることは十分にできないため、資本蓄積が惑星規模の物質代謝の亀裂によって致命的な危機に陥る——「資本主義の第二の矛盾」——よりもずっと前に、自然との共存・共発展を目指す社会構築のための物質的条件は壊滅的状態になってしまうというわけだ。このことは、二一〇〇年までの気温上昇を二度以内に収めるためには、二〇五〇年までに二酸化炭素の実質排出量をゼロにしないといけないという事実と、それを無視した場合の資本蓄積継続の確実性を考えれば、明らかである。このため、フォスターとバーケットは「経済危機（economic crisis）」から区別して、「環境危機（ecological crisis）」を資本主義の中心的危機として論じている（Foster und Burkett 2016: 6)。環境危機の問題は利潤の減少ではなく、資本主義という社会システムが人間の自由で、持続可能な発展という観点にとって非合理的なシステムであるということであり、だからこそ、それは人々の手で意識的に変革されなくてはならないのだ（Foster 2015: 9)[7]。その際に重要なのが、階級という視点である。なぜなら、一%の人々は気候変動から生じる環境危機をオフショア化しながら、資本蓄積を継続する一方で、資本と違って簡単に移動することのできない九九%の人々は「環境プロレタリアート」(Foster 2010)、あるいは「環境難民」として、自然からの疎外に苦しむことになるからである。その限りで、気候正義への取り組みは階級闘争という問題を避けることができないのである。

経済危機と環境危機という二つの種類の違う危機が存在するが、オコンナーやムーアの論じる資本蓄積の危機から、人間と自然の物質代謝の亀裂における環境危機へエコ社会主義はその力点を移さなくてはならない。なぜなら、それこそが人間の疎外や苦しみの原因であり、究極的には人間と自然の共存や共発展を脅かすものだからだ。この意味で、マルクスのエコ社会主義は、資本の立場から把握されたものではなく、持続可能で自由な人間的発展の立場から展開されるものなのである。

このような観点から、晩年のマルクスは無限の価値増殖への衝動から生じる様々な矛盾を批判しようと試みたのだった。だが、それにもかかわらず、マルクスの意図は正しく理解されずに、エコ社会主義の視座は長いこと無視されることになってしまった。それにしてもどうしてそのような事態になってしまったのだろうか？　最後の章ではこの問題に取り組むことにしたい。

［7］　こうした認識が、近年の環境運動にみられる“System Change, Not Climate Change”というスローガンに端的に表されている。

第七章　マルクスとエンゲルスの知的関係とエコロジー

これまで見てきたように、マルクスのエコロジー思想は若いころから晩年にかけて一貫性をもって発展を続け、『資本論』草稿や抜粋ノートのうちにはその思考の痕跡が明確に刻まれている。だが、それにもかかわらず、マルクスの思想は「生産力至上主義」であり、環境思想とは相容れないという批判が長いこと大きな影響力を持ち、マルクス主義者たちによってさえも受け入れられてきた。そのため、マルクスはあくまでも典型的な一九世紀の思想家であり、現代の環境問題については有効な理論的基礎を提示することができないという批判は今日でも依然として根強い（Tanuro 2010: 91）。また、最も著名な存命のマルクス主義者といっても過言ではないアラン・バディウやスラヴォイ・ジジェクはエコロジーが（宗教に代わる）「新たな大衆の阿片」に過ぎないと皮肉っている（Badiou 2008: 139; Žižek 2009: 158）。なぜこのような事態が生じてしまったのだろうか？　なぜマルクスのエコロジーはこれほどまでに拒絶されなくてはならないのだろうか？

実は、このような根強い批判の背景には、「マルクスとエンゲルスの知的関係」という古くからの問題がある。ルカーチに端を発し、シュミットやゾーン＝レーテルを経て、ジジェクやバディウにまで連なる「西欧マルクス主義」――この言葉はメルロ・ポンティによってはじめて用いられた――の伝統は、自然科学をエンゲルスの専門領域とみなすことで、マルクスの社会分析を救済しようと試みてきた。だが、その代償として、彼らはマルクスの自然科学研究を無視したために、資本主義批判としてのエコロジーを展開することができないというジレンマに陥ってしまっている。そして、こうした閉塞感のために、彼らはマルクスが環境問題に十分な注意を払ってこなかったことを批判してきたのである。ところが、近年マルクスのエコロジーが本格的に展開されるようになると、今度はみずからの過去の誤りを認めることを拒否し、逆にエコロジーなどという問題は社会主義革命にとって本質的な問題ではないという詭弁を強める結果となっているのである。

西欧マルクス主義の理論的困難を克服すべく、『マンスリー・レビュー』のフォスターやバーケットは異なったアプローチを採用した。彼らはマルクスとエンゲルスの間にエコロジー思想に関して重要な異同は存在しないと主張し、マルクスの『資本論』に内在する形で「物質代謝の亀裂」概念を練り上げたのである（Foster/Burkett 2016: 10）。さらにフォスターはその分析を現代の環境問題へと拡張することで、「マルクスのエコロジー」が持つ現代的な意義を積極的に提示しており、その先駆性には目を見張るものがある（Foster et al. 2011）。とはいえ、フォスターやバーケットがマルクスは経済学批判の一環として環境問題を捉えようとしていたと唱え、その上でマルクス経済学とエコロジー経済学との対話を試みようとすればするほど（Burkett 2006）、マルクスとエンゲルスの経済学批判をめぐる理論的な違いから、エコロジーや自然科学研究の領域においても重大な見解の相違が存在するのではないかという疑念が強まってくる［1］。

そこで、以下では先行研究とは異なるアプローチを採用してみたい。つまり、これまで西欧マルクス主義によって無視されてきたマルクスの自然科学への取り組みを『資本論』との関連で検討することによって、エンゲルスとの差異を考察していく。具体的には、フォスターやバーケットがすでに指摘しているような自然科学研究における両者の共通性や協働を一定程度前提としながらも、彼らが検討していないＭＥＧＡの新資料を『資本論』との関連で分析し、晩期マルクスのエコロジーの射程を明らかにしていきたい。そうすることで、『資本論』という未完のプロジェクトを二一世紀にエコロジカルに発展させるための理論的方向性が浮かび上がってくるだろう。

マルクスとエンゲルスの知的分業？

「西欧マルクス主義」というカテゴリーに含まれる思想家は極めて多様であり、彼らのあいだに理論的な統一性があるわけではなく、その定義付けも様々である。だが、その大きな共通点として、「反ソ連マルクス主義」、「反スターリン主義」という特徴を挙げることができるだろう（Jacoby 1991: 581）。とりわけ、本書の文脈において注目に値するのが、ソ連の機械論・経済決定論的な「弁証法的唯物論」からマ

［1］日本では島崎（2007: 126 ff.）がエンゲルスのエコロジーに積極的な意義を認めている。そこでの中心的議論は「自然の復讐」という枠組みであるが、それがマルクスとは立場の異なるものであるということについては以下で展開する。

ルクスを救い出すために、西欧マルクス主義が自然科学をエンゲルスの専門領域とみなし、マルクスの経済学批判とは関係のない領域として扱おうとしたという事実である。もし人間とは独立した自然そのものに弁証法が存在すると考えるなら、自然の観察から弁証法的な概念把握が可能であることになり、自然科学の実証主義的な思考がマルクス主義の社会分析へ逆輸入されることになる。こうした事態を深刻視した西欧マルクス主義は、弁証法の適用範囲を社会に限定することでマルクスを機械論的な世界観から救おうとしたのだった。その根拠となったのが、次のような有名なルカーチの『歴史と階級意識』における発言である。

このように方法を歴史的・社会的な現実に限定することは、きわめて重要なことである。エンゲルスの弁証法にかんする叙述から生じてくるさまざまな誤解は、本質的には、エンゲルスが——ヘーゲルの誤った例にしたがって——弁証法的方法を自然の認識にも拡大しているということに根ざしている。弁証法の決定的に重要な諸規定、すなわち主体と客体との相互作用、理論と実践との統一、思考におけるカテゴリーの変化の基礎としてのその土台の歴史的な変化、等々の諸規定は、自然認識のなかには存在しない。(Lukács 1970 [1923]: 63)

こうしてエンゲルスは自然への弁証法の不当な拡張を理由に批判されることとなる。ソ連型マルクス主義の元凶はエンゲルスというわけだ。つまり、西欧マルクス主義はマルクスとエンゲルスのあいだに社会科学と自然科学という知的分業を主張することによって、後者をスケープゴートにしたのだった。

皮肉なことに、この知的分業を強調したのはエンゲルス本人であった。マルクスの死後に刊行された『反デューリング論』第二版「序文」(一八八五年)のなかでエンゲルスが述べているところによれば、マルクスは「数学に精通した人であったが、さまざまな自然科学については、われわれは少しずつ、とぎれとぎれに、ばらばらに追究することしかできなかった」。だが、その後エンゲルス自身は、「力が及ぶかぎり」で「数学と自然科学」を研究したと回想している(MEGA I/27: 494)。事実、『反デューリング論』と『自然の弁証法』はエンゲルスが物理学、化学、生物学の領域を詳細に検討したことを記録しており、伝統的マルクス主義の世界観構築に大きな影響を与えた。反対に、マルクス自身は、自然科学についてのまとまった著作を残していないために、自然科学を担当したのはエンゲルスであるという見解が広く普及したのである。

ところが、エンゲルスは『反デューリング論』第二版「序文」のなかで、読者にある重大な隠し事をしている。当時マルクスの遺稿を整理・編集していたエンゲルスは、晩年のマルクスが熱心に自然科学関連の著作を研究し、膨大な量の抜粋ノートを作成していたことを知っていたにもかかわらず、そのことにはまったく触れずに、マルクスは自分とは違って自然科学を「とぎれとぎれに」、「ばらばらに」しか研究できなかったと述べているのだ。

なるほど、一八六四年七月の段階では、マルクスはエンゲルスに触発されて、カーペンター『生理学』やシュプルツハイム『脳と神経系統の解剖』などを読み、「僕はいつも君の足跡についていく」とエンゲルスに伝え、自然科学をさらに勉強する必要性を率直に認めていた(MEGA III/12: 585)。だが、その後一八六五・六六年にかけて、リービッヒを読んだのを皮切りに自然科学研究に火が付き、一八六八年以降、その研究対象は化学、地質学、鉱物学、生理学、植物学など多岐に及ぶようになる。とりわけ、今日でいう化石燃料の使用によるエントロピー増大の問題については、自分よりもマルクスの方が精通していることをエンゲルス自身が認めるほどであった。「労働している人間は、単に現在の太陽熱の固定者であるだけでなく、それよりもずっとはなはだしい過去の太陽熱の浪費者である。エネルギーの貯蔵物である石炭や鉱石や森林などの乱費において我々が何をやっているか、僕よりも君のほうがよく知っている」(MEW 35: 134)。だが、『反デューリング論』でエンゲルスはそうした晩年のマルクスの取り組みには何も触れずに、自らの自然科学研究がマルクスの「発見した」唯物論的弁証法の応用であると宣言したのである。

そもそも、第二版「序文」には問題含みの文章がいくつも存在する。例えば、エンゲルスは『反デューリング論』の内容がマルクスの認識と完全に一致することを力説し、その証拠として、マルクスに「印刷前に草稿全体を読み上げた」うえで、全面的な賛同を得たことを挙げている（MEGA I/27: 493)。しかし、そのような重大な指摘は、マルクスの死後にはじめて行われるようになったのである（Carver 1983: 123)。

それだけではない。第二版「序文」にはさらに奇妙な点が存在する。エンゲルスはこの「序文」のなかで信憑性が疑わしいような主張を行ってまで、自らの見解がマルクスと同じものであることを強調した。だが他方で、同時期にマルクスが自然科学を熱心に研究していたことを個人的なやりとりや遺稿の整理作業から知っていたにもかかわらず、エンゲルスはこの事実に言及していない。普通に考えれば、マルクスが膨大な自然科学抜粋を作成していたという事実は「自然の弁証法」が二人にとっての共同プロジェクトであったという事実を証明してくれる最良の証拠材料であるように思われる。ところが、エンゲルスは「序文」においてマルクスの自然科学抜粋の存在に触れようとすらしなかった。この不自然な沈黙は抑圧の徴候として解釈できるのではないだろうか。つまり、マルクスの自然科学研究が自らの自然科学研究とは違う性質のものであるということを、エンゲルス本人が認めていたというように。

物質代謝論の射程

いずれにせよ、今日ではMEGAの刊行によって、マルクスとエンゲルスはどちらも自然科学を熱心に研究していたという事実が明らかになっている以上、「自然」の領域をエンゲルスに限定し、マルクスの経済学批判の対象を「社会」（経済）に制限する西欧マルクス主義の一面性はもはや一目瞭然である［2］。また、第二章でもみたように、両者の自然科学研究は、自然科学に精通していたダニエルスやショルレンマーらとの活発な知的交流のなかで進められたのであり、関心の重なり合う点が存在するのは当

［2］　実は、弁証法の自然への適応を戒めたルカーチ自身が後に認めたように、マルクス本人は「社会」と「自然」の関係を完全に切り離したりはせず、人間もまた自然の一部としてとらえ、さらには「労働」を媒介とすることで、両者を統一的に把握しようとしていた。しかも、その際に、ルカーチはその鍵となる概念が「物質代謝」であることを先見的に認識していた（フォスター 2016: 44）。ところが、そうしたルカーチの認識の訂正は西欧マルクス主義によって取り上げられることはなかったのである。

然であろう。だが共通点があるといっても、フォスターやバーケットのように両者の関心が「同じ」であったと主張するのには大きな飛躍がある。それゆえ、マルクスとエンゲルスが自然科学をどのような目的と関心から扱っていたかをより丁寧に検討しなくてはならない。

前章でも見たように、物質代謝の亀裂についての議論を補完するための晩年の自然科学研究にもかかわらず、マルクスは『資本論』を完成することなくこの世を去った。そして、『資本論』第二部・第三部の編集ならびに、遺稿の整理はエンゲルスに託されることになる。その際に、マルクスの自然科学研究が軽視され、その傾向が二一世紀まで続いていることはすでに確認したが、この背景にはマルクスとエンゲルスの「物質代謝」をめぐる微妙な意見の違いがあるのである。そして、この問題は『資本論』の編集にも反映されることになる。

もちろん、『ド・イデ』の共著者であったエンゲルスもまた、リービッヒの掠奪農業批判の意義を認識していた。たとえば、『住宅問題』(一八七二年)においてエンゲルスはリービッヒに言及しながら、「都市と農村の対立」という矛盾とその克服の必要性を指摘している。「リービッヒが農芸化学についてのその著書のなかで要求したほどに、声高くこのことを要求したものは誰もいない。そこでは人間が耕地から受け取ったものは耕地に返すということが、つねに彼の第一要求になっており、また都市、ことに大都市の存在だけがこれを妨げていることが証明されている。ここロンドンだけでも、ザクセン王国全体が作り出すよりももっと大量の堆肥が毎日毎日膨大な費用をかけて海に流されている」(MEGA I/24: 74)。そして、『共産党宣言』で「農業経営と工業経営の結合」を求めたように(MEW 4: 481)、「工場生産と農業生産の緊密な結びつき」の再建を要求したのだった(MEGA I/24: 74 f.)。

『資本論』第三部の編集に際しても、エンゲルスはマルクスの掠奪農業に関する文章をより具体的な例で補っている。「例えばロンドンでは四五〇万人の肥料があるのに、資本主義的経済は巨額の費用をかけてテムズ河を汚染するのに使うよりましなことはできない」というリービッヒを意識した文章をマルクスの草稿に付け足したのはエンゲルスである（MEW 25: 110）。ここには、フォスターやバーケットが指摘するようなマルクスとエンゲルスの知的協業を見て取ることができる。

ところが、「物質代謝」という概念の扱いとなると事態はやや違った様相を見せる。もちろん、エンゲルスは、マルクスが自然資源の枯渇の問題を「物質代謝」というリービッヒの概念を用いて分析していることに注意を払っていた。だが、そのことがわかるのは、エンゲルスが物質代謝の亀裂に関連する文章を敢えて変更していないという理由からなのである。

すでに本書第四章でも引用した『資本論』第三部草稿の問題の箇所で、マルクスは次のように述べていた。

> こうして大土地所有は、社会的な物質代謝と自然的な、土地の自然諸法則に規定された物質代謝の連関のなかに修復不可能な亀裂を生じさせる諸条件を生み出すのであり、その結果、地力が浪費され、この浪費は商業を通じて自国の国境を越えて遠くまで広められる（リービッヒ）。（MEGA II/4.2: 752 f.）

ここでマルクスはリービッヒに言及しながら、「社会的な物質代謝」（資本主義的な生産・交換・消費活動）

と「自然的な物質代謝」の「連関」に、世界規模で深刻な攪乱が生じることを指摘している。本書でも繰り返しみてきた、資本主義の経済的形態規定と素材的世界における自然的諸制約のあいだに存在する緊張関係がはっきりと表現されていることがわかるだろう。

それに対して、エンゲルスは前半部分を次のように変更しており、この変更後の文章が一般に引用されるようになっている。「こうして大土地所有は、社会的な、生命の自然諸法則に規定された物質代謝の連関のなかに修復不可能な亀裂を生じさせる諸条件を生み出す」(MEW 25: 821)。変更後の文章では、「自然的な物質代謝」が削除され、「土地」が「生命」に変更されたことで、「社会的な物質代謝」と「自然的な物質代謝」の対比と連関が不明瞭になっている。もちろん、エンゲルス版においては、文法が破綻している場合や文意が不明瞭な場合に手が加えられていることは珍しくない。だが、ここでの一文は、マルクスの草稿でも十分意味が明確であるだけでなく、物質代謝論の方法論的視座が明示された重要な箇所であり、先行研究においてもしばしば引用されてきた。エンゲルスによる変更ははたして何を意味しているのだろうか?

この問題を考えるために、手短ながらも、エンゲルスの「自然の弁証法」について俯瞰しておきたい。エンゲルスは『反デューリング論』のなかで自らの学問的立場を次のように特徴づけている。「マルクスと私とは、おそらく、意識的な弁証法をドイツの観念論的哲学から救い出して、唯物論的な自然観と歴史観とのなかに取り入れた、ほとんど唯一の人間であった」。この歴史と自然における弁証法は、「ヘーゲルがはじめて包括的な仕方で」展開しようとしたものであったが、それは観念論の「神秘化された形態」に包まれていた。それゆえ、自然と歴史を貫徹する法則を「この神秘的な形態の殻からとりだし、まったく単純で普遍妥当なものとしてはっきり意識させること」を目指したというのである。その際には、ヘーゲルが思考のなかで「弁証法的法則を構成して、自然のなかにもちこ」んだ誤りを避けて、「この法則を自然のうちに見つけだし、自然から展開する」ことが唯物論的な把握であるとされている（MEGA I/27: 494 f.)。

ここから窺えるエンゲルスの自然科学研究の狙いとは、自然のうちに、人間からは独立した形で弁証法的に実在する運動をそのままの形で「法則」として把握することである。エンゲルスのプロジェクトは、自然現象を単に弁証法的な思考方法を用いて認識論的に説明するのではなく、自然の運動や進化といった運動そのものを展開するという意味で、自然についての「存在論的な」考察である（Jordan 1967: 167)。そのうえで、一見偶然的な諸事象の集合として現れる自然界における歴史的な生成過程を、可能な限り「普遍」で「単純」な諸法則によって説明しようとしたのだった。

ここでは、近代科学の発展がエンゲルスのプロジェクトにとっての土台を提供しているのであり、その限りで、エンゲルスもまた科学による自然法則の認識が人間の自由をもたらすというベーコン以降の基本的立場を共有している。したがって、エンゲルスの「自然の弁証法」が、自然法則の唯物論的把握が認識論的・存在論的領域に終わらず、外的自然の「支配」による「自由」の実現という実践的要請に結びついているのは偶然ではない。エンゲルスにとって、自由な社会としての社会主義の設立は、「自然の意識的な、本当の主人」になることを意味するのだ。

これまでは、人間自身の社会的行為の諸法則が、人間を支配する外的な自然法則として人間に対立してきたが、これからは、人間が十分な専門知識をもってこれらの法則を応用し、したがって支配するようになる。これまでは、人間自身の社会的結合が、自然と歴史とによって押し付けられたものとして人間に対立してきたが、いまやそれは、人間自身の自由な行為となる。これまで歴史を支配してきた客観的な、外的な諸力は、人間自身の統制に服する。このときからはじめて、人間は、十分に意識して自分の歴史を自分で作るようになる。このときからはじめて、人間が作用させる社会的諸原因は、だいたいにおいて人間が望んだとおりの結果をもたらすようになり、また時とともにますますそうなっていく。これは、必然の国から自由の国への人類の飛躍である。(MEGA I/27: 446)

ここではっきりと述べられているように、エンゲルスによれば、人間の意識と行為から独立した物象の支配を廃棄することだけでなく、自然において作用する諸力の法則性を認識することによって、自然を人間の意識的な制御のもとにおくことが、「自由の国」への跳躍なのである。

もちろん、エンゲルスは自然法則を認識することで、完全に恣意的な自然の操作が可能になると考えていたわけではない。そのことを示すのが、自然諸法則を十分に尊重しなければ、自然は「復讐」するという有名な一節である。「しかし、われわれ人間が自然に対して勝ち得た勝利にあまり得意になりすぎないようにしよう。そうした勝利のたびごとに、自然はわれわれに復讐するのである」(MEGA I/26: 96)。エンゲルスは「自然の限界」を認め、人間による恣意的な振る舞い——とりわけ、目先の利潤の獲得を目指した資本主義的生産——を批判的に見ていた。自然の支配が失敗に終わるのは、自然の諸法則を無視した結果であり、労働の結果は当初の意図とは「正反対のもの」に転化し、人間は能動的に労働する主体であることをやめ、自然の諸法則の貫徹による「復讐」を前に、受動的に振る舞うしかなくなるというのである。

エンゲルスのエコロジー批判は「自然の復讐」という形で展開されており、批判の対象は自然法則を認識せずに目先の利害を追求する人間の振る舞いに向けられている。先ほどの『資本論』第三部における「亀裂」についての文章も、エンゲルスによって「自然の復讐」のシェーマに近づけられているのがわかるだろう。というのも、現行版では、生命活動を規定する自然法則の侵犯が人間の文明生活にとって取返しのつかない事態を生むという意味が強調されるようになっているからだ。だが他方で、資本主義的生産における「社会的な物質代謝」が「自然的な物質代謝」にいかなる変容をもたらし、人間と自然の物質代謝にどのような「修復不可能な亀裂」を引き起こすかを分析するというマルクスの物質代謝論に独自の問題構成が後面に退き、見えにくくなっている。エンゲルスはリービッヒの物質代謝論をもとに展開された経済的形態規定と素材的世界の連関についての文章を読者にとって理解しにくいものだと判断し、より「わかりやすい」「自然の復讐」という枠組みに近づけるような修正を加えているのである。そして、その目論みは成功し、フォスターやバーケットによってマルクスとエンゲルスの環境思想は差がないものとして扱われてきたのである。

ところが、ここでの一見些細な変更に着目することで見えてくるのは、エンゲルスが、マルクスとは異なり、リービッヒの「物質代謝」概念を評価していなかったという事実である。エンゲルスはリービッヒの「物質代謝」概念をリービッヒが生物学の「素人」であると批判する文脈で参照しているのだ。

生命の起源について、リービッヒは生命体の歴史的発生の可能性を否定し、地球上の生命の起源として、宇宙空間から有機的生命が「輸入されてきた」という仮説を採用した。生命を人工的に作り出すことはできず、「永久生命」や「生命力」を想定しなければならないというわけだ。それに対して、エンゲルスによれば、生命とは非生命体から歴史的に進化・発生した物質代謝の過程であり、その事実を示しているのが「蛋白体」である。「生命とは、蛋白体の存在様式であって、その本質的に重要な契機はその周囲の外的自然との不断の物質代謝である」(MEGA I/26: 40)。「生命、すなわち栄養と排泄とによっておこなわれる物質代謝は、その担い手である蛋白に内属する、それに固有な、自立的に営まれる過程であって、この過程を伴わない生命はありえない」(MEGA I/27: 284)。「蛋白体」という歴史的に形成された物質が織りなす同化と排出の化学的な過程のうちに、エンゲルスは生命の起源を見出し、さらには生命活動を示す蛋白体を人工的に作り出せる可能性を指摘したのである。

リービッヒは一八四〇年代に生命に固有の栄養摂取・消化・排泄の過程を「物質代謝」として把握し、生命活動を化学的過程として説明しようとした。ところが、リービッヒの見解には、生命に固有の力を認める生気論の残滓が残っていた。それゆえ、エンゲルスは部分的にはリービッヒの見解を引き継ぎながらも、化学と生物学を分離してしまう生気論を徹底して退ける。エンゲルスによれば、無生物においても化学反応としての外界との物質代謝が行われており、そこからさらに「蛋白体」が歴史的な過程を経て形成されるようになると、生命としての物質代謝の過程が誕生するのである。こうして、エンゲルスの「物質代謝」概念は、自然の弁証法において、化学と生物学の境界線を架橋する役割を担うこととなる。

ここで重要なのは、蛋白体という「歴史性を持つ物質」の生成という視点がエンゲルスの「物質代謝」概念にその独自性を付与する一方で（吉田 1979: 204）、リービッヒの「物質代謝」概念は批判され、その結果、エンゲルスにおいては、環境問題にも適応されることがなかったという事実である。だが、その代償は大きい。というのも、マルクスの物質代謝概念が持っていた、人間と自然の関わり合いを超歴史的・歴史的両側面から分析し、資本主義における人間と自然の関係の歴史的特殊性ならびにその矛盾を明らかにするという機能までもが失われてしまうからである。むしろ、エンゲルスの「物質代謝」が扱う問題は自然の中で人間の関わり合いとは関係なしに生じる生命の起源・進化のプロセスに限定される。ここで、エンゲルスにとって、「否定の否定」という弁証法の原動力は、「動植物界でも、地質学でも、数学でも、歴史でも、哲学でも効力をもっている法則」(MEGA I/27: 336) であることを思い出そう。『自然の弁証法』の主要テーマはエコロジーではなく、あくまでもこの法則が自然全体に貫徹していることの証明なのであり、「物質代謝」概念もそのための役割を担っているにすぎない。しばしば、エンゲルスのエコロジーが持つ先見性が先行研究によって肯定的に言及されるとしても、「自然の復讐」以上の理論的な枠組みを見出すことはできないのである。

こうして、エコロジカルな物質代謝論を採用しなかったエンゲルスは『ド・イデ』の「都市と農村の対立」という四〇年代の構図に満足し続けた。事実、『反デューリング論』でも次のように述べられている。「都市と農村を融合させることによってのみ、今日の空気や水や土壌の汚染を除去できるし、そうすることによってのみ、今日都市で痩せ衰えている大衆の状態を変え、彼らの堆肥が、病気を生みだすかわりに植物を生みだすために、使われるようにすることができる」(MEGA I/27: 457)。一面ではこれほどまでにリービッヒの農芸化学の見解を取り入れながらも、エンゲルスはマルクスがリービッヒの掠奪農業批判を通じて展開した「人間と大地の物質代謝の攪乱」という概念を採用しようとしなかった。だがその代償として、マルクスの理論的跳躍が「社会的な物質代謝」と「自然的な物質代謝」の「連関」の分析にこそ記録されているということにエンゲルスは十分に気がつくことができなかった。つまり、エンゲルスは人間と自然のあいだで行われる「物質代謝」が資本による労働の形式的・実質的包摂を媒介として、どのように変容、そして再編成されるかという一八五〇年代以降のマルクスの経済学批判の方法論の根幹部を捉えきれなかったのだ。

なるほど「都市と農村の対立」という矛盾は、「中心」と「周辺」の対立として把握することで、現代の「環境帝国主義」の分析にも応用可能であり、資本主義のエコロジカルな批判に理論的土台を提供しているのは間違いない（Clark/Foster 2009）。だが、マルクスが労働する個人を基礎に据えた社会把握に基づいて、「人間と自然の物質代謝」の「攪乱」という問題を『資本論』で展開するようになったことの意義を過小評価すべきではない。マルクスは、いかなる社会においても人間は労働しなくてはならないという認識から出発し、そのうえで、資本主義的生産様式における歴史的に特殊な労働のあり方を分析することで、主客の転倒した社会における疎外がなぜ、どのようにして生じるかを明らかにしようとした。それゆえ、エコロジー危機を「資本主義の利得を追求した大量生産が悪い」と批判したり、「人間と自然の共存の必要性」を道徳的に訴えたりするだけでは不十分である。マルクスによれば、エコロジー問題は、根源的な生産条件である自然からの人間の「分離」（「自然からの疎外」）から説明されなくてはならず、物象化に基づく資本の論理の社会的諸関係への浸透がいかにわれわれの思考・行動様式を変容し、人間と自然の物質代謝を攪乱してしまうかを経済学批判は解明しなくてはならないからである。

「都市と農村の統一」だけでは静的で抽象的であった未来社会の展望が、「物質代謝」概念を中心に据えることで、『資本論』においては、生産過程や資本蓄積との関連でより動態的に分析されると同時に、持続可能な生産のためには、労働のラディカルな変革（「私的労働」と「賃労働」の止揚）が遂行されなければならないということが明確化される。それに対して、一八四〇年代の立場にとどまったエンゲルスには経済学批判とエコロジーを結びつける「人間と自然の物質代謝」という視点が欠けており、「自然の復讐」という静的で、文明論的な指摘にとどまったといえる。節を改めてみるように、こうした把握の違いは両者の社会主義像にも反映されることになる。

「支配」と「復讐」の弁証法

マルクスやエンゲルスは労働による意識的かつ目的論的な自然法則の制御を人間に特有な活動としてみなしており、それを人間による自然の「支配」として表現した。「自由とは、自然的必然性の認識にもとづいて、われわれ自身ならびに外的自然を支配することである」(MEGA I/27: 312)。『資本論』で、マルクスも次のように述べている。人間は「自然のうちに眠っている潜在諸力を発展させ、その諸力の働きを自分自身の統御に服させる」(MEGA II/6: 192)。マルクスやエンゲルスのこうした発言は、彼らの「プロメテウス主義」に対する決定的証拠としてたびたび批判されてきた。

そうした批判への応答として、例えばヒザー・ブラウンは、『資本論』のフランス語版に着目し、マルクスが該当文章を変更していることを指摘している。そこでは「その諸力の働きを自分自身の統御に服させる」という部分が削除されているのである（MEGA II/7: 145; Brown 2012: 25）。また、さらなる反証として引用されるのが、不完全な自然法則の認識は、むしろ当初の狙いとは正反対の結果を生み、自然の「復讐」を誘発するという、先のエンゲルスの警告である。自然の復讐を避けるためには、「自然の諸法則を認識し、これを正しく適用できる」ことが重要だとエンゲルスは考えた。そのためには、目先の利害にだけ関心をもった生産様式から、より長期的な視野をもって自然法則を考慮できる生産様式への変革が必要だと訴えたのである。そして、先に引用したように、この自然法則の意識的な適用こそが、「自由の国」の実現と密接につながっているのであった。

ところが、自然法則を無視し続ければ、いつかは自然に復讐されるという論理展開は「静的」であり、「左派の終末論」に陥っているという新たな批判を呼ぶようになっている（Moore 2015: 80; Smith 2008: 247）。ここでも、マルクスとエンゲルスのエコロジーが同一視されることの問題が現れるようになっているのだ。

とはいえ、マルクスにとって、資本主義的生産による物質代謝の攪乱は、単なる自然の「復讐」ではない。というのも、『資本論』はさらに二つの観点から問題を展開しているからだ。第一に、資本はそうした自然の制限を受け入れはしない。第二部草稿で述べられているように「資本が価値形成者および生産物形成者として作用する範囲は、弾力的であり、可変的」だからだ（MEGA II/11: 345）。前章でみたように、このような「資本の弾力性」は、資本蓄積の困難に直面した時に、さらなる技術発展や新しい使用価値の発見を通じて、「全般的な有用性の体系」を作り出し、危機を乗り越えることを可能にしていく（明石 2016: 180）。しかし、価値の次元は抽象的人間的労働以外の素材的次元を十分に考慮することができない限りで、自然的制限を乗り越えようとする資本の試みは、矛盾を解消するどころか、素材的世界に世界規模でさらに深刻な物質代謝の亀裂を引き起こす。この資本と自然の間で繰り広げられる動的な関係の分析こそが、晩年のマルクスの研究テーマであった。エンゲルスは自然における超歴史的な諸法則を「科学」として展開しようとしたのに対して、マルクスの研究対象は、地質学、農芸化学、鉱物学の研究を通じて、より経験的・歴史的な内容を扱うようになっていく。人間が自然を変容し、自然もまた人間を変容させるという相互規定的な歴史過程を物質代謝概念に基づいてマルクスが把握しようとしたのは、資本主義の驚くべき弾力性の秘密とその矛盾だったのである。

第二に、物質代謝の攪乱についてのマルクスの論述は、自然の「復讐」という「終末論」的なトーンを弱め、むしろ、抵抗の契機として、より能動的な要因を強調している。剰余価値の生産を求める労働日の際限なき延長や生産過程の変革が労働を疎遠な活動にし、肉体的・精神的疾患を生み出したが、そのことが労働者たちの主体的な闘争を呼び起こし、物象の力に対する意識的な制御としての標準労働日の制定や公立の職業訓練学校の設立につながったのだった。同様の展望は、自然についても当てはまるだろう。事実、資本の論理による再編によって引き起こされる自然的な物質代謝の攪乱が、生産活動に対するより意識的な社会的管理の必要性を労働する諸個人に認識させるということを『資本論』は強調している。「〔資本主義的生産様式〕は、あの物質代謝の単に自然発生的に生じた諸状態を破壊することを通じて、その物質代謝を、社会的生産の規制的法則として、また完全な人間の発展に適合した形態において、体系的に再建することを強制する」(MEGA II/6: 476)。資本主義的生産は物質代謝の次元を十分に考慮することができないために、自然を破壊し、人類の生存までも脅かす。資本にとっては、価値増殖という目的がなんらかの形で実現されればいいのだから、地球の大半が人間や動物の生存に適さなくなろうとも関係がない。それゆえ、自然の復讐による資本主義の崩壊を待っているわけにはいかず、むしろ、こうしたエコロジー危機に直面した労働する諸個人が自然との物質代謝の意識的・能動的な制御を行うようになることが、未来社会の実現にとって不可欠なのである。

そのうえで、マルクスは『資本論』第三部草稿において、人間と自然の物質代謝の意識的な制御と自由の実現の連関について次のように述べている。

じっさい、自由の国は、必要や外的な合目的性に迫られて労働することがなくなるところで、はじめて始まるのである。つまり、それは、当然のこととして、本来の物質的生産の領域のかなたにあるのである。〔……〕自由はこの領域のなかではただ次のことにありうるだけである。すなわち、社会化した人間、アソシエイトした生産者たちが、盲目的な力としての自分たちと自然との物質代謝によって制御されることをやめて、この物質代謝を合理的に規制し、自分たちの共同的制御のもとに置くということ、つまり、力の最小の消費によって、自分たちの人間本性に最もふさわしく最も適合した条件のもとでこの物質代謝を行なうということである。しかし、これはやはりまだ必然性の国である。この国のかなたで、自己目的として認められる人間の力の発展が、真の自由の国が始まるのであるが、しかし、それはただその土台としてのあの必然性の国のうえにのみ花を開くこと

ができるのである。労働日の短縮が土台である。（MEGA II/4.2: 838）

先にみたようにエンゲルスは自然の諸法則を認識し、それを外界に対して意識的に適用する必要性を説き、法則の認識を通じた自然の支配を「自由の国」とみなしたのだった。だが、ここでのマルクスの力点は明らかに異なっている［3］。マルクスは、際限なき資本の価値増殖による物質代謝の攪乱に直面した生産者たちが問題解決のためにアソシエイトし、自然の「盲目的な力」を意識的な管理のもとにおくことを、持続可能な生産にとっての必要条件としてみなしていた。自然との物質代謝の意識的な管理なしには、人間そのものの生存が脅かされるからである。しかし、そのような意識的な制御によって実現されるのは、「やはりまだ必然性の国である」。アソシエーションにもとづく新しい社会は自由な個性の発展を実現するとされるが、それは労働の自由を超えたところにあるのだ。労働は生存に必要不可欠であるが、それは人間の活動の一契機にすぎない。「マルクスは資本主義のもとで発展した生産力能を基礎として労働の自由を実現するならば、拡大された自由時間において労働の自由を超えた、真の自由が可能になると考えた」のである（佐々木 2012: 185）。

マルクスにとっての「自由」は、自然科学の発展に基づく自然との物質代謝の意識的な制御に制限されるものではなく、芸術や音楽などの創作活動に従事し、友情や愛情を育み、読書やスポーツなどの趣

［3］この引用からマルクスとエンゲルスの将来社会像の同一性を唱える議論としてはスタンリーの著作（Stanley 2002: 23）があるが、その説明は説得力を欠く。

味に興じることを含む。それに対して、自然の弁証法にこだわったエンゲルスは、超歴史的な自然そのものにおける諸法則の認識に基づく人間の振る舞いを重視することになり、自然の「支配」がそのままに「自由の国」の実現であると考えた。こうした見方が「自由の国」の内容を狭隘にし、マルクスによって強調される将来社会における「個性」の全面的な発展という契機がエンゲルスにおいては弱められ、むしろ、「必然性に従うことで実現される自由」というヘーゲル的な自由観が前面に押し出されることになったのである。

エンゲルスと抜粋ノート

マルクスの物質代謝論が重要なもう一つの理由は、一八六八年以降の自然科学抜粋へのヒントを提供してくれるからである。これまで、晩年の自然科学抜粋は「地代論」を完成させるための準備作業であると考えられがちであった（竹永 2016）。だが、マルクスの抜粋ノートを実際に検討してみればすぐにわかるように、マルクスの問題関心は、地代論の枠組みを大きく超えるものである。それゆえ、地代論との関係でのみ自然科学研究をとらえてしまっては、晩期マルクスの理論的射程を明らかにすることはできないだろう。そもそも、マルクスのリービッヒ受容も地代論に限定される内容ではなく、資本主義的生産における人間と自然の関わり合いの再編成とその矛盾を問題視するものであった。端的に言えば、マルクスの自然科学研究の目的の一つは、資本の論理に従った人間と自然の物質代謝の変容から素材的世界における軋轢がいかに生じてくるかを研究することだったのである。

ここで重要なのが、第五章でも扱ったドイツの農学者フラースからの抜粋である。マルクスは、「無意識的な社会主義的傾向」をフラースの作品のなかに見出し（MEW 31: 53）、非常に丁寧な抜粋を作成したことはすでに見た。実は、マルクスの高いフラース評価に促されるかたちで、エンゲルスもまた『時間における気候と植物界』を読んでいる。そして、メソポタミア、エジプト、ギリシャなどの古代文明における森林伐採を原因とした気候変動について抜粋ノートを作成しているのである。一八七九・八〇年に作成されたノートに含まれるエンゲルスのフラース抜粋は、すでに『時間における気候と植物界』を『自然の弁証法』で使用した後に作成された簡潔なものであるが、その分、エンゲルス自身の言葉によって要約された文章は、その着眼点が、マルクスによって影響されていることをはっきりと記録している。つまり、両者の自然科学をめぐる知的関係は一八六四年の頃と逆転し、エンゲルスがマルクスの後を追うようになっているのである。

第一に、「耕作は、――もしそれが自然発生的に前進していって意識的に支配されないならば〔……〕――荒廃を後に残す」（MEW 31: 53）というフラースの洞察をマルクスは一八六八年三月二五日の手紙で高く評価しているが、まったく同じ見解がエンゲルスのノートにも見出される。「発展的な民族農耕は、甚大なる荒廃を後に残す」（MEGA IV/31: 515）。その直前の箇所でエンゲルスは、「文明が、従来の形態においては土地を疲弊させ、森林を荒廃させ、土地をその本来の生産物にとって不毛にし、気候を悪化させる敵対的な過程であることの主要な証明」とフラースの著作の意義をまとめ、具体例としてドイツやイタリアで森林伐採の結果、「五～六度（列氏）」気温が上昇したことを書き留めている（ebd.: 512）。この無意識的な生産が「荒廃」を後に残すという発想が『自然の弁証法』における「自然の復讐」へと反映されている。事実、該当箇所でエンゲルスはフラースを念頭に、次のように述べている。「メソポタミア、ギリシャ、小アジアそのほかの地域で、耕地を得るために森林を根こそぎ引き抜いてしまった人々は、その森林と一緒に水分が溜まり、貯えられる場所を奪い去ることによって、あの国々の今日の荒廃の土台を自分たちが築いているのだ、とは夢にも思わなかった」(MEGA I/26: 96)。ここはエンゲルスにとってフラースの作品がどのような影響を与えたかがはっきりと表現されている箇所だと言える。

マルクスとエンゲルスが着目したのはそれだけではない。第二に、同じ手紙のなかでマルクスはフラースを「ダーウィン以前のダーウィン主義者」と呼んだが (MEW 32: 52)、『自然の弁証法』を準備していたエンゲルスも「自然選択」を連想させる一文をフラースから抜粋している。「すでに述べたように、同時にオークは先に挙げられた自然的気候の諸要素(温度と湿度)に極めて敏感であり、そうした要素にわずかながらでも変化が生じる場合には、共に躍起になっている、より耐性があり、敏感でない森林景観に対して自然的生長と自己保存の競争において遅れをとる」(MEGA IV/31: 515)。エンゲルスの狙いは歴史上の気候変動に合わせた植物種の変化についてのフラースのダーウィン主義的な説明をもとに「植物種の恒常性についての信仰」(ebd.: 512) を退けることにあった。もちろん、エンゲルスは、それがマルクスと共有されたフラースについての問題意識だと考えたに違いない。

ところが、マルクス自身のフラースへの関心は、「自然の復讐」や「ダーウィン主義」にとどまらなかった。興味深いことに、マルクスは一八六八年にフラースからの著作を抜粋するのと並行して、ドイツの歴史法学者ゲオルク・ルートヴィヒ・フォン・マウラー著『マルク・ホーフ・村落・都市制度および公権力の歴史序説』というゲルマン民族の土地所有制度についての著作からも詳細な抜粋を作成し、同じ手紙の中で、マウラーの理論にも「社会主義的傾向」を見出している（MEW 32: 51）。そして、一八六八年以降、マルクスは自然科学と並んで、前資本主義社会や非西欧社会といった非資本主義社会を研究するようになっていったのである。

この手紙のなかで、マルクスは、自らの時代までドイツに残存している非資本主義的要素に十分に注意を払っておらず、「判断力の欠如」にとらわれていたことを認めている。そしてその後、マルクスはこれまでの盲点を埋めようと必死の研究を開始するわけだが、その関心は拡張していき、ロシアの共同体・農業・土地所有についての著作を原典で読むためにロシア語を学んでまで、非資本主義社会の特性を研究するようになっていくのである（平子 2013）。だが、一見まったくもって無関係の自然科学と共同体論をマルクスはなぜ同時期に研究したのであろうか？

実は、その答えがフラースの著作のなかに潜んでいる。『農業危機とその治癒手段』のなかで、フラースはマウラーの『ドイツにおける村落制度の研究』から引用を行い、ゲルマンのマルク協同体における生産の持続可能性を高く評価しているのである。

もちろん村落マルクが木材、干し草、藁、あるいは堆肥さえも、それどころか家畜（豚！）でさえ、村落の構成員以外に売ることを許しておらず、マルク内で収穫された農作物やワインが、マルク内で消費されるよう命令するならば（そのことから、様々な罰令権が生じた）、耕地の地力維持のための手段に事欠かないのみならず、森林や牧草地からの補助を利用することによって、あるいはさらに河川によって栄養分を与えられた草地を利用することによって、いたるところで地力の増大が起きたに違いなかった。（マウラー、前掲書、三一三頁以下）(Fraas 1866: 210)

エンゲルスとは異なり、フラースは、あらゆる前資本主義社会が無計画で、自然諸法則を無視した生産を行い、その後に荒野を残したと主張しているわけではない。むしろ、「初期のゲルマン村落形成は地力上昇必然性の法則に常にすでに従っていた」のであり (Fraas 1866: 209)、持続的な生産のもとで地力の増大が実現されていたというのである。というのも、ギリシャやローマのような商品生産が一定程度存在し、共同体の社会的紐帯が解体されつつあるような社会とは異なり、ゲルマン社会においては、土地利用に対する共同体の規制が働いており、それが平等な社会における持続可能な耕作を実現していたからである。マルクスは『農業危機とその治癒手段』のこの一節を読んで、マウラーにも興味を持ち、一八六八年以降、前資本主義社会の人間と自然の物質代謝のあり方への関心を強めていった［4］。つまり、晩期マルクスの理論的射程の拡大の始まりは、フラースとマウラーが持続可能性、共同体、農業、土地所有といった問題を交差させて論じていたことをきっかけとしているのであり、一八六八年三月には、晩期マルクスの研究にむけた理論的転換がある。マルクスは前資本主義・非西欧社会の持続可能性を認識することで、自民族中心主義的な単線的進歩史観から決定的に決別するようになるのだ。

重要なのは、自然法則を十分に認識していない前近代社会が自然の「復讐」を引き起こしたという見解とは正反対の、共同体的生産においては、人間と自然の物質代謝の持続可能性が、その「生命力」の源泉となっていたというマルクスの認識である (MEGA I/25: 223)。よく知られているように、一八八一年二・三月のヴェラ・ザスーリチ宛の手紙でマルクスはマウラーに直接言及しながら、アルカイックな共同体の生命力に依拠した農業共同体の残るロシアが資本に対する抵抗拠点となり、西欧とは異なった社会主義革命への道を切り拓く可能性を認めたのだった（Anderson 2010）。マルクスによれば、この生命力によって、共同体は「中世全体にわたって、自由と人民生活の唯一のかまど」であり続けた（MEGA I/25: 223）。この生命力とは、持続可能な自然との物質代謝を実現していた農村共同体の力にほかならない。つまり、資本主義とはまったく異なった人間と自然の物質代謝の管理の仕方が――それがたとえ伝統や慣習に基づく制度によるものであり、近代自然科学による自然法則の認識によって意識されていなくとも――より持続的な生産を可能にしており、その力が資本に対する抵抗の物質的基盤になりうる。そして、そのような生命力に着目したマウラーやフラースの著作には「無意識的」ながらも「社会主義的傾向」が存在するとマルクスは考えたのだった。

さらに、マルクスは資本主義の「危機」を強調している。資本主義は「西欧でも、アメリカ合衆国でも、労働者大衆とも科学とも、またこの制度の生み出す生産力そのものとも闘争状態にあり、一言でいえば、危機のうちにある」(MEGA I/25: 220)［5］。注目すべきは、この資本主義の危機は労働運動に直面して生じているのみならず、「科学」によっても引き起こされているというマルクスの発言である。科学は単に、生産力を高め、ポストキャピタリズムの実現に向けた物質的諸条件を準備するだけではない。あ

［4］　その後マルクスはマウラーの著作を数回読んで、抜粋を行っている。一八七〇年代にも『序説』からの抜粋を作成しており、それはＭＥＧＡ第四部第二四巻で刊行される予定である。

るいは、エンゲルスの考えるように、超歴史的な自然法則を見つけ出すだけでない。むしろ、リービッヒやフラースの議論が示すように、それは既存の社会システムにおいて支配的な掠奪の非合理性を示し、より持続可能な生産の実現を求めることで、資本主義の正当性に大きな疑問を投げかける役割を担っているのである。

また一八七八年に作成されたジュークス『学生用地質学の手引き』からの長大な抜粋も物質代謝論との関連で興味深い。抜粋の内容は多岐に渡り、その意義をエコロジーだけに還元することはもちろんできないが、地質学がマルクスの経済学批判との関連性を持っていたことはノートからもはっきり見て取れる。例えば、マルクスが抜粋しているのは地質学の進歩が石炭や鉄などの原料や補助材料の発見・産出の方法を改善し、生産性向上に寄与することや、輸送手段の改善が農業や採取産業と工業の関係にもたらす影響についてである。

他方で、人間が自由に変えることができない自然的条件としての地層が社会の発展に及ぼす影響についてもマルクスは注意を払っている。「イングランドは土壌の形状や諸相、ならびに人々の境遇や雇用が互いに一様に対照的な、まったく似ていない二部分へ分けられる」。具体的には、北西部は「主に古生代の地層で、しばしば荒涼とし、不毛で、山が多いが、多くの場所では鉱物資源に富んでいる。他方で南東部は第二紀・第三紀の地層であり、一般的に柔らかく、輪郭は緩やかで、地面の下に資源はほとんどないか、まったくない」こうして、前者では「採鉱と製造業に従事する人口」が多く、後者では「農業人口」が中心になっているという（MEGA IV/26: 641）。

『資本論』第一巻において、マルクスは、資本主義的生産が、農業と工業の対立の彼岸にある「両者の新しいより高い総合」(MEGA II/6: 476) を実現する可能性を予見していた。だが、ジュークスが指摘するような自然的特徴は変容が不可能であり、「都市と農村の対立」の止揚を目指す際に、より一層慎重に再考されなければならない問題を突きつける。事実、こうした箇所にマルクスは欄外線や下線を引いて、その重要性を強調したのだった。マルクスは自然的制約を認めることがなかったという批判とは反対に、まさに自然的制約の把握こそが自然科学研究の狙いであったことが抜粋ノートを読むことでわかるのである。

フラースやダーウィンとの関連で言えば、気温や降雨量が土壌の形成にも大きな影響を及ぼし、植物相や動物相も規定するという点にジュークスからの抜粋も触れている。とりわけ「古生物学」という節において、ジュークスはダーウィンにも触れながら、長期的な地質変動とそれに連動する「様々な地域における大きな気候の変化がしばしば生じていたに違いない」と述べ、「気候の変化は種の破壊を含んで

［5］ それに対して、晩年のエンゲルスによる共同体の再評価は限定的なものにとどまったように思われる。一八七五年には、ロシアの共同体は「その盛りの時期をとっくに過ぎてしまい、どうみても解体に向かって進んでいる」と述べたうえで、ピョートル・トカチョフらによるロシアの共同体がそのままに革命の拠点になれるという見解を批判した (MEW 18: 565)。『自然の弁証法』でも次のように書いている。「土地の原始的な共同所有は、一方では、その視野がそもそもごく目さきのことだけに限られていた、人間たちのある発展段階に対応し、他方では、自由にできる土地がいくらか余っていて、このごく原始的な経済になにか困った諸結果が生じてもこれに対処するだけのゆとりが残されているということを前提としていた。このような余分な土地が尽きてしまえば、共同所有もまた没落した」(MEGA I/26: 98)。物質代謝論がないために、共同体の持続的な生産による資本への「抵抗」という観点は後退し、ここでも自然の「復讐」と文明の没落という論調が支配的になっている。そして、エンゲルスは西欧における革命の先行性を強調したのだった (Shanin 1983: 22 ff.)。

いる」と述べた（MEGA IV/26: 229, 219）。そのような指摘に着目するなかで、マルクスが「種の絶滅は依然として進行している（人間自身がもっとも活動的な根絶者である）」（ebd.: 233）というジュークスの指摘を抜粋しているのは注目に値する。マルクスは気候変動の要因を長期にわたる地質学的な観点からも把握し、そして、とりわけ人間が気候変動や動植物種の生存に与えるインパクトを研究しようとしていたのである。ここでも、ダーウィンへの関心は、「生命の誕生」、「自然選択」、「進化」といったエンゲルスの百科事典的な問題設定とは異なり、あくまでも人間と自然の物質代謝の具体的なあり方なのである。

晩年まで続いた自然科学への取り組みにもかかわらず、マルクスは新たな知見を『資本論』に取り入れることができないままに力尽きてしまった。それでも、以上の考察から、マルクスとエンゲルスの自然科学研究の相違を見て取ることができる。まず、エンゲルスの力点は、自然科学によって自然そのものに存在する諸法則を百科事典的に認識することであり、それによって「自由の国」を設立することにあった。マルクスの「唯物論的方法」が実践的な構えとして、特定の社会的諸関係のもとでの主客の転倒・現象と本質の取り違えの構造を明らかにするものであるとすれば、エンゲルスの「唯物論」は、「意識」と「物質」の二元論のもとで、物質の存在論的優位を説く哲学的で、（しばしば人間からは独立な）超歴史的な枠組みによって規定されている。そうした独自の問題設定のために、エンゲルスはリービッヒの「物質代謝」概念を拒否することとなり、一八四〇年代の「都市と農村の対立」という把握で満足し続けたのだった。

それに対して、『ド・イデ』以降のマルクスにとって、そのような哲学的な関心に基づく超歴史的な法則の探究はもはや問題とならなかった。むしろ、マルクスは「物質代謝」概念を発展させることで人間と自然の物理的かつ社会的な関わり合いの変化を歴史的、経済的、自然科学的見地から把握しようとしたのである。とりわけ、近代の大工業のもとでの技術学の発展は、人間の合目的な自然への関わり合いを「〔価値増殖という〕特定の目的のための自然科学、力学、化学などの意識的適用」(MEGA II/4.1: 95)へと解体し、人間と自然の物質代謝にこれまでにない規模で介入していく。一八六〇年代以降自然科学や技術学を熱心に研究していたマルクスは、近代に特有な自然科学の技術学的応用が「資本の生産力」として現れるために、自然との物質代謝の攪乱が生じてしまう危険性を察知し、資本主義が持続可能性をもたない社会システムであることを警告したのだった。

不幸なことに、こうした両者の問題意識の違いのために、マルクスによる自然科学研究の重要性はエンゲルスやその後のマルクス主義者たちによっても認められず、抜粋ノートは現在にいたるまでその意義が無視され、放置されてきた。そして、同様の傾向は伝統的マルクス主義を批判する西欧マルクス主義によっても受け継がれてしまっている。だが、MEGAの刊行によって状況は徐々に変わりつつある。だからこそ、『資本論』第一巻の刊行から一五〇年以上経ったいま、マルクスの思想の意義をもう一度問おうとするなら、これまで軽視されてきた膨大な資料を丁寧に吟味することが不可欠なのである。

おわりに　マルクスへ帰れ

ハンス・ヨナスは『責任という原理』において、無責任な技術ユートピアを批判する必要性を強調しているが、その槍玉にあげられたのが、マルクス主義であった。「世界中に広がった科学技術は進歩のしるしを掲げ、どのみち、非終末論的な運動の途中にある。マルクス主義のユートピア思想は、技術と密接に連携して、この運動を「終末論的」に過激に表現し直している」(Jonas 1979: 388)。もちろん、「実在社会主義」のプロジェクトが失敗した今日、そのような技術信奉型のマルクス主義ユートピア思想を信じる者はもはやいないだろう。だが、マルクス主義の危機は同時にマルクス主義のチャンスでもある。なぜならこの危機は、マルクスの理論を政治的に歪められた解釈から切り離して、批判的に検討することを可能とするからだ。つまり、MEGAで刊行された新しい資料を用いて、マルクスを神格化することなく、その思想の発展や可能性をより学問的に再検討することができるようになっているのである。新自由主義的資本主義が長期停滞から抜け出すこともできず、労働環境は悪化し、惑星規模の環境危機も深刻化するなかで、資本主義社会の正当性はいまや大きく揺らいでいる。戦後の冷戦構造化や高度経済成長のもとでのマルクス解釈を強いられた研究者とは異なって、マルクスの理論的ポテンシャルをより冷静に再検討することができるのは、ある意味、大きなチャンスなのである。実際、本書で示したように、マルクスに対して浴びせられ続けてきた「近代主義」や「生産力至上主義」という批判は、二〇世紀のプロメテウス主義をマルクスに逆投影していたにすぎないことが、抜粋ノートを読めばはっきりとわかる。

だが、それだけでは、しぶとい反マルクス主義的批判を片付けるためには十分でない。いまや、マルクスのエコロジーは素材の思想としての経済学批判体系において、価値論から一貫して導出されるものであり、不可欠の一契機をなしていることが明示化されなくてはならない。マルクスは人間と自然の物質代謝に着目し、それが資本主義における経済的形態規定によってどのように再編成され、さらには様々な軋轢を生むかを分析し、最終的には「物質代謝の亀裂」に資本主義の矛盾を見定めるようになっていた。それゆえ、マルクスの社会主義構想もエコロジーという視点なしには、不十分な理解にとどまってしまうのである。つまり、エコロジーから見えてくる問題群は、マルクス解釈全体にとって重要な意味を持っているのだ。

もちろん、若きマルクスがプロメテウス主義的な思想を持っていたことも認めなくてはならないとはいえ、『資本論』においては、自然科学と技術の発展によって、自然を完全に第二の自然に変容し、自由に支配することができるという考えはまったく見当たらない。他方で、若きマルクスもまた人間と大地との「疎外」・「分離」に着目して、近代社会の矛盾を説明していた事実がもつ理論的意義は過少評価されてはならないだろう。というのも、こうした見方は、近年流行りの社会と自然の「一元論的綜合」とはっきりとした対照を成しているからだ。例えば、ムーアは「自然から
の分離ではなく、自然のうちにおける人間の場所が資本主義的再生（そのようなものがあればの話だが）と危機の条件を理解するのに決定的

である」と述べている（Moore 2014: 12）。だが、こうした理解は資本主義の構成的条件が自然からの人間の分離であるというマルクスの洞察を見逃している。人間と自然の統一性というのは、抽象的に見れば、人間もまた自然の一部として、つねにすでにその拘束性のもとで生産し、生活している限りで、歴史貫通的に存在している。そのうえで、マルクスが一貫して取り組んでいるのは、近代における自然からの疎外に基づいた資本主義において、純粋に社会的な経済的形態規定がどのようにして人間と自然の物質代謝を変容して、攪乱を生むかという問題なのである（斎藤 2017）。

事実、『資本論』では、素材的属性の無視が生産の物質的条件を切り崩し、さらには、人間の自由な発展のための条件を切り崩していくことが繰り返し批判されている。それは過労死や鬱に代表される精神疾患、土地疲弊や過剰な森林伐採など様々な形をとって、人間と自然の物質代謝に修復不可能な亀裂を生みだしていく。だが、この亀裂がもたらす矛盾の先鋭化を永遠に先延ばしすることはできないのであり、深まる亀裂がもたらす疎外の経験は、持続可能で自由な人間的発展をもとめる意識的な取り組みを生むのであり、そこに「資本主義の割れ目」（Holloway 2010）が生じてくる。ここに資本の終わりのない価値増殖欲求に対する外的な、素材的限界があるのであり、資本主義的生産様式の矛盾を克服するためのスプリングボードが存在するのだ。このように、マルクスは自然の限界をはっきりと認識していたがゆえに、より注意深い自然の取り扱いを社会主義構想のなかではっきりと強調したのだった。それは自然を私的所有の制度から切り離し、コモンとして民主主義的に管理することにほかならない。『資本論』は未完にとどまったが、それは資本主義のもとでの人間と自然の敵対的関係を分析するための方法論的基礎を提供するのみならず、素材的世界の立場からの抵抗を構想することを可能にしてくれるのである。

それゆえ、マルクスのエコ社会主義は破局を警告するだけの「終末論」ではない。

その際の社会主義的戦略に関して言えば、マルクスの社会変革構想は時代とともに変化していった。『共産党宣言』においては、まだ楽観的に、大恐慌が労働者の蜂起を引き起こすと考えていた（大藪1996）。ところが、一八四八年の革命が失敗し、五七・五八年の革命もそのような大きな蜂起を引き起こさなかったために、マルクスは楽観論を放棄し、資本の強靭さの源である弾力性を研究するようになっていく。結果として、マルクスは恐慌待望論ではなく、労働組合などを通じて物象化の力を制御し、より持続可能な生産を実現するための改良闘争が持つ戦略的重要性を強調するように転換していくのである。「労働日」や「大工業」の議論が示しているように、重要なのは上からの直接的な政治的決定・政策ではなく、むしろ物象的力の自立化を生み出すような社会的な振舞いそのものを変えていくような実践を社会的領域で生み出していくことである。

同様の点をマルクスは自然についても強調している。近代農業についての議論だけでなく、フラースの「社会主義的傾向」についての発言においても、マルクスは素材的世界の視点から、環境危機を資本の物象化した力との関連で把握していた。そのうえで、人間と自然の物質代謝の攪乱を乗り越えるためには、資本の主体化した力を廃棄することが不可欠であるとマルクスは唱えたのである。そのためには、資本の論理に抗して、社会的生産のより理性的な形態が実現されなくてはならず、「私的労働」と「賃労働」の廃棄が必要である。その現実的可能性を探るために、マルクスは「労働日」の執筆の際に様々な調査報告書を読んだように、自然についても具体的事例を丹念に調査することで、資本の容赦なき採取主義（extractivism）に対する対抗戦略を構想しようとしたのである。

さらに、マルクスの抜粋ノートが示唆しているのは、一九世紀の思想がプロメテウス主義によって特徴づけられているという思い込みが誤りであるという事実である。というのも、リービッヒ、ウィリアム・スタンレー・ジョンストン、フラースらは自然資源の枯渇という問題に極めて真剣に取り組んでいたからである。ジェヴォンズも『石炭問題』（一八六五年）において繰り返しリービッヒに言及しながら、イギリスの石炭埋蔵量の枯渇について警告し、議会で大きな論争を呼んでいた。様々な雑誌や新聞をくまなく読んでいたマルクスは当然このことを知っており、ノートにタイトルを書き留め、購入の意志を示す、×印を付けていた（MEGA IV/18: 587）。さらには、マティアス・ヤーコブ・シュライデンも――マルクスは『植物と動物の生理学』（一八五〇年）を一八七六年に読んでいる――『木と森』のなかで、ジョージ・P・マーシュ『人間と自然』（一八六四年）に幾度も触れながら、「森林の砂漠化」について論じている（Vollgraf 2012: 468）。このマーシュの議論に大きな影響を与えたのほかならぬフラースであった（Marsh 2003 [1864]: 14）。

つまり、一八六〇年代には、リービッヒやフラースの議論をきっかけとして、環境破壊や人類の生存条件の悪化などの問題が多様な専門家たちによって真剣に論じられていたのである。だとすれば、あらゆる問題に精通しようとしていたマルクスが、一九世紀の自然科学に触れるなかで持続可能性の問題に深い関心をもち、自らの経済学体系のうちへと取り込むようになったことは、まったくもって自然な流れであったといえる。抜粋ノートを読めば、これまでマルクスが素朴な進歩主義に陥ったという理由で批判されていたことが不思議なほどである。実際、これまで西欧マルクス主義や新しいマルクスの読み方によって軽視されきた「素材」という側面に注意を払うようになれば、マルクスのテクストはエコロジーというテーマへと自然に導いてくれるのである。

以上のように、本書で提示された解釈は、先行研究よりもより体系的であり、より包括的なものである。とはいえ、もちろんそれは完全なものではない。なぜならマルクスが残した抜粋ノートで本書において扱われていないものは数多く残っているからだ。さらには一八六八年以降にマルクスが読んだ本のなかには抜粋ノートが残されていないが、テーマ的に重要なものも多くある［1］。マルクスはここでの考察を通じて明らかにされたものよりもさらに包括的に物質代謝の亀裂を扱おうとしていたのであり、その射程は前資本主義・非西欧社会の研究との関連でもより一層丁寧に考察されなくてはならない。

MEGAを用いての「新しいマルクス」や「転換」に否定的な立場を取る研究者もいるが（Pradella 2014: 173）、これまで十分に検討されていない理論的見地が抜粋ノートに眠っていることは本書で十分に示されたはずである。もちろんMEGAを用いても、マルクスはこうした内容を『資本論』において十分には展開することができなかった以上、それは未完成にとどまってしまう。だが、そのことは、未完

［1］その一部を挙げると次のようなものがある。Bernard Cotta, *Deutschlands Boden, sein geologischer Bau und dessen Einwirkung auf das Leben der Menschen* (Leipzig 1858); Jean Charles Houzeau, *Klima und Boden* (Leipzig 1861); Adalbert Adolf Mühry, *Klimatographische Uebersicht der Erde* (Leipzig 1862); Robert Russel, *North America. Its Agriculture and Climate* (Edinburgh 1857). Marx verfolgte ebenso die Debatten über Liebigs Bodenerschöpfungstheorie: Adolf Mayer, *Das Düngerkapital und Raubbau* (Heidelberg 1869); Clement Mandelblüh, *Tabellen zur Berechnung der Bodenerschöpfung und des Bodenkraft-Ersatzes* (Leipzig 1870); Johannes Conrad, *Liebig's Ansicht von der Bodenerschöpfung und ihre geshichtliche, statistische und nationalökonomische Begründung* (Casse, Göttingen 1866). さらに詳しくは、フォルグラーフ（2016）参照。

のプロジェクトが無意味だということにはならない。マルクスの方法論をもとにして、マルクスの死後に明らかとなった科学的知見を積極的に取り込むことによって、マルクス主義のエコロジーはグローバル環境危機の時代にこそ一層深化させられなければならない（Angus 2016）。その限りで、イムラーのように「マルクスは忘れろ」と結論づけるのはまだ早すぎる。資本主義によって引き起こされる物質代謝の亀裂と環境危機が深まるいまだからこそ、張一兵（2013）に倣ってこう言わなければならないだろう。「マルクスへ帰れ！」

あとがき

本書はベルリン・フンボルト大学に二〇一四年十二月に提出された博士論文（Kohei Saito: *Natur gegen Kapital*, Frankfurt am Main: Campus, 2016）とその英語版（*Karl Marx's Ecosocialism*, New York: Monthly Review Press, 2017）――この英語版はマルクス生誕二〇〇年の二〇一八年のドイッチャー記念賞（Deutscher Memorial Prize）を受賞するという幸運に恵まれた――を下敷きにしながらも、その後に刊行された論文も加えて、日本の読者に合わせて全体の流れを整えるための加筆・修正を行った日本語オリジナル版である。その初出は以下の通りである。

第四章　「マルクスの近代農業批判の成立と抜粋ノート」『唯物論』第八八号

第五章　「フラース抜粋とマルクス物質代謝の新地平」岩佐茂・佐々木隆治（編）『マルクスとエコロジー』、堀之内出版、二〇一六年

第六章　「マルクスのエコロジーノート」『ニュクス』第三号、堀之内出版、二〇一六年

»Profit, Elasticity, and Nature«, in: Frieder Otto Wolf und Judith Delheim (hrsg.), *The Unfinished System of Karl Marx*, New York, 2018.

第七章　『資本論』のエコロジーから考えるマルクスとエンゲルスの知的関係」『季刊経済理論』第五三号第四号

二〇一八年はマルクス生誕二〇〇年であった。さらに言えば、二〇一七年は『資本論』刊行一五〇年であった。だが、ここ二十年のあいだにマルクスをめぐる日本の研究環境は一変し、海外と比較してもマルクス・イヤーはたいした盛り上がりをみせることはなかった。端的に言って、マルクスへの学問的・社会的関心はこの間下がり続けている。だが、他方で、経済の長期停滞、格差拡大、さらには、深刻な地球温暖化の危機に世界が直面するなかで、マルクスの理論の必要性はかつてないほどに高まっているように思われる。それが当初の研究計画を変更して、本書を日本語でも刊行しようと決意した理由である。

とはいえ、マルクスへの関心が下がり続けるなかで、マルクスの抜粋ノートという一般読者には馴染みもなければ、刊行もされていないような一次資料に着目する研究は訓詁学的とみなされ、現実の社会運動とはかけ離れたアカデミズムの産物だとみなされてしまう可能性があることも承知している。だが、マルクスの理論的意義を明らかにしたうえで、その思想を二一世紀の状況に合わせて批判的に継承していこうとするなら、こうした研究は不可欠であると信じている。さらに、しばしば誤解されているので敢えて書いておけば、だからといってマルクスの理論が無謬であるとか、これが唯一絶対の正しいマルクス解釈だと言いたいわけではまったくない。本文中でも繰り返し述べたように、マルクスの理論は未完であり、自然科学の知見に関しても、一九世紀の通説が間違っていたり――例えば、リービッヒもマルクスも土壌中の窒素がどこから来るのかについて正しく認識していなかった――、内容的な限界があったりする――例えば、フラースの気候変動理論は、今日の二酸化炭素排出による気候変動とは性質が大きく異なるものである――のも自明である。だが、そのことは、十分な資料を検討することもなしに古いステレオタイプをいつまでも繰り返して、マルクスのエコロジーを否定してもよいことにはならない。本書がそうした誤読を正し、英米圏でも見られるようなエコ社会主義的アプローチを日本の環境運動にも取り入れることに少しでも貢献できることを願っているが、それがどれほど成功しているかについては、読者の判断に委ねたい。

謝辞については、ドイツ語版、英語版との繰り返しになるので省略させていただくが、英語版を出版して日本に帰ってきてから、植村邦彦氏、岩佐茂氏、大野節夫氏、牧野広義氏の各氏には、疑問点や修正点を出していただき、日本語版の執筆において非常に役に立った。また大野隆氏には経済理論学会関西支部で英語版の合評会を開催していただき、議論の場を提供していただいた。各氏に改めて心からの感謝を申し上げる。版元の堀之内出版には、院生だったころから様々な形で執筆機会を与えていただき、無理なスケジュールや要望をお互いに押し付け合いながらも、日本独自の出版文化についていろいろ教わった。その一つの完成形を堀之内出版から刊行できたことをとても嬉しく思っている。また、本書はＪＳＰＳ科研費若手研究「人新世の環境思想 ポスト・デカルト的一元論の批判的検討」(18K12188)ならびに、韓国研究財団NRF-2018S1A3A2075204の支援を受けており、そのプロジェクト成果として刊行されるものである。最後に、出版にあたっては、大阪市立大学経済学会の木本基金の助成を受けた。助成に関わっていただいた方に御礼を申し上げたい。

ドイツ語版・英語刊行時との大きな違いは、長男が生まれたことである。気候変動の影響が大きくなる世の中を私よりも長く生きることになるだろう家族の存在が、ゆっくりと忍び寄る環境危機から目を逸らさずに、身近な問題としてより真摯に考える力となった。感謝して、本書を捧げるとともに、宮澤賢治の次の言葉を送りたい。

「新たな時代のマルクスよ／これらの盲目な衝動から動く世界を／素晴らしく美しい構成に変へよ」

ンタールⅠ』現代の理論社
廣松渉（1971）『青年マルクス論』平凡社
――（2001［1983］）『物象化論の構図』岩波書店
福冨正美（1989）『経済学と自然哲学』世界書院
フクヤマ、フランシス（2005）『歴史の終わり（上）、（下）』三笠書房
フォスター、ジョン・ベラミー（2016）「マルクスと自然の普遍的な物質代謝の亀裂」岩佐・佐々木（2016）所収
フォルグラーフ、カール＝エーリッヒ（2016）「マルクスと発展した資本主義的生産における社会の物質代謝の絶え間ない破壊」岩佐・佐々木（2016）所収
フレイザー、ナンシー（2017）「資本主義，危機，批判を再考する――ナンシー・フレイザーに聞く」『思想』2017年6月号
前畑憲子（2006）「利潤率の傾向的低下法則と恐慌」『北海道大学経済学研究』第56巻第2号
宮田惟史（2011）「一般的利潤率の傾向的低下法則と恐慌」『季刊経済理論』第48巻第1号
吉田文和（1979）「リービヒのStoffwechsel論」『經濟學研究』第二九巻第一号（一九七九年三月）。
――（1980）『環境と技術の経済学　人間と自然の物質代謝の理論』青木書店
ムスト、マルチェロ（2018）『アナザーマルクス』堀之内出版
リピエッツ、アラン（1994）『緑の希望　政治的エコロジーの構想』社会評論社
ローヤーン、ユルゲン（2013）「どのようにしてひとつの理論が姿を現したか」大谷・平子（2013）所収
渡辺憲正（1989）『近代批判とマルクス』青木書店

—— (2011)『マルクスのアソシエーション論』桜井書店
—— (2016)『マルクスの利子生み資本論』全四巻、桜井書店
—— (2018)『資本論草稿にマルクスの苦闘を読む』桜井書店
大谷禎之介・平子友長（2013)『マルクス抜粋ノートからマルクスを読む』桜井書店
大藪龍介（1996)『マルクス社会主義像の転換』お茶の水書房
韓立新（2001)『エコロジーとマルクス』時潮社
久留間鮫造（1957)『価値形態論と交換過程論』岩波書店
—— (1965)『恐慌論研究』大月書店
久留間鮫造・玉野井芳郎（1954)『経済学史』岩波書店
小西一雄（2014)『資本主義の成熟と転換　信用と恐慌』桜井書店
小谷汪之（1982)『共同体と近代』青木書店
小松善雄（2001)「マルクスの物質代謝論：三つの物質代謝を中心に」『立教経済学研究』第五四巻第四号
斎藤幸平（2017)「人新世のマルクス」『現代思想』二〇一七年六月臨時増刊号「マルクスの思想」
佐々木隆治（2011)『マルクスの物象化論』社会評論社
—— (2012)『私たちはなぜ働くのか』旬報社
—— (2014)「抽象的人間的労働と価値の質的規定性について（上)（下)」『立教大学経済学研究』第67巻第4号、第68巻第1号
—— (2016)『カール・マルクス 資本主義と戦った社会思想家』ちくま新書
—— (2018)『資本論』角川書店
佐藤春吉（1979)「啓蒙主義批判とマルクス」岩崎（1979）所収
椎名重明（1976)『農学の思想　マルクスとリービヒ』東京大学出版会
篠原雅武（2016)『複数性のエコロジー　人間ならざるものの環境哲学』以文社
島崎隆（2007)『エコマルクス主義　環境論的転回を目指して』知泉書館
祖田修（2013)『近代農業思想史　21世紀の農業のために』岩波書店
平子友長（1979)「マルクスの経済学批判の方法と形態規定の弁証法」岩崎（1979）所収
—— (1991)『社会主義と現代世界』青木書店
—— (2013)「マルクスのノート　研究の射程」大谷・平子（2013）所収
竹永進（2016)「『資本論』の草稿研究の日本における最近の動向」『経済研究』第29号（2016年3月)
田畑稔（2015)『増補新版　マルクスとアソシエーション』新泉社
張一兵（2013)『マルクスへ帰れ』情況出版
都留重人（1972)『公害の政治経済学』岩波書店
長島誠一（2010)『エコロジカル・マルクス経済学』桜井書店
畑孝一（1975)「経済学・哲学草稿／第I・II草稿」現代の理論編集部（編)『マルクスコメ

Vollgraf, Carl-Erich (1987), »Zu einigen Grundzügen der Verteidigung und Propagierung der marxistischen Mehrwerttheorie im *Anti-Dühring*«, in: *Beiträge zur Marx-Engels-Forschung*, Heft 23, S. 233–242.
—— (1994), »Marx auf Flucht vor dem *Kapital?*«, in: *Beiträge zur Marx-Engels-Forschung. Neue Folge 1994. Quellen und Grenzen von Marx' Wissenschaftsverständnis*, Hamburg, S. 89-93.
—— (2012), »Einführung«, in MEGA² II/4.3, S. 421–474.

Wagner, Rudolph (1842), *Lehrbuch der speciellen Physiologie*, Leipzig.
Waring E. George (1999 [1857]), »The Agricultural Features of the Census of the United States for 1850«, in: *Organization & Environment* 12 (3), S. 298–307.
Weller, Paul (1994 [1935]), »Zur Edition der Exzerpte in der MEGA«, in: *Beiträge zur Marx-Engels-Forschung Neue Folge 1994. Quellen und Grenzen von Marx' Wissenschaftsverständnis*, Hamburg, S. 200–207.
Wendling Amy E. (2009), *Karl Marx on Technology and Alienation*, New York.
Werchan, Inge, and Ingrid Skambraks (1982), »Verzeichnis von verschollenen Büchern aus den Bibliotheken von Marx und Engels. 2. Teil«, in: *Beiträge zur Marx-Engels-Forschung*, Heft 12, S. 3–106.
Wolf, Dieter (2004), »Kritische Theorie und Kritik der politischen Ökonomie«, in: *Zur Konfusion des Wertbegriffs: Beiträge zur »Kapital«-Diskussion*, hg. v. Dieter Wolf/Heinz Paragenings, Hamburg, S. 9–190.

Zehetmair, Fritz Andreas (1995), *Carl Nikolaus Fraas (1810-1875): Ein bayerischer Agrarwissenschaftler und Reformer der intensiven Landwirtschaft*, München.
Žižek, Slavoj (1989), *The Sublime Object of Ideology*, London.
—— (2009), "Ecology," in Astra Taylor (ed.), *Examined Life: Excursions with Contemporary Thinkers*, New York.

明石英人（2016）「資本の弾力性とエコロジー危機」岩佐・佐々木隆治（2016）所収
岩佐茂（1994）『環境の思想』創風社
岩佐茂・佐々木隆治（編）（2016）『マルクスとエコロジー』堀之内出版
岩崎允胤（1979）『科学の方法と社会認識』汐文社
宇野弘藏（1964）『経済原論』岩波書店
内田義彦（1966）『資本論の世界』岩波書店
大谷禎之介（1993）「商品および商品生産」『経済志林』第六一巻第二号——（2001）『図解社会経済学』桜井書店

(November), S. 153–172.
Smith, Neil (2008), *Uneven Development*, Athens.
Smith, Peshine (1853), *Manual of Political Economy*, New York.
Smith, Tony (1990), *The Logic of Marx' Capital: Replies to Hegelian Criticisms*, Albany.
Sohn-Rethel, Alfred (1989 [1970]), *Geistige und körperliche Arbeit: Zur Epistemologie der abendländischen Geschichte*, Revidierte und ergänzte Neuauflage, Weinheim.（『精神労働と肉体労働：社会的総合の理論』寺田光雄・水田洋 訳、合同出版、1975年）
Sozialistische Studiengruppen (SOST) (1980), *Entfremdung und Arbeit: Ökonomisch-philosophische Manuskripte aus dem Jahr 1844. Kommentar*, Hamburg.
Sperl, Richard (2004), *Edition auf Hohem Niveau: Zu den Grundsätzen der Marx-Engels-Gesamtausgabe (MEGA)*, Hamburg.
—— (2006), »Der Beitrag von Anneliese Griese zur historisch-kritischen Edition der naturwissenschaftlichen Manuskripte von Marx und Engels«, in: *Beiträge zur Marx-Engels-Forschung Neue Folge 2006. Karl Marx und die Naturwissenschaften im 19. Jahrhundert*, Hamburg, S. 10–25.
Stedman Jones, G. (2016) *Karl Marx: Greatness and Illusion*, Cambridge, Massachusetts.
Stanley, John L. (2002), *Mainlining Marx*, Piscataway.
Stirner Max (1845), *Das Einzige und sein Eigentum*, Leipzig.（『唯一者とその所有』(上・下）片岡啓治 訳、現代思潮新社、2013年）
Sweezy, Paul (1942) *The Theory of Capitalist Development: Principles of Marxian Political Economy*, London.（『資本主義発展の理論』都留重人 訳、新評論1967年）

Tairako, Tomonaga (1982), »Versachlichung und Verdinglichung in ihrer Beziehung zur Hegelschen Dialektik. Zur Erschließung der Logik der Verkehrung«, in: *Hokudai Economic Papers*, Heft 12. S. 65–85.
Tanuro, Daniel (2010), »Marxism, Energy, and Ecology: The Moment of Truth«, in: *Capitalism, Nature, Socialism*, vol. 21, no. 4.
—— (2013), *Green Capitalism: Why it can't work*. London.
Tuckett, John Devell (1846), *A History of the Past and Present State of the Labouring Population*, London.
Tugan-Baranowsky, M. (1901) *Studien zur Theorie und Geschichte der Handelskrisen in England*, Jena.

Vogt, Carl (2012 [1847]), »Physiologische Briefe für Gebildete aller Stände Zwölfter Brief. Nervenkraft und Seelenthätigkeit«, in: *Der Materialismus-Streit*, hg. v. Walter Jaeschke u.a., Hamburg 2012, S. 1–14.

Environment 23 (2), S. 205–219.

Sankühler, Hans Jörg (1988), »Die Wissenschaft und das Ganze der Bewegung. Roland Daniels in der Wissenschaftsgeschichte des Sozialismus«, in: Daniels (1988 [1851]), S. 275–311.

—— (1991), »Wissenschaftliches Weltbild als naturalisierte Philosophie. Der Theorietypus »Marx« und die epistemologische Bedeutung der Naturwissenschaften im Marxschen Werk Teil 1«, in: *AG Marx-Engels-Forschung, Naturwissenschaften und Produktivkräfte bei Marx und Engels. Marx-Engels-Forschung heute 3*, Frankfurt/M., S. 11–23.

Sasaki, Ryuji, Saito, Kohei (2015), »Abstrakte Arbeit und Stoffwechsel zwischen Mensch und Natur«, in: *Beiträge zur Marx-Engels-Forschung 2013. »Marx' Sechs-Bücher-Plan«: Eine Debatte*, Hamburg, S. 150–168.

Say, Jean-Baptiste (1827), *Traité d'économie politique ou simple exposition de la maniére dont se forment, se distribuent et se consomment les richesses*, 6. Auflage, Bruxelles.

Schanin, Tedor (1985), *Late Marx and the Russian Road: Marx and the Peripheries of Capitalism*, New York.

Schantz, Jess (2012), *Green Syndicalism: An Alternative Red/Green Vision*, Syracuse.

Schmidt, Alfred (1977), *Emanzipatorische Sinnlichkeit: Ludwig Feuerbachs anthropologischer Materialismus*, Frankfurt/M.

—— (1993 [1962]), *Der Begriff der Natur in der Lehre von Marx*, 4. überarbeitete und verbesserte Auflage mit einem neuen Vorwort, Hamburg. (『マルクスの自然概念』元浜清海 訳、法政大学出版局、1972年)

—— (1993), »Vorwort zur Neuauflage 1993. Für einen ökologischen Materialismus« in Schmidt (1993 [1962]), S. I–XVII.

Schrader, Fred E. (1980), *Revolution und Restauration: Die Vorbereiten zum »Kapital« von Karl Marx in seinen Studienheften 1850-1858*, Hildesheim.

Schulz, Friedrich Wilhelm (1843), *Bewegung der Produktion: Eine geschichtlich-statistische Abhandlung zur Grundlegung einer neuen Wissenschaft des Staates und der Gesellschaft*, Zürich und Winterthur.

Settegast, Hermann (1869), *Welche Richtung ist der Schafzucht Norddeutschlands der Concurrenz des Auslandes gegenüber zu geben?*, Breslau.

Shaikh, Anwar (1978) »Political Economy and Capitalism: Notes on Dobb's Theory of Crisis. «, *Cambridge Journal of Economics* 2(2), 233–251.Shanin, Teodor (1983) *Late Marx and the Russian Road: Marx and the Peripheries of Capitalism* New York.

Sieferle, R.olf P. (2011), *Karl Marx zur Einführung*, Hamburg.

Slater, Eamonn, McDonough, Terrence (2008), »Marx on nineteenth-century colonial Ireland: analyzing colonialism as a dynamic social process«, in: *Irish Historical Studies* 36

Ricardo, David (1951 [1815]), *On the Principles of Political Economy, and Taxation*, Cambridge. (『経済学および課税の原理』(上・下) 羽鳥卓也・吉沢芳樹 訳、岩波書店、1987年)
Ritzer, Monika (2000), »Physiologische Anthropologien. Zur Relation von Philosophie und Naturwissenschaft um 1850«, in: Arndt/Jaeschke (2000), S. 113–140.
Rjazanov, David (1925), »Neueste Mittteilungen über den literarischen Nachlaß von Karl Marx und Friedrich Engels«, in: *Archiv für die Geschichte des Sozialismus und der Arbeiterbewegung*, hg. v. Carl Grünberg, Heft 11, S. 385–400.
Roberts, Michael (2016) *The Long Depression: Marxism and the Global Crisis of Capitalism*, Chicago. Robinson, Joan (1942) *An Essay on Marxian Economics* (London: Macmillan). (『マルクス経済学』 戸田武雄・赤谷良雄 訳、有斐閣、1951年)
Rojahn, Jürgen (1983), »Marxismus – Marx – Geschichtswissenschaft. Der Fall der sog. Ökonomisch-philosophischen Manuskripte aus dem Jahre 1844«, in: *International Review of Social History*, Bd. 28 Nr. 1, S. 2–49.
—— (1985), »Die Marxschen Manuskripte aus dem Jahre 1844 in der neuen Marx-Engels-Gesamtausgabe (MEGA)«, in: *Archiv für Sozialgeschichte*, Bd. 25, S. 647–663.
—— (2002), »The emergence of a theory: the importance of Marx's notebooks exemplified by those from 1844«, in: *Rethinking Marxism* 14 (4), S. 29–46.
Rockström, John et al. (2009), »A safe operating space for humanity«, in: *Nature*, Heft 461, S. 472–475.
Roscher, Wilhelm (1854), *System der Volkswirthschaft Ein Hand- und Lesebuch für Geschäftsmänner und Studierende*, Band 1: *Die Grundlage der Nationalökonomie*, Stuttgart.
—— (1865), *System der Volkswirthschaft Ein Hand- und Lesebuch für Geschäftsmänner und Studierende*, Band 2: *Nationalökonomik des Ackerbaues und der verwandten Urproduktionen. Ein Hand- und Lesebuch für Staats- und Landwirthe*, 4., verm. und verb. Aufl, Stuttgart.
Rosdolsky, Roman (1959), »Der Gebrauchswert bei Karl Marx. Eine Kritik der bisherigen Marx-Interpretation«, in: *Kyklos*, Heft XII, Basel, S. 27–56.
—— (1977) *The Making of Marx's Capital*, London. (『資本論成立史』、時永淑ほか 訳、法政大学出版局、1973–74年)
Roth, Regina (2002), »The Author Marx and His Editor Engels: Different Views on Volume 3 of *Capital*«, in: *Rethinking Marxism* 14 (4), S. 59–72.
Rubin, Isaak Illich (1972 [1924]), *Essays on Marx's Theory of Value*, Detroit. (『マルクス価値論概説』 竹永進 訳、法政大学出版局、1993年)

Saito, Kohei (2016), »Marx's Ecological Notebooks«, in: *Monthly Review* 67 (9), S. 25–42.
Salleh, Ariel (2010), »From Metabolic Rift to Metabolic Value«, in: *Organization &*

Müller, Hans-Heinrich, Klemm, Volker (1988), *Im Dienste der Ceres: Streiflichter zu Leben und Werk bedeutender deutscher Landwirte und Wissenschaftler*, Leipzig.
Munday, Pat (1998), »Politics by other means: Justus von Liebig and the German translation of John Stuart Mill's *Logic*«, in: *British Journal for the History of Science* 31, S. 403–418.
Musto, Marcello (2007), »Marx in Paris: Manuskripte und Exzerpthefte aus dem Jahr 1844«, in *Beiträge zur Marx-Engels-Forschung. Neue Folge. 2007. Gold – Kapital – Wert*, Hamburg, S. 178–196.

O'Connor, James (1998), *Natural Causes: Essays in Ecological Marxism*, New York.
Okishio, N. (1961) ' Technical Changes and the Rate of Profit' in *Kobe Economic Review*, vol. 7, pp. 85–99.

Passmore, John (1974), *Man's Responsibility Over Nature: Ecological Problem and Western Traditions*, London. (『自然に対する人間の責任』間瀬啓允 訳、岩波書店、1998年)
Pawelzig, Gerd (1997), »Zur Stellung des Stoffwechsels im Denken von Karl Marx«, in: Griese/Sandkühler (1997), S. 129–150.
Perelman, Michael (1987), *Marx's Crises Theory: Scarcity, Labor, and Finance,* New York.
—— (1993), »Marxism and ecology. Marx and resource scarcity«, in: *Capitalism, Nature, Socialism* 14, S. 65–84.
—— (2002), »The Comparative Sociology of Environmental Economics in the Works of Henry Carey and Karl Marx«, in: *History of Economics Review* 36 (Sommer), S. 85–110.
Petersen, Thomas, Faber, Malte (2014), *Karl Marx und die Philosophie der Wirtschaft: Bestandsaufnahme – Überprüfung – Neubewertung*, Freiburg und München.
Pradella, Lucia (2014), *Globalization and the Critique of Political Economy: New Insights from Marx's Writings*, London.

Quante, Michael (2008), »Karl Marx«, in: *Klassiker der Philosophie: Von Immanuel Kant bis John Rawls*, hg. v. Otfried Höffe, München, S. 129–142.
—— (2009), »Kommentar«, in: Karl Marx, Ökonomisch-philosophische Manuskripte, Frankfurt/M., S. 209–411.

Radkau, Joachim (2012), *Natur und Macht. Eine Weltgeschichte der Umwelt*, 2. Auflage, München. (『自然と権力：環境の世界史』海老根剛・森田直子 訳、みすず書房、2012年)
Reichelt, Helmut (1970), *Zur logischen Struktur des Kapitalbegriffs bei Karl Marx*, Freiburg/Br.

Materialismus«, in: Ders., *Ideen zu einer kritischen Theorie der Gesellschaft*, Frankfurt/M., S. 7–54.（『初期マルクス研究　『経済学・哲学手稿』』良知力訳、未来社、2000年）

Marković, Mihailo (1974), *From Affluence to Praxis: Philosophy and Social Criticism*, Ann Arbor, MI.

Maron, Hermann (1862), »Bericht an den Minister für die landwirthschaftlichen Angelegenheiten in Berlin über die japanische Landwirthschaft«, in: Liebig (1862), S. 417–438.

—— (1863), »Das Gespenst der Bodenerschöpfung«, in: *Vierteljahrschrift für Volkswirthschaft und Culturgeschichte*, hg. v. Julius Faucher, Band. 2, Berlin, S. 145–161.

Marsh, George Perkins (2003 [1864]), *Man and Nature; or, Physical Geography as Modified by Human Action*, Seattle.

Martinez-Alier, Joan (2007), »Marxism, social metabolism, and international trade«, in: *Rethinking Environmental History: World-System History and Global Environmental Change*, hg. v. Alf Hornborg u.a., Lanham, MD, S. 221–238.

Maurer, Georg Ludwig von (1854), *Maurers Einleitung zur Geschichte der Mark-, Hof-, Dorf- und Stadt-Verfassung und der öffentlichen Gewalt*, München.

Mayer, Robert Julius (1845), *Die organische Bewegung im Zusammenhange mit Stoffwechsel*, Heilbronn.

Mészáros, István (1995), *Beyond Capital*, New York.

Meyer, Thomas (1973), *Der Zwiespalt in der Marx'schen Emanzipationstheorie. Studie zur Rolle des proletarischen Subjekts*, Kronberg/Ts.

Mocek, Reinhard (1988), »Roland Daniels' physiologischer Materialismus – der naturwissenschaftliche Materialismus am Scheideweg«, in: Daniels (1988 [1851]), S. 261–274.

Moleschott, Jakob (1850), *Physiologie der Nahrungsmittel. Ein Handbuch der Diätetik*, Gießen.

(1852), *Kreislauf des Lebens. Physiologische Antworten Auf Liebig's Chemische Briefe*, Mainz.

(1857), *Kreislauf des Lebens. Physiologische Antworten Auf Liebig's Chemische Briefe*, Dritte, vermehrte und verbesserte Auflage, Mainz.

(1894), *Für meine Freunde: Lebenserinnerungen von Jacob Moleschott*, Gießen.

Moore, Jason W. (2011), »Transcending the metabolic rift: a theory of crises in the capitalist world-ecology«, in: *Journal of Peasant Studies* 38 (1), S. 1–46.

(2014), »Toward a singular metabolism. Epistemic rifts and environment-making in the capitalist world-ecology«, in: *New Geographies* 6, S. 10–19.

(2015), *Capitalism in the Web of Life. Ecology and the Accumulation of Capital*, London.

Morton, John (1840), *On the Nature and Property of Soils*, 2. Auflage, London.

(1859a), *Chemische Briefe*, vierte, umgearbeitete und vermehrte Auflage, Erster Band, Leipzig und Heidelberg.
(1862), *Die Chemie in ihrer Anwendung auf Agricultur und Physiologie*, 7. Auflage, Braunschweig.（『化学の農業および生理学への応用』吉田武彦 訳、北海道大学出版会、2007年）
(1862a), *Einleitung in die Naturgesetze des Feldbaues*, Braunschweig.
(1865). *Two Letters on the Subject of the Utilization of the Metropolitan Sewage: Addressed to the Lord of Mayor of London*, London.
Lindner, Kolja (2011), »Eurozentrismus bei Marx. Marx-Debatte und Postcolonial Studies im Dialog«, in: *Kapital & Kritik. Nach der »neuen« Marx-Lektüre*, hg. v. Werner Bonefeld/ Michael Heinrich, Hamburg, S. 93–129.
Lipietz, Alain (2000), »Political Ecology and the Future of Marxism«, in: *Capitalism, Nature, Socialism*, Bd. 11, Nr. 1, S. 69–85.（アラン・リピエッツ『レギュラシオンの社会理論』若森章孝・若森 文子 訳、青木書店、2002年所収）
(2000), *Die große Transformation des 21. Jahrhunderts. Ein Entwurf der politischen Ökologie*, Münster.
Lipman, Timothy O. (1967), »Vitalism and reductionism in Liebig's physiological thought«, in: *Isis* 58, S. 167–185.
Lohmann, Larry (2014), »Fetishisms of apokalypse«, in: *Occupied Times*, 30. October.
Longo, Stefano B, et al. (2015), *The Tragedy of the Commodity: Oceans, Fisheries, and the Aquaculture*, New Brunswick.
Löwy, Michael (1998), »Globalization and internationalism: How up-to-date is the *Communist Manifesto*?«, in: *Monthly Review*, Bd. 50, Nr. 6, S. 16–27.
(2005), »Destruktiver Fortschritt. Marx, Engels und die Ökologie«, in: *Utopie kreativ*, Heft 174, S. 306–315.
(2015), *Ecosocialism. A Radical Alternative to Capitalist Catastrophe*, Chicago.
(2017), »Marx, Engels, and Ecology«, in *Capitalism Nature Socialism* 28 (2), S. 10–21.
Lukács, Georg (1970 [1923]), *Geschichte und Klassenbewusstsein. Studien über marxistische Dialektik*, München.（『歴史と階級意識』城塚登・古田光 訳、白水社、1991年）
Lyell, Charles (1833), *Principles of Geology, Being an Attempt to Explain the Former Changes of the Earth's Surface, by Reference to Causes Now in Operation*, London.（『ライエル地質学原理 上・下』河内洋佑 訳、朝倉書店、2006・2007年）

Mancus, Philip (2007), »Nitrogen Fertilizer Dependency and ist Contradictions«, in *Rural Sociology* 72 (2), S. 269–288.
Marcuse, Herbert (1969 [1932]), »Neue Quellen zur Grundlegung des Historischen

Kurnitzky, Horst (1970), *Versuch über Gebrauchswert: Zur Kultur des Imperialismus*, Berlin.
Kurz, Heinz D. (2010), »Technical progress, capital accumulation and income distribution in Classical economics: Adam Smith, David Ricardo and Karl Marx«, in: *The European Journal of the Hisotry of Economic Thought* 17 (5), S. 1183–1222.
Kurz, Robert (1991), *Der Kollaps der Modernisierung. Vom Zusammenbruch des Kasernensozialismus zur Krise der Weltökonomie*, Frankfurt/M.

Laitko, Hubert (2006), »Marx' theoretisches Erbe und die Idee der nachhaltigen Entwicklung«, in: *Beiträge zur Marx-Engels-Forschung Neue Folge 2006. Karl Marx und die Naturwissenschaften im 19. Jahrhundert*, Hamburg, S. 63–81.
Lange, Friedrich Albert (1866), *J. St. Mill's Ansichten über die sociale Frage und die angebliche Umwälzung der Socialwissenschaft durch Carey*, Duisburg.
Lavergne, Léonce de (1855), *The Rural Economy of England, Scotland, and Ireland. Translated from the French with Notes by a Scottish Farmer*, Edinburgh.
Lawes, John Bennet (1847), »On agricultural chemistry«, in: *The Journal of the Royal Agricultural Society of England*, Band 8, S. 226–260.
Lawes, John Bennet, Gilbert, Joseph Henry (1851), »On agricultural chemistry – especially in relation to the mineral theory of Baron Liebig«, in: *The Journal of the Royal Agricultural Society of England*, Band 12, S. 1–40.
Lebowitz, M. A. (2005) *Following Marx: Method, Critique and Crisis*, Leiden.
Liebig, Justus v. (1840), *Die organische Chemie in ihrer Anwendung auf Agricultur und Physiologie*, Braunschweig.
(1842), *Die organische Chemie in ihrer Anwendung auf Agricultur und Physiologie*, 4. Auflage, Braunschweig.
(1842a), *Die organische Chemie in ihrer Anwendung auf Physiologie und Pathologie*, Braunschweig.
(1843), *Die Chemie in ihrer Anwendung auf Agricultur und Physiologie*, 5. Auflage, Braunschweig.
(1846), *Die Chemie in ihrer Anwendung auf Agricultur und Physiologie*, 6. Auflage, Braunschweig.
(1851), *Chemische Briefe*, dritte umgearbeitete und vermehrte Auflage, Heidelberg.
(1855), *Die Grundsätze der Agriculturchemie mit Rücksicht auf die in England angestellten Untersuchungen*, Braunschweig.
(1856), *Ueber Theorie und Praxis in der Landwirthschaft*, Braunschweig.
(1859), *Naturwissenschaftliche Briefe über die moderne Landwirtschaft*, Leipzig und Heidelberg.

(1849), *Catechism of Agricultural Chemistry and Geology*, 23. Auflage, London.
(1851), *Notes on North America: Agricultural, Economical, and Social*, 2 Bände, London.
(1856), *Elements of Agricultural Chemistry and Geology*, 4. Auflage, London.
Jonas, Hans (1979), *Das Prinzip Verantwortung: Versuch einer Ethik für die technologische Zivilisation*, Frankfurt/M.（『責任という原理：科学技術文明のための倫理学の試み』加藤尚武 監訳、東信堂、2000年）
Jordan, Zbigniew A. (1967), *The Evolution of Dialectical Materialism*, London.

Kaplan, Abraham David Hannath (1931), *Henry Charles Carey. A Study in American Economic Thought*, Balltimore.
Kapp, Karl William (1950), *The Social Costs of Private Enterprise*, Cambridge.（『私的企業と社会的費用 現代資本主義における公害の問題』篠原泰三 訳、岩波書店、1959年）
Kautsky, Benedikt (1930), »Die Marx-Engels-Gesamtausgabe«, in: *Die Gesellschaft*, Jg. 7, Zweiter Band, S. 260–270.
Kicillof, Axel, and Starosta, Guido (2007), »On Materiality and Social Form: A Political Critique of Rubin's Value-Form Theory«, in: *Historical Materialism*, Bd. 15, Nr. 1, S. 9–43.
Kirchhof, Friedrich (1852), *Handbuch der landwirtschaftlichen Betriebslehre. Ein Leitfaden für praktische Landwirte zur zweckmäßigen Einrichtung und Verwaltung der Landgüter*, Dessau.
Klein, Naomi (2008), *The Shock Doctrine: The Rise of Disaster Capitalism*, New York.（『ショック・ドクトリン：惨事便乗型資本主義の正体を暴く』（上・下）幾島幸子・村上由見子 訳、岩波書店、2011年）
── (2014), *This Changes Everything. Capitalism vs. The Climate*, New York.（『これがすべてを変える：資本主義vs.気候変動』（上・下）幾島幸子・荒井雅子 訳、岩波書店、2017年）
── (2018), »Capitalism Killed Our Climate Momentum, Not "Human Nature"«, *The Intercept*. https://theintercept.com/2018/08/03/climate-change-new-york-times-magazine/ (last access on 2019.01.23)
Kliem, Manfred (1970), *Karl Marx: Dokumente seines Lebens 1818 bis 1883*, Leipzig.
Kliman, Andrew (2006) *Reclaiming Marx's Capital*, Lanham.
── (2012) *Failure of the Capitalist Production* London.
Kołakowski, Leszek (1978), *Main Currents of Marxism: Bd. 1. The Founders*, Oxford.
Kovel, Joel (2002), *The Enemy of Nature: The End of Capitalism or the End of the World?*, London.（（『エコ社会主義とは何か』戸田清 訳、緑風出版、2009年）
Krüger, Peter (1997), »Innovationen in der Geologie um 1860 und die späten Geologie-Exzerpte von Karl Marx. Zu einigen möglichen Motiven seiner naturwissenschaftlichen Studien nach 1870«, in: Griese/Sandkühler (1997), S. 151–178.

—— (2009), *Wie das Marxsche »Kapital« lesen? Leseanleitung und Kommentar zum Anfang des »Kapital« Teil 1, 2.*, durchgesehene Auflage, Stuttgart.
—— (2013a) »Crisis Theory, the Law of the Tendency of the Profit Rate to Fall, and Marx's Studies in the 1870s« in: *Monthly Review*, vol. 64, no. 11 (April 2013), S. 15–31.
—— (2013b) »Marx' Ökonomiekritik nach der MEGA: Eine Zwischenblianz nach dem Abschluss der II. Abteilung« in: *Marx-Engels-Jahrbuch 2012/13*, Berlin: Akademie Verlag, S. 144–167.
Herres, Jürgen (2012), »Marx und Engels über Irland. Ein Überblick. Artikel, Briefe, Manuskripte und Schriften«, in: *Marx-Engels-Jahrbuch 2011*, Berlin, S. 12–27.
Hlubeck, Xaver Franz (1853), *Die Landwirthschaftslehre in ihrem ganzen Umfange nach den Erfahrungen und Erkenntnissen der letztverflossenen 100 Jahre*, 3 Bände, 2. Auflage, Wien.
Hoff, Jan (2010), »Marx in Germany«, in: *Socialism and Democracy*, Bd. 24, Nr. 3, S. 175–180.
Holloway, John (2010). *Crack Capitalism.* London. (『革命　資本主義に亀裂をいれる』高祖岩三郎・篠原雅武 訳、河出書房新社、2011年)
Humboldt, Alexander von (1831), *Fragments de géologie et de climatologie asiatiques*, Paris.
Hundt, Martin (2011), »Der Fortgang der MEGA und einige aktuelle Debatten um Marx' Werk«, in *Z. Zeitschrift Marxistische Erneuerung*, Nr. 85, März, S. 105–121.

Immler, Hans (2011 [1984]), »Ist nur die Arbeit wertbildend? Zum Verhältnis von politischer Ökonomie und ökologischer Krise«, in: Immler/Schmied-Kowarzik (2011), S. 35–55.
(2011), »Vergiss Marx, entdecke Schelling«, in: Immler/Schmied-Kowarzik (2011), S. 9–12.
Immler, Hans, Schmied-Kowarzik, Wolfdietrich (2011), *Marx und die Naturfrage. Ein Wissenschaftsstreit*, Hamburg.

Jacoby, Russell (1991), »Western Marxism«, in: Tom Bottomore (hrsg.), *A Dictionary of Marxist Thought*, Oxford, S. 581–584.
Jaeschke, Walter (2000), »Ludwig Feuerbach über Spiritualismus und Materialismus«, in: Arndt und Jaeschke (2000), S. 23–34.
Jakobs, Kurt (1993), »Bruchstücke Sozialismus und Ökologie«, in: *Das Argument*, Heft 197, Hamburg, S. 31–46.
(1997), »Landwirtschaft und Ökologie im *Kapital*«, in: *PROKLA* 108, S. 433–450.
Jevons, William Stanley (1865), *The Coal Question: An Inquiry Concerning the Progress of the Nation, and the Probable Exhaustion of Our Coal-Mines*, London.
Johnston, James F. W. (1847), *Lectures on Agricultural Chemistry and Geology*, 2. Auflage, London.

Gerhard, Myriam (2007), »Die philosophische Kritik am naturwissenschaftlichen Materialismus im 19. Jahrhundert«, in: *Weltanschauung, Philosophie und Naturwissenschaft im 19. Jahrhundert, Band 1: Der Materialismus-Streit*, hg. v. Walter Jaeschke u.a., Hamburg, S. 127–141.

Ghosh, Sunti Kumar (1984), »Marx on India«, in *Monthly Review*, Bd. 35, Nr. 8, S. 39–53.

Giddens, Anthony (1981), *A Contemporary Critique of Historical Materialism. Band 1: Power, Property and the State*, Berkeley.

Goodman, David C. (1972), »Chemistry and the two organic kingdoms of nature in the nineteenth century«, in: *Medical History* 16 (2), S. 113–130.

Gorz, André (2012 [1994]), *Capitalism, Socialism, Ecology*, London.（『資本主義・社会主義・エコロジー』杉村裕史 訳、新評論、1993年）

Green, Arnold W. (1951), *Henry Charles Carey: Ninetheenth-Century Sociologist*, Philadelphia.

Griese, Annelise (2006), »Die geologischen, mineralogischen und agrochemischen Exzerpte von Marx im Vergleich mit seinen chemischen Manuskripten«, in: *Beiträge zur Marx-Engels-Forschung Neue Folge 2006. Karl Marx und die Naturwissenschaften im 19. Jahrhundert*, Hamburg, S. 31–48.

Griese, Annelise, Sandkühler, Hans Jörg (1997) (Hg.), *Karl Marx – Zwischen Philosophie und Naturwissenschaften*, Frankfurt/M.

Grundmann, Reiner (1991), *Marxism and Ecology*, Oxford.

Gunderson, Ryan (2011), »The Metabolic Rifts of Livestock Agribusiness«, in: *Organization & Environment* 24 (4), S. 404–422.

Haeckel, Ernst (1866), *Genereller Morphologie der Organismen: Allgemeine Grundzüge der organischen Formen-Wissenschaft, mechanisch begründet durch die von Charles Darwin reformirte Descendenztheorie*, 2 Bände, Berlin.

Harstick, Hans-Peter (1977) (Hg.), *Karl Marx über Formen vorkapitalistischer Produktion: Vergleichende Studien zur Geschichte des Grundeigentums 1879–80*, Frankfurt/M.

Hecker, Rolf (1997), »Rjazanovs Editionsprinzipien der ersten MEGA«, in: *Sonderbände der Beiträge zur Marx-Engels-Forschung. Neue Folge. Sonderband 1. David Borisovic Rjazanov und die erste MEGA*, Hamburg, S. 7–27.

Heilbroner, Robert, Milberg William (2012), *The Making of Economic Society* 13th Edition, New York.

Heinrich, Michael (1999), *Wissenschaft vom Wert. Die Marxsche Kritik der politischen Ökonomie zwischen wissenschaftlicher Revolution und klassischer Tradition*, Münster.

—— (2005), *Kritik der politischen Ökonomie: Eine Einführung*, dritte Auflage, Stuttgart.（ミヒャエル・ハインリッヒ『資本論の新しい読み方』、明石英人ほか 訳、堀之内出版、2014年）

environmental sociology«, in: *American Journal of Sociology* 105 (2), S. 366–405.
—— (1999a), »Robbing the earth of its capital stock: an introduction to George Waring's Agricultural Features of the Census of the United States for 1850«, in: *Organization & Environment*, Bd. 12, Nr. 3, S. 293–297.
—— (2000), *Marx's Ecology: Materialism and Nature,* New York.（『マルクスのエコロジー』渡辺景子 訳、こぶし書房、2004年）
—— (2009), *The Ecological Revolution: Making Peace with the Planet*, New York.
—— (2010), »Why Ecological Revolution?«, in *Monthly Review*, Bd. 61, Nr. 8, S. 1–19.
—— (2011), »Capitalism and the Accumulation of Catastrophe«, in *Monthly Review*, Bd. 63, Nr. 7, S. 1–17.
—— (2014), »Paul Burkett's *Marx and Nature* Fifteen Years After«, in: *Monthly Review* Bd. 66, Nr. 7, S. 56–62.
—— (2015), »The Great Capitalist Climacteric. Marxism and ›System Change Not Climate Change‹«, in: *Monthly Review* Bd. 67, Nr. 6, S. 1–18.
Foster, John Bellamy et al. (2011), *The Ecological Rift: Capitalism's War on the Earth*, New York.
Foster, John Bellamy, Burkett, Paul (2016), *Marx and the Earth: Anti-Critique*, Leiden.
Fraas, Carl (1847), *Klima und Pflanzenwelt in der Zeit, ein Beitrag zur Geschichte beider*, Landshut.
(1848), *Historisch-encyklopädischer Grundriss der Landwirthschaftslehre*, Stuttgart.
—— (1852), *Die Geschichte der Landwirthschaft oder geschichtliche Übersicht der Fortschritte landwirthschaftlicher Erkenntnisse in den letzten 100 Jahren*, Prag.
—— (1857), *Natur der Landwirthschaft. Beitrag zu einer Theorie derselben*, 2 Bände, München.
—— (1858), »Die Natur in der Wirthschaft. Erschöpfung und Ersatz«, in: *Westermann's Jahrbuch der Illustrirten Deutschen Monatshefte*, Dritter Band, S. 561–565.
—— (1866), *Die Ackerbaukrisen und ihre Heilmittel. Ein Beitrag zur Wirthschaftspolitik des Ackerbauschutzes*, Leipzig.
Foster, John Bellamy (1999), »Marx's Theory of Metabolic Rift: Classical Foundations for Environmental Sociology«, in *American Journal of Sociology* 105 (2), S. 366–405.
Fraser, Nancy (2014), »Behind Marx's Hidden Abode: For an Expanded Conception of Capitalism«, in: *New Left Review* 86 (March/April), S. 55–72.
Fromm, Eric (1961), *Marx's Concept of Man*, New York.（『マルクスの人間観』樺俊雄・石川康子 訳、合同出版、1970年）

Garrison, Fielding H. (1929), *An Introduction to the History of Medicine with Medical Chronology, Suggestions for Study and Bibliographic Data*, 4. Auflage, Philadelphia.

Economist (1851a), »North American Agriculture«, 3. Mai 1851, Heft 401, S. 475.
(1851b), »Husbandry in North America«, 24. Mai 1851, Heft 404, S. 559–60.
Elbe, Ingo (2006), »Zwischen Marx, Marxismus und Marxismen – Lesarten der marxschen Theorie«, in: *Das Kapital neu lesen: Beiträge zur radikalen Philosophie*, hg. v. Frieder Otto Wolf u.a., Münster, S. 52–71.
(2010), »Soziale Form und Geschichte. Der Gegenstand des *Kapital* aus der Perspektive neuerer Marx-Lektüren«, in: *Deutsche Zeitschrift für Philosophie* 58 (2), S. 221–240.
(2014), »Entfremdung und abstrakte Arbeit. Marx' Ökonomisch- philosophische Manuskripte im Vergleich zu seiner späteren *Kritik der politischen Ökonomie*«, in: *Oldenburger Jahrbuch für Philosophie 2012*, Oldenburg, S. 7–69.
Elbe, Ingo (2012), *Marx im Westen: Die neue Marx-Lektüre in der Bundesrepublik seit 1965*, Berlin.
Elsner, Helmut (1988), »Roland Daniels (1819-1855) in der frühen sozialen Bewegung des Rheinlandes«, in: Daniels (1988 [1851]), S. 187–240.
Engel-Di Mauro, Salvatore (2014), *Ecology, Soils, and the Left: An Eco-Social Approach*, New York.
Esslen, Joseph (1905), *Das Gesetz des abnehmenden Bodenertrages seit Justus von Liebig: Eine dogmengeshichtliche Untersuchung*, München.

Fay, Margaret Alice (1986), *Der Einfluß von Adam Smith auf Karl Marx' Theorie der Entfremdung*, Frankfurt/M.
Fetscher, Iring (1981), »Fortschrittsglaube und Ökologie im Denken von Marx und Engels«, in: *PRAXIS International*, Bd. 2, S. 187–205.
(1985), Überlebensbedingungen der Menschheit: Ist der Fortschritt noch zu retten?, München.
Finlay, Mark R. (1991), »The rehabilitation of an agricultural chemist: Justus von Liebig and the seventh edition«, in: *Ambix* 38 (3), S. 155–166.
Fischer-Kowalski, Marina (1998), »Society's metabolism: the intellectual history of materials flow analysis, Part I, 1860–1970«, in: *Industrial Ecology* 2 (1), S. 61–78.
Fischer-Kowalski, Marina, Hüttler, Walter (1998), »Society's metabolism: the intellectual history of materials flow analysis, Part II, 1970–1998«, in: *Industrial Ecology*, Bd. 2, Nr. 4, S. 107–136.
Fischer-Kowalski, Marina, Krausmann, Fridolin, Irene, Pallua (2014), »A sociometabolic reading of the Anthropocene: Modes of subsistence, population size and human impact on Earth«, in: *The Anthropocene Review*, Bd. 1 Nr. 1, S. 8–33.
Foster, John Bellamy (1999), »Marx's theory of metabolic rift: classical foundations for

—— (2010b), »Stoffwechsel, Energie und Entropie in Marx' Kritik der politischen Ökonomie. Jenseits des Podolinsky-Mythos« (Teil 2), in: *PROKLA*, Heft 160, S. 417–436.

Carchedi, Guglielmo (1992), *Frontiers of Political Economy*, London.

—— (2011) *Behind the Crisis: Marx's Dialectics of Value and Knowledge*, Leiden.

Carey, Henry C. (1840), *Principles of Political Economy. Part the Third: Of the Causes which Retard Increase in the Numbers of Mankind. Part the Forth: Of the Causes which Retard Improvement in the Political Condition of Man*, Philadelphia.

—— (1848), *The Past, the Present, and the Future*, Philadelphia.

—— (1858), *Letters to the President on the Foreign and Domestic Policy of the Union and its Effects as Exhibited in the Condition of the People and the State*, Philadelphia.

—— (1858a), *Principles of Social Science*, Bd. 1, Philadelphia.

Carver, Terrell (1983), *Marx & Engels. The Intellectual Relationship*, Brighton.（『マルクスとエンゲルスの知的関係』内田弘 訳、世界書院、1996年）

Clark, John (1989), »Marx's Inorganic Body«, in: *Enviornmtntal Ethics* 11 (3): 243–258.

Clark, Brett, Foster, John Bellamy (2009), »Ecological imperialism and the global metabolic rift: unequal exchange and the guano/nitrates trade«, in: *International Journal of Comparative Sociology*, Bd. 50, Nr. 3–4, S. 311–334.

Clark, Brett, York, Richard (2008),»Rifts and Shifts: Getting to the Root of Environmental Crises,«, in: *Monthly Review*, vol. 60, issue 6 (November 2008).

Commoner, Barry (1971), *The Closing Circle*, New York.（『なにが環境の危機を招いたか——エコロジーによる分析と回答』安倍善也・半谷高久 訳、講談社、1972年）

Conrad, Johannes (1864), *Liebig's Ansicht von der Bodenerschöpfung und ihre geschichtliche, statistische und nationalökonomische Begründung*, Jena.

Daniels, Roland (1988 [1851]), *Mikrokosmos. Entwurf einer physiologischen Anthropologie*, Frankfurt/M.

Devall, Bill, Sessions, George (1985), *Deep Ecology: Living as if Nature Mattered*, Layton.

Dohner, Janet Vorwald (2001), *The Encyclopedia of Historic and Endangered Livestock and Poultry Breeds*, New Haven.

Dühring, Eugen (1865), *Carey's Umwälzung der Volkswirthschaftslehre und Socialwissenschaft*, München.

(1866), *Kritische Grundlegung der Volkswirthschaftslehre*, Berlin.

Dunayevskaya, Raya (1991), *Rosa Luxemburg, Women's Liberation and Marx's Philosophy of Revolution*, 2. Auflage, Chicago.

Class, Bd. 34, Nr. 2, S. 257–276.
Bortkiewicz, L. (1952 [1907]) »Value and Price in the Marxian System« in: *International Economic Papers*, Band 2, S. 5–60.
Boyd, William et al. (2001), »Industrial Dynamics and the Problem of Nature«, in *Society and Natural Resources* 14, S. 555–570.
Brand, Ulrich, Wissen Markus, *Imperiale Lebensweise. Zur Ausbeutung von Mensch und Natur in Zeiten des globalen Kapitalismus*, München.
Braverman, Harry (1974), *Labor and Monopoly Capital: The Degradation of Work in the Twentieth Century*, New York.（『労働と独占資本：20世紀における労働の衰退』富沢賢治 訳、岩波書店、1978年）
Brentel, Helmut (1989), *Soziale Form und ökonomisches Objekt. Studien zum Gegenstands- und Methodenverständnis der Kritik der politischen Ökonomie*, Opladen.
(1989a), *Alternative ökonomische Reproduktionsmodelle. Die Ökologisierung der Wirtschaft zwischen marktwirtschaftlichen und natureinbeziehenden Konzepten*, Frankfurt/M.
(1992), »Arbeit, Natur und die Transformation kapitalistisch-industrieller Gesellschaften«, in: *Die ökologische Herausforderung für die ökonomische Theorie*, hg. v. Frank Beckenbach, Marburg, S. 227–236.
Brock, William H. (1997), *Justus von Liebig, the Chemical Gatekeeper,* Cambridge.
Brown, Heather (2012), *Marx on Gender and the Family*, Leiden.
Brudney, Daniel (1998), *Marx's Attmpet to Leave Philosophy*, Cambridge.
Büchner, Ludwig (1858), *Stoff und Kraft. Empirisch-naturwissenschaftliche Studien*, Frankfurt/M.
Büchner, Louis (1864), *Force and Matter. Empirico-philosophical Studies, Intelligibly Rendered*, London.
(1920), *Force and Matter or Principles of the Natural Order of the Universe: With a System of Morality Based on Thereon*, New York.
Burkett, Paul (2005), »Marx's Vision of Sustainable Human Development«, in: *Monthly Review*, Bd. 57, Nr. 5, S. 34–62.（「持続可能な人間的発展についてのマルクスのヴィジョン」佐々木隆治 訳、『マルクスとエコロジー：資本主義批判としての物質代謝論』所収、堀之内出版、2016年）
(2006), *Marxism and Ecological Economics: Toward a Red and Green Political Economy*, Chicago.
(2014 [1999]), *Marx and Nature: A Red and Green Perspective*, Chicago.
Burkett, Paul/Foster, John Bellamy (2010a), »Stoffwechsel, Energie und Entropie in Marx' Kritik der politischen Ökonomie. Jenseits des Podolinsky-Mythos« (Teil 1), in: *PROKLA*, Heft 159, S. 217–240.

Arndt, Andreas, Jaeschke, Walter (2000) (Hg.), *Materialismus und Spiritualismus. Philosophie und Wissenschaften nach 1848*, Hamburg.

Arthur, Chris (2002), *The New Dialektik and Marx's Capital*, Leiden.

Au, Julius (1869), *Die Hilfsdüngemittel in ihrer volks- und privatwirthschaftlichen Bedeutung*, Heidelberg.

Augustin, Friedrich Ludwig (1809), *Lehrbuch der Physiologie des Menschen mit vorzüglicher Rücksicht auf neuere Naturphilosophie und comparative Physiologie*, Berlin.

Ayres, Robert (1994), »Industrial metabolism: Theory and policy«, in: *Industrial Metabolism: Restructuring for Sustainable Development*, hg. v. Robert Ayres u.a., Tokio, S. 3–20.

Backhaus, Hans-Georg (1969), »Zur Dialektik der Wertform«, in: ders., *Dialektik der Wertform: Untersuchungen zur marxschen Ökonomie*, Freiburg/Br, 1997, S. 41–64.

Badiou, Alain (2008), *Live Theory*, New York.

Bagaturija, Goergij (1965), »Roland Daniels«, in: *Marx und Engels und die ersten proletarischen Revolutionäre*, Berlin, S. 209–260.

Baumgärtner, Stefan (2000), *Ambivalent Joint Production and the Natural Environment*, Heidelberg.

Bell, John R. (2009), *Capitalism & the Dialectic: The Uno-Sekine Approach to Marxian Political Economy*, New York.

Bellofiore, Riccardo (2009), »A ghost turning into a vampire: the concept of capital and living labour«, in: *Re-reading Marx. New Perspective after Critical Edition*, hg. v. Riccardo Bellofiore/Roberto Fineschi, New York, S. 178–194.

Benton, Ted (1989), »Marxism and natural limits: an ecological critique and reconstruction«, in: *New Left Review I*, 178, S. 51–86.（「マルクス主義と自然の限界――エコロジカルな批判と再構築」植村恒一郎訳、『唯物論』第68号、1994年）

(2007), »Greening the left? From Marx to world-system theory«, in: , *The SAGE Handbook of Environment and Society*, hg. v. Ted Benton u.a., London, S. 91–107.

Bing, Franklin C. (1971), »The history of the word ›metabolism‹«, in: *Journal of the History of Medicine and Allied Sciences*, Bd. 26, Nr 2, S. 158–180.

Böhm-Bawerk, E. (1896), »Zum Abschluss des Marxschen Systems« In O. von Boenigk (ed.) *Staatwissenschaftliche Arbeite. Festgaben für Karl Knies*, Berlin, S. 87–205.

Böhme, Gernot, Grebe, Joachim (1985), »Soziale Naturwissenschaft. Über die wissenschaftliche Bearbeitung der Stoffwechselbeziehung Mensch-Natur«, in: *Soziale Naturwissenschaft. Weg zur Erweiterung der Ökologie*, hg. v. Gernot Böhme/Engelbert Schramm, Frankfurt/M., S. 19–41.

Bonefeld, Werner (2010), »Abstract labor: against its nature and its time«, in: *Capital &*

── フォイエルバッハ
Feuerbach, Ludwig, *Gesammelte Werke*, I–XXI [zitiert als: FW], hg. v. Werner Schuffenhauer, Berlin 1976ff.

二次文献

Adorno, Theodor W. (1982 [1966]), *Negative Dialektik*, Frankfurt/M. (『否定弁証法』木田元ほか 訳、作品社、1996年)

Albritton, John, Simoulidis, Robert (2002) (Hg.), *New Dialectics and Political Economy*, New York.

Alison, Archibald (1840), *The Principles of Population, and their Connection with Human Happiness*, Edinburgh.

Althusser, Louis (1965), *Pour Marx*, Paris. (『マルクスのために』河野健二ほか 訳、平凡社、1994年)

Altvater, Elmar (1992), *Preis des Wohlstands oder Umweltplünderung und neue Welt(un)ordnung*, Münster.

Anderson, James (1779), *An Inquiry into the Causes that have hitherto retarded the Advancement of Agriculture in Europa: With Hints for removing the Circumstances that have chiefly obstructed its Progress*, Edinburgh.

── (1801), *A Calm Investigation of the Circumstances that Have Led to the Present Scarcity of Grain in Great Britain*, London.

── (1801a), *Recreations in Agriculture, Natural-History, Arts and Miscellaneous Literature*, Bd. IV, London.

Anderson, Kevin (2010), *Marx at the Margins*, Chicago. (『周縁のマルクス：ナショナリズム、エスニシティおよび非西洋社会について』平子友長 監訳、明石英人・佐々木隆治・斎藤幸平・隅田聡一郎 訳、社会評論社、2015年)

Angus, Ian (2016), *Facing the Anthropocene*, New York.

Arnd, Karl (1864), *Justus Liebig's Agrikulturchemie und sein Gespenst der Bodenerschöpfung*, Frankfurt/M.

Arndt, Andreas (2013), »›… unbedingt das letzte Wort aller Philosophie‹. Marx und die hegelsche Dialektik«, in: *Karl Marx: Perspektiven der Gesellschaftskritik*, hg. v. Rahel Jaeggi/Daniel Loick, Berlin, S. 27–37.

── (2013a), *Unmittelbarkeit*, Berlin.

参考文献

アーカイブ資料

マルクス抜粋ノート：

—— *Heft*, London, Juni 1863 (IISG, Marx-Engels-Nachlass Sign. B 93).

マルクス自家用本

Au, Julius, *Die Hilfsdüngemittel in ihrer volks- und privatwirthschaftlichen Bedeutung*, Heidelberg (RGASPI, Sign. f. 1, op. 1, d. 6421; MEGA^2 IV/32: Nr. 43).

Fraas, Carl, *Klima und Pflanzenwelt in der Zeit, ein Beitrag zur Geschichte beider*. Landshut 1847 (RGASPI, Sign. f. 1, op. 1, d. 6317; MEGA^2 IV/32: Nr. 436).

Roscher, Wilhelm, *System der Volkswirthschaft. Ein Hand- und Lesebuch für Geschäftsmänner und Studierende*. Band. 1. *Die Grundlagen der Nationalökonomie*. Stuttgart, Tübingen 1854 (RGASPI, Sign. f. 1, op. 1, d. 6285; MEGA^2 IV/32: Nr. 1135).

Roscher, Wilhelm, *System der Volkswirthschaft. Ein Hand- und Lesebuch für Geschäftsmänner und Studierende*. Band. 2. *Nationalökonomik des Ackerbaues und der verwandten Urproduktionen. Ein Hand- und Lesebuch für Staats- und Landwirthe*. 7., stark verm. und verb. Aufl., Stuttgart 1873 (RGASPI, Sign. f. 1, op. 1, d. 6439; MEGA^2 IV/32: Nr. 1136).

Settegast, Hermann, *Welche Richtung ist der Schafzucht Norddeutschlands der Concurrenz des Auslandes gegenüber zu geben?* Breslau 1869 (RGASPI, Sign. f. 1, op. 1, d. 6441; MEGA^2 IV/32: Nr. 1231).

刊行物

—— マルクスとエンゲルス

Marx, Karl, Engels, Friedrich, *Historisch-kritische Gesamtausgabe* [zitiert als: MEGA^1], hrsg. im Auftrag des Marx-Engels (-Lenin)-Instituts, Frankfurt, Berlin, Moskau 1927ff.

Marx, Karl, Engels, Friedrich, *Gesamtausgabe* [zitiert als: MEGA], hg. v. Institut für Marxismus-Leninismus beim ZK der KPdSU und vom Institut für Marxismus-Leninismus beim Zk der SED; seit 1990: hg. v. der Internationalen Marx-Engels-Stiftung (Amsterdam), Berlin 1975ff.

Marx, Karl, Engels, Friedrich, *Werke* [zitiert als: MEW], hg. v. Institut für Marxismus-Leninismus beim ZK der SED, Berlin 1956ff.

Marx, Karl, Engels, Friedrich, *Marx-Engels-Jahrbuch 2003 Die Deutsche Ideologie. Artikel, Druckvorlagen, Entwürfe, Reinschriftenfragmente und Notizen zu I. Feuerbach und II. Sankt Bruno* [zitiert als: DI]. Berlin 2003.

Marx, Karl, *Marx-Lexikon zur politischen Ökonomie* (mit japanischer Übersetzung), hg. v. Kuruma Samezo, Bd. 1–15. Tokio 1968–1985.

斎藤幸平（さいとう・こうへい）
一九八七年生まれ。大阪市立大学経済学研究科准教授。
日本ＭＥＧＡ編集委員会編集委員。
著書に *Natur gegen Kapital: Marx' Ökologie in seiner unvollendeten Kritik des Kapitalismus*, Campus, 2016、
『人新世の「資本論」』（集英社新書、二〇二〇年）
共著に『労働と思想』（堀之内出版、二〇一五年）等。
編著に *Marx-Engels-Gesamtausgabe*, IV. Abteilung Band 18, De Gruyter, 2019.
二〇一八年にドイッチャー記念賞、二〇一九年に経済理論学会奨励賞、二〇二〇年に経済学史学会奨励賞、
二〇二一年に日本学術振興会賞を受賞。

Nύξ叢書 03

大洪水の前に

――マルクスと惑星の物質代謝

二〇一九年四月二十五日　第一刷発行
二〇二一年十月八日　　第六刷発行

著　者　斎藤幸平

発行所　株式会社 堀之内出版
〒一九二―〇三五五
東京都八王子市堀之内三―一〇―一二
フォーリア二十三 二〇六号室
TEL 〇四二―六八二―四三五〇

編集担当　小林えみ
印刷製本　藤原印刷株式会社
箔押加工　有限会社コスモテック　前田瑠璃、辻優子
装　画　マツダケン
造本設計　大崎善治（SakiSaki）
組　版　トム・プライズ

©2019 Printed in Japan ISBN978-4-909237-40-8
落丁・乱丁の際はお取り換えいたします。
本書の無断複製は法律上の例外を除き禁じられています。